한국어로 내려온
New Bible

새로운
성 경

제89권

6부 | 총10부

하얀마음

하나님 말씀 중에서

1. 사랑의 하나님

▪ 세상을 창조하신 하나님은 모두를 사랑하신다. 인간만 특별히 더 사랑하지 않고, 우주 만물을 다 똑같이 사랑하신다. 그러니 하나님이 창조하신 천지 만물과 화친하고, 미물까지도 소중히 대하라.

▪ 하나님은 특정 종파나 민족만을 더 사랑하지 않으신다. 쟈기 자신만 구원받겠다는 욕심을 버리고, 자기 종파만 구원받는다는 편협한 교리에서 벗어나야 한다. 종파를 초월해서, 모두를 사랑하라.

▪ 원수까지 사랑하라 했으니, 이 세상에 사랑하지 못할 자가 누가 있겠는가? 종파가 다르다고 해서 부모 형제와 원수처럼 지내는 자는 인간의 근본을 모르는 자다. 가장 가까운 가족부터 사랑할 때 남도 진심으로 사랑할 수 있다.

▪ 한 사람을 원수같이 생각하던 마음에서 사랑하는 마음으로 돌리면, 자기 자신의 마음이 가장 기쁘고 행복하다. 하나님께서는 인간의 마음속에 무거움이 없이 기쁘고 행복한 삶을 살기를 바라신다.

▪ 이웃을 "내 몸처럼" 사랑하라 했으니, 마지막 한 장 남은 천국의 티켓도 이웃에게 양보하라. 자기 중심적인 신앙에서 벗어나서 남을 위해 살아야 한다.

▪ 독초도, 약초도, 이단도 사탄도 천사도 다 필요하기에 존재한다. 독초일지라도 극소량을 사용해서 생명을 살릴 수 있고, 약초라 하더라도 남용하면 생명을 잃을 수 있다.

▪ 세상 모든 것을 명약으로 활용하는 것은 인간의 지혜에 달렸다. 어떤 것이든 어떤 사람이든 적재적소에 꼭 필요한 명약으로 승화시키라.

▪ 사탄도 이단도 천사도 모두 하나님의 주관하에 존재한다. 진정한 하나님의 백성은 사탄과 마귀까지도 감화시켜서 천사로 거듭나게 한다.

2. 기도

- 하나님은 인간의 생각까지 모두를 다 알고 계신다. 우리의 소원도 이미 알고 계시기에, 소원의 기도를 할 필요가 없다. 우리가 받을 자격이 되면 내려 주신다.

- 죄를 짓고 아무리 회개를 해도 용서받지 못한다. 도둑질한 자는 용서해 달라고 기도하고, 도둑맞은 자는 도둑을 잡게 해 달라고 기도하면, 공의의 하나님은 누구의 편에 서시겠는가?

- 자기가 잘못한 것은 그 사람에게 직접 갚고 용서를 구하라. 그가 용서하면 하나님도 용서하신다. 땅에서 매면 하늘에서도 매이고, 땅에서 풀리면 하늘에서도 풀리는 이치다.

- "회당에서 기도하지 말고 골방에서 기도하라" 했다. 눈에 보이는 골방이 아니라, 골방과 같이 고요한 마음이다. 잡념을 버리고 하나님을 향해 마음을 집중하며, 사랑하고 용서하는 아름다운 생각만 나오도록 하라.

- "두드리면 열릴 것이다." 하는 것은 육의 소원을 위해 두드리라는 것이 아니라, 진리의 깨달음을 얻기 위해 두드리라는 것이다.

- 기도하는 방법: 생활 속에서 수시로 기도하는 삶을 살아야 한다.

- "저의 죄를 용서하여 주옵소서." 하는 회개의 기도를 하라.
- 범사에 "하나님! 감사합니다." 하라. 현재 가진 것에 감사하며, 과욕하지 말라. 자기 노력 이상의 것을 더 갖고자 기도하는 것은 도둑놈심보다. 공의의 하나님은 각자 노력한 만큼 주신다.
- "하나님 뜻대로 살아가겠나이다." 하며 마음의 각오를 다지라.

- 기도는 하나님의 말씀을 받아서 "행하는 것"이다. 하나님이 계심을 굳건히 믿고, 하늘을 향하여 한 점 부끄럼 없이 사는 삶 자체가 가장 위대한 기도이며, 삶이 곧 예배다.

3. 지도자

- 똑같이 사랑한다는 말을 해도, 순수하게 하는 말은 천사의 말이지만, 사기 쳐서 재산을 가로채려고 하는 말은 사탄의 말이다.

- 종교 지도자가 아무리 훌륭한 설교를 해도, 신도의 재물을 거둬서 더 큰 교회를 짓고 자기의 부귀영화를 바라며 설교하면 사탄의 가르침이 된다.

- "저희 교회는 만원사례요, 믿음은 다 같으니 이웃의 개척 교회에 가서 예배를 드리시오." 하며, 이웃 교회의 부흥을 먼저 생각하여 제 신도를 보내는 종교 지도자가 있다면 그를 따르라. 그가 하나님의 사랑을 실천하는 자다.

- "부자가 천국에 들어가는 것은 낙타가 바늘구멍을 통과하는 것보다 더 힘들다" 하였거늘, 지금의 교회에서는 부자가 되기만을 기도하고 소원하니, 이는 곧 천국을 포기하고 지옥 행 열차의 티켓을 사는 것과 같다.

- 예수는 빈손이었다. 종교 지도자가 예수보다 더 호화롭고 편안하게 살아간다면 잘못된 것이다. 부귀영화와 명예를 바라는 자는 절대로 갈 수 없는 좁고 협착한 길이 종교 지도자의 길이다.

- 종교 지도자는 유리로 비춰 봐 한 점의 부끄러움이 없이 살아야 한다. 의식주도 직접 일해서 해결하고, 예수의 가르침과 행함을 그대로 따라야 한다.

- 종말은 없다. 지금의 잘못 가는 종교 집단에게만 종말이 있다. 보이지 않는 하나님은 보이는 육의 종말은 관여하지 않으신다. 환경 파괴로 인간이 스스로 멸망을 자초하는 것이다. 종파끼리 싸우기 전에, 무너진 인성을 바로잡고 지구의 몸살을 해결하는 데 뜻을 모으는 게 급선무다.

4. 성전이란

- 이 세상 자체가 하나님께서 만드신 성전이다. 자연보다 더 아름다운 성전이 있는가? 보이는 건물이 성전이 아니라, 성스러운 마음가짐이 성전이다.

- 반석 위에 교회를 지으라 했다. 지상의 단단한 돌은 인간이 쪼갤 수 있으나, 마음속의 굳은 결의는 세상 무엇으로도 쪼갤 수 없다. 바르고 굳건한 믿음으로 성경의 가르침을 실천하는 것이 마음의 반석 위에 교회를 짓는 것이다.

- 손으로 지은 건물의 교회에 모여서 복음을 전하는 것이 아니라, 교회를 개인과 가정에 심어 주어야 한다. 무너지고 부서지는 건물을 짓지 말고, 마음속에 영원히 불변하는 참진리의 교회를 지으라.

5. 십계명

- 십계명은 인간이 죽어서 반드시 통과해야만 하는 열 개의 관문이다.

- 부모를 공경하지 아니한 자는 "네 부모를 공경하라." 하는 제5계명의 관문이 열리지 않으니 구원받을 수 없다.
- 살인, 간음, 거짓, 우상 등의 나머지 계명도 마찬가지다.

- 십계명은 하나님의 친필이다. 모기소리만 한 하나님의 음성이라도 들어 보겠다고 여기저기 찾아 헤매지 말고, 십계명부터 암송하고 지키라.

- 십계명은 영혼을 구원하는 양식이며, 십계명을 지키는 것이 구원을 받는 길이다. 인간이기에 지키고자 노력하고 또 노력한다면 지킬 수 있다.

- 십계명을 지키고 천사처럼 아름답게 살아가는 그 마음 하나면 세상에 이루어지지 않는 것이 없다.

6. 보물

- 하나님은 재물이 아니라 우리의 마음을 받으신다. 사랑을 실천하며 천사처럼 변하는 마음이 하나님께 바치는 보물이다.

- 보이지 않는 하나님께 재물을 바치려 하지 말고, 너희를 길러 준 부모에게 용돈 드리고, 찾아뵙고, 효성을 다하라. 그것이 하나님께 효도하는 것이다.

- 하늘에는 선과 악의 창고가 있다. 자기 창고에 선이 많으면 천국으로 구원을 받고, 악이 많으면 심판받아 지옥으로 간다. 그것이 바로 "선한 일을 행한 자는 생명의 부활로, 악한 일을 행한 자는 심판의 부활로" 나오는 것이다.

- "선악과를 따먹지 말라"는 것은 양심을 지키라는 것이다. 선과 악을 구분할 수 있는 양심을 최초에 인간에게 주셨다. 선한 열매는 취하고, 악한 열매는 버리며, 양심에 비추어 부끄럼 없는 삶을 살아가라.

- 가장 작은 거짓말을 하지 않고, 가장 작은 죄를 짓지 않으며, 가장 작은 선행을 하고, 가장 작은 악행을 멀리하는 것이 율법의 일점 일획도 빠뜨리지 말고 다 지키는 삶을 사는 것이다.

7. 우상

- 박물관에 있는 불상은 하나의 예술품이다. 그 조각품에 대고 제 소원을 빌 때 우상숭배가 된다. 십자가라 하여도 그 앞에서 소원을 빈다면 우상숭배하는 것이며, 하나님께 소원을 빈다면 하나님을 우상으로 전락시키는 것이다.

- 지금 기복신앙에 젖어 있는 모든 사람이 우상 앞에 절을 하고 있다. 조각품을 우상이라며 파괴하지 말고, 네 마음속에 있는 욕심의 우상을 무너트리라.

- 생수를 약초가 먹으면 약을 만들고 독사가 먹으면 독을 만든다. 같은 성경을 봐도 선한 지도자는 신도를 천사로 만드는 데 활용한다. 그러나 욕심이 가득한 지도자는 재물을 거두어들여 제가 부귀영화를 누리는 데 악용한다. 그가 바로 성경을 우상숭배의 도구로 전락시키는 거짓 선지자다.

- 성경을 한 획도 빼거나 더하지 말라는 것은, 그 가르침을 빠트리지 말고 온전히 지키라는 것이다. 성경 속에서 자기에게 유리한 구절만 보는 것은, 자기에게 불리한 구절들을 빼 버리는 것이다. 믿음이 제일이요, 행함은 구원과는 관계없다는 것은 자신에게 유리한 쪽으로 성경을 악용하는 것이다.

- 진정한 종교 지도자는 종파에 관계없이 어떤 종파든 어떤 책이든 접하고 보고 깨우쳐 견문을 넓히도록 인도한다. 참진리를 모르고 자신이 없는 자가 남을 이단이라며 배척하고, 신도들의 눈과 귀를 가린다.

8. 예수

- 예수의 재림은 없다. 예수가 다시 온다 해도, 과연 누가 그를 예수라고 믿겠는가? 예수와 같은 삶의 행함이 곧 예수의 재림이다. 각자 모두가 "재림 예수"가 되는, 차원 높은 믿음으로 가야 한다.

- 예수는 "주여 주여 하지 말고, 아버지의 뜻대로 행하라"고 했다. 예수가 전한 하나님의 뜻이 곧 "길이요, 진리요, 생명"이며, 그 가르침이 예수의 보혈처럼 소중한 것이다. 예수를 믿는 것은, 예수의 가르침을 믿고 따르는 것이다.

- 예수는 낮은 자로서 만백성을 섬기고자 했다. 만나는 모든 사람을 다 하나님이라 생각하라. 돈을 벌수록 겸손하고, 높은 지위를 얻을수록 낮아지라.

▪ 예수는 종파를 만들지 않았다. 인간이 만든 종교와 인간의 교리를 따르지 말고, 예수를 통해 전한 하나님의 참진리를 연구하고 따르라.

▪ 예수가 2천 년 전에 만백성을 위해 죽었으니, 지금 이 땅에는 예수의 가르침대로 사는 천사만 존재해야 한다. 예수가 죽어 가면서 바란 것은 만백성이 천사가 되어 예수의 자리를 채워 주는 것이지, 지금과 같이 재물을 바치면서 중언부언 제 소원만을 비는 백성들을 바란 것이 아니다.

9. 구원

▪ 천사가 사는 천국에는 천사만 갈 수 있으니, 천사 같은 마음을 길러야 한다.

- "천국 열쇠를 네게 주리니 땅에서 무엇이든지 매면 하늘에서도 매일 것이라" 했다. 땅에서 천사같이 사는 자가 하늘에서도 천사가 되어 천국에 들어간다. 모든 사람에게 천사같다는 말을 듣는 삶을 살아야 한다.

▪ 천사의 곱고 아름다운 마음은 부모를 공경하고 어른을 어른으로 대접하는 데에서 출발한다. 효도하는 자는 형제와 화목하게 지내기에 가정이 화목해지고, 이웃과 화목해지고, 국가가 화목해지고, 온 인류가 화목해진다.

- 그러므로 지상의 아름다운 소왕국은 가정에서부터 이루어야 한다.

▪ 선택된 14만 명만 구원받는 것이 아니라, 천사처럼 변하고자 하는 14만 명을 기초로 온 인류가 천사처럼 거듭나는 영적인 개혁이 시작되는 것이다.

▪ 천 년에 걸쳐서 하늘에서 이루어진 것같이 이 세상을 낙원으로 만들어, 만백성이 지상의 천국에서 살다가 죽어서 그대로 하늘의 천국으로 들어가는, 영원한 지상 낙원을 건설하는 것이 하나님의 계획이다.

- **이것이 구약과 신약에 이어 "새로운 성경"으로 역사하시는 하나님의 창조의 완성이다.**

▪ 지금의 믿음으로 구원받을 수 있다면 그 길을 가라. 그러나 자신이 없다면 하나님께서 직접 내리신 160권의 "새로운 성경"을 읽고 구원의 길을 보라!

하나님 머리말씀

이 새로운 성경을 읽는 너희 모두는
이 율법에 따라 행하면 영원히 구원받을 것이니라.

너희 인간이 수년, 수십 년, 평생
성서를 공부하고 기도하는 것은
하늘나라 나의 곁으로 오고 싶은 소망일진대,

몇천 년 전의 너희 인성과 생각이
지금의 너희와는 판이하게 다르니,

꺾여 가고 병들어 가는 너희를 고칠 수 있는 길은,
오늘 내가 선지자에게 내리는 새로운 성경과 같이
너희가 변화되는 것뿐이니라.

나의 예수가 태어난 것처럼
내가 아들 선지자를 선택하여
나의 새로운 성경을 온 세계에 전하고자 하니,

묵은 것은 버리고 새로운 것은 취하여,
너희 모두는
'여호와 하나님! 저의 죄를 용서하여 주옵소서.'
하는 기도문으로 기도하고, 죄를 뉘우치라.

이 새로운 성경은
수천 년간 내려온 성서를 요약한 것이니,
너희는 이 책을 정독하여 쉽게 깨달음을 얻고,
이대로 실천하여 하늘에 오르라.

대역자 머리말

■ 하나님의 율법을 지키는 선지자로 선택을 받도다.

저는 남들처럼 그저 열심히 살아온 평범한 사람이었습니다. 그러나 50대 중반에 사업에 실패하여 많은 부채에 시달렸으며, 건강도 악화되어 눈이 잘 안 보이고, 걷기도 어렵고, 두통이 심해서 잠을 이룰 수 없는 고통의 나날을 보냈습니다. 그때 제가 선택할 수 있는 것은 육의 삶을 끝내는 길뿐이었습니다.

죽기 직전에 그동안에 죄를 지은 이들에게 용서를 빌고 인생을 끝내기로 작정하였습니다. 어려서부터 지은 죄를 빌고 빌다 보니 끝이 없었고, 죽음으로도 그 많은 죄를 용서받을 길이 없다는 생각에 하염없이 눈물이 흘렀습니다. 그 순간 '재래식 화장실의 구더기는 죄를 짓지 않는데, 나는 인간으로서 구더기만도 못한 삶을 살았구나.' 하는 생각이 들면서 괴로움에 몸부림칠 때, 갑자기 하나님의 음성이 들렸습니다.

"나는 여호와 하나님이니라. 너는 십계명을 암송하고 내가 내려 주는 메시지를 받아 책으로 만들어 만백성을 구하라." 하시며, 제 눈을 손으로 문지르게 하시고, 아픈 머리와 다리를 손으로 두드리게 하셨습니다. 그러고 나니 눈도 잘 보이고 걸을 수 있었으며 머리의 통증도 말끔히 낫게 되었습니다. 그때부터 십계명을 암송하고 나면 들려주시는 말씀을 기록하였고, 1999년 8월부터 2004년 7월까지 권당 288쪽, 총 160권을 받아서 "새로운 성경"이라는 책으로 펴내게 되었습니다.

그러한 저에게 죽기보다도 힘든 길이 시작되었습니다. 모든 교인들이 저에게 사탄이요, 이단이요, 악마요, 마지막 시대에 온 거짓 선지자라 하면서 공격하였고, 저를 짐승을 보듯이 대하는가 하면, 편협한 종교 지도자들의 선동으로 신도들이 이 책을 직접 읽어보고 평가할 기회마저 막아 버렸습니다. 그래서 하나님의 말씀을 세상에 내는 데 많은 어려움을 겪으며, 피를 토하는 심정으로 책을 전하고 있습니다.

그러나 아무리 인간의 힘으로 막으려 해도, 하나님의 뜻이 세상에 전해지는 위대한 역사는 계속될 것입니다. 책으로 전해지는 "하나님의 말씀"은 세상 끝날까지 항상 우리와 함께하실 것입니다. 사람은 죽어도, 책에 기록된 말씀은 영원히 남으니까요.

■ 따뜻한 실천

하나님께서는 어려운 사람들에게 삶의 터전을 마련해 주고, 미래를 열어 주는 것을 기뻐하십니다. 어려운 이웃이 스스로 자립할 수 있도록 이끌어 주는 것이 진정으로 이웃을 돕는 것이라고 말씀하셨습니다. 그래서 일자리가 없는 제자들에게 작은 사업장을 만들어 주는 "달란트 사업"을 하고 있습니다. 식당, 반찬 가게 등을 차려 주고, 기존의 어려운 사업장이 자립할 수 있도록 돕고 있습니다(커피숍, 미용실, 의상실 등).

하나님께서는 교회에 나와서 모든 시간과 재물을 쏟기를 원하지 않으시고, 그 시간과 재물을 교육에 투자하여 스스로 미래를 열어 가기를 원하십니다. 그래서 제때 공부하지 못한 제자들에게 학업을 이어 가도록 하였습니다. 중화요리 주방장을 하며 초등학교 검정고시부터 공부하여 2012년에 방통대를 졸업한 36세 남성, 만학도들의 2년제 중학교에 입학해서 2007년에 명지대학을 졸업한 38세 여성, 중학교 검정고시를 시작으로 숭의여자대학을 졸업한 47세 여성 등이 있습니다. 그밖에도 많은 제자들에게 나이를 초월하여 배우고 깨우쳐서 사회 속의 당당한 일원이 되도록 인도하고 있습니다.

학자금 대출로 힘겨워하는 젊은이들을 위해 "따뜻한 바람 장학회"를 발족하여(2016년 12월) 대출받은 학자금 전액을 매월 갚아 주고 있습니다. 또한, 다문화 가정을 위해 "다문화 가족 랜드"를 조성하여, 각종 시설을 무료로 활용하도록 하고 있습니다.

이러한 따뜻한 실천이 아직은 미약합니다. 그러나 책의 수입이 늘고, 저와 뜻을 같이하는 분들이 늘어나면 계속 확대할 것입니다. 지도자로서 신도의 재물을 헌금으로 거둬들여 착복하는 것이 아니라, 하나님께서 기뻐하시는 일에 사용하도록 중매 역할만 하며 살아가고자 합니다. 이런 제가 과연 사탄이고 이단인가요? 하나님께서 기뻐하시는 일이라면, 저에게 사탄이라 하든 거짓 선지자라 하든 굽히지 않고 실천해 나갈 것입니다.

끝으로, 일상의 삶 속에서 "지금 내가 하는 행동이 과연 하나님께서 기뻐하실까, 슬퍼하실까?" 생각하고, 매사에 하나님께서 기뻐하시는 길을 택하기 바랍니다. 교회에 모여서 집단적으로 예배 드리는 것이 아니라, 개인이나 가정 단위로 새로운 성경을 읽어 스스로 깨우치고 그대로 행하면 충분합니다. 그것이 마음속에 성전을 짓고, 신령과 진정으로 예배 드리는 길입니다. 그러면 천국의 문에 들어서게 됩니다.

2017. 2. 1.

하나님 말씀 대역자 김용철

차 례

십 계 명

이 책은 십계명을 암송하고 나면 내려 주시는 "하나님의 음성"을 듣고 그대로 받아쓴 기록입니다. 하나님께서 십계명을 모세에게 내려 주셨지만, 그것은 만백성에게 내려 주신 것입니다. 마찬가지로 이 책의 모든 말씀도 저에게 내려 주셨지만, 만백성 각자에게 들려주시는 말씀입니다. 여러분도 이 책을 접할 때마다 십계명을 암송하고 나서 정독해 주시기 바랍니다.

제일은, 너는 나 외에는 다른 신들을 네게 있게 말지니라.

제이는, 너를 위하여 새긴 우상을 만들지 말고, 또 위로 하늘에 있는 것이나, 아래로 땅에 있는 것이나, 땅 아래 물 속에 있는 것의 아무 형상이든지 만들지 말며, 그것들에게 절하지 말며, 그것들을 섬기지 말라.

제삼은, 너는 너의 하나님 여호와의 이름을 망령되이 일컫지 말라.

제사는, 안식일을 기억하여 거룩히 지키라.

제오는, 네 부모를 공경하라.

제육은, 살인하지 말지니라.

제칠은, 간음하지 말지니라.

제팔은, 도적질하지 말지니라.

제구는, 네 이웃에 대하여 거짓 증거하지 말지니라.

제십은, 네 이웃의 집을 탐내지 말지니라.

나 여호와가 존재함을 믿는 그 자체가 구원의 길에 들어서는 기본이요, 근본이며, 나의 새로운 성경을 가슴에 안고 정독하는 자, 반석 위에 서서 하늘에 오르는 찬란한 빛을 보게 되는 영광을 얻게 됨이니라. 진정 나를 따르고 믿는 자는 감히 사탄이나 마귀도 근접하지 못하느니라.

〈하나님 말씀〉

2003년 6월

6,473 번째 하나님 말씀

2003년 6월 20일 11시 47분

1 사랑하는 나의 아들아!
2 "네, 아버님! 말씀하옵소서."
3 나의 아들딸이요, 너희 형제가 구원의
길이 아니요, 죽음의 그 길로 감이니
그게 너희는 보이지 아니할지 모르나,
하늘에서 보는 나 여호와의 그 마음이
아프고 저림을 너희는 알겠는가?
4 오로지 그들을 구원할 수 있는 것은
다른 길이 없음이니라.
5 너희가 아름답게 사는 모습이요, 너희
의 삶을 보이는 것이요, 너희가 인간
으로서 십계명을 지키고 살아가는 그
모범 된 모습을 보여 주는 것, 그것밖
에 없음이니라.
6 나 여호와가 너희에게 간절히 그리
부탁하며 너희가 그리 살아 주기를
바라는 마음이니,
7 엄동설한에 찬물 떠 놓고 목욕재계하
며 자식의 금의환향을 비는 그 어미
의 마음보다 더 애절한 마음으로써 내
가 너희에게 이를 부탁하며 애절한
마음으로 전한다면 너희는 알겠느냐?
8 이게 나 여호와의 마음이니라.
9 그 추운 겨울 목욕재계하며 촛불 켜
놓고 기도하는 그 어미의 마음보다도
나의 마음이 더 애절한 마음으로 너희
가 구원을 받으며 하늘에 오르는 것을
바란다면,
10 그 마음의 정성이 이루어지는 것은 그
자식의 효성스런 마음이 아니던가?
11 그와 같은 나 여호와의 마음의 뜻을
이루는 것은 너희밖에 없음이니라.
12 그러니 그것은 바로 무엇이더냐?
13 나에게 기쁨이요, 축복을 주는 것은,
나에게 영광의 기쁨을 안겨 주는 것은
나의 법전을 읽고 만백성이 깨우치는
것이니,
14 그러니 만백성이 믿음을 깨우칠 수 있
도록 너희가 노력하고 또 노력하는
그 길이 나에게 기쁨을 주는 길이며
효도하며 효성 하는 자식이라 하면 너
희는 과연 어찌하겠는가?
15 지금의 종교 집단이 행하고 역사하는
모든 것이 무엇인 줄 알겠느냐?
16 그들은 참 진리로써 역사하고 깨달음
으로써 역사하는 것이 아니요,
17 하늘에 오르는 그 길이요, 나 여호와
의 뜻이요, 나의 사랑에 의하여 그들
이 살아가는 것이 아니라,
18 그들은 모든 역사함을 힘으로 밀어붙
이며 집단의 조직으로써 몰아붙이며,
더 많고 큰 성전을 짓는 것으로써 많
은 재물을 거둬들이는 것으로 많은 신
도를 둠으로 인하며 저희에게 맹종하
고 맹신하는 백성을 그득히 채우는
것만이 저희가 하늘에 오르는 길이라
그리하여 그 힘으로만 밀어붙이려 하
는 것이니,
19 그 어리석은 자들 밑에서 나의 불쌍한
백성이 하늘에 오르는 길이라 하여 지
금도 그 캄캄한 길을 헤매다가 육의

삶이 끝나 육이 죽어갈 때, 저희의 영
혼이 지옥의 낭떠러지로 떨어짐이니,
20 힘으로 이루는, 힘의 능력으로써 이루
는 것만이 능사가 아니라는 것을 그들
에게 깨우쳐 주어야 할 것이니라.
21 너희가 힘으로써 이루고자, 집단으로
써 이루고자, 인간의 능력으로써 이루
고자 하는 것은 그 한계가 있음이요,
22 그 한계가 있을 때 그 한계를 넘지 못
하는 것이 너희요, 거기에는 끝남이
있다는 것을 가르쳐 주어야 할 것이
니라.
23 너희는 아름다운 믿음이요, 진실한 믿
음으로써 너희가 하늘에 오르고자 하
며 만백성의 제왕으로서 왕이 되고자
하는 것이 아니니,
24 너희는 힘으로써 모두를 다 이루고자
하는 것이, 가장 비천한 방법으로써
왕이 되고자 하는 것이 너희 백성이
니라.
25 나의 아들 예수가 만백성의 왕이라 그
리하였음이니, 그 왕이 과연 어떠했던
가?
26 그 제자들까지 그를 따르는 모든 백성
은 힘으로써 능력으로써 모두를 이루
는 왕이 되기를 바랐음이니,
27 나의 아들 예수가 힘으로써 그 모두를
다스렸다면 그는 가장 비천한 왕으로
서 이 세상에 존재했을 것이며, 그 이
름도 한 시대를 다스리고 통치했던 왕
들이 죽어 간 그 이름처럼 그 예수의
이름도 세상에 존재하지 아니하였을
것이니라.
28 그는 가장 비천한 방법의 왕이 되는
것이 아니요, 가장 지혜로운 방법으로
써, 육의 삶은 초라하며 그것이 볼 것
이 없으나,
29 단 한 벌의 옷이 있으면 그 이상 바라
지 아니하였으며, 단 한 끼의 끼니를
채우는 것으로써 그저 누워 눈 붙일
땅이 있다 하면 그것으로 만족한 자,
그가 바로 세상의 왕이 되었음이니,
30 그 왕의 마음이 얼마나 편하고 평화로
우며, 조급함이 없으며, 시기함이 없
으며 질투함이 없는 그와 같은 왕의
자세가 얼마나 위대하던가?
31 이제 나의 법전을 읽고 깨우친 백성이
요, 나의 사랑하는 아들을 따르는 모
든 제자 너희는 비천한 방법으로써
왕이 되려 하지 말라.
32 비천한 마음으로써 왕이 되고자 하는
것이 가장 어리석은 것이요, 불쌍한
백성이니, 너희는 현명한 왕이 되도록
그리하라.
33 현명한 왕은 그 부귀영화요, 권력을
쥐며 집단을 휘두르며 육의 편안함을
위해 사는 것이 그 현명한 왕이 아님
을 알라.
34 너희는 비천한 왕이 되어서는 아니
될 것이며, 비천한 왕으로서 만백성을
깨우칠 수는 없음이니라.
35 현명한 왕이라는 것은 하늘의 뜻을 알
고 행하는 자요, 만백성의 거울이 될
수 있으나,
36 힘이요, 능력으로써 무력으로써 이루
고자 하며 재물로써 집단의 수로 이루
고자 하는 비천한 왕은 그 자신이 육
의 세상을 벗어나지 못하였음이니,
37 계란에서 깨지 못한 자가 생명으로써
약동하지 못하며 세상의 아름다움을

볼 수 없듯이, 다음의 세상을 보지 못
하며 그냥 죽어가는 왕이니,
38 너희는 그와 같은 왕이 되어서는 아
니 됨을 알라, 사랑하는 나의 아들딸
들아!

6,474 번째 하나님 말씀

2003년 6월 20일 11시 55분

1 사랑하는 나의 아들아!
2 "네, 아버님! 말씀하옵소서."
3 너를 따르는 제자들에게 그리 간곡히
전하여 깨우치도록 그리하라.
4 2천 년 전 나의 성령을 받아 세상에
나간 나의 아들도 그 사탄들의 유혹을
뿌리치는 데 그 과정이 얼마나 힘들고
어려웠던가를 너희는 들여다봐야 할
것이며 그를 생각해야 함을 잊지 말라.
5 나의 아들 예수도 너희와 같이 인간관
계의 생각을 하고 있으며, 인간같이
육을 가지고 있으며, 그도 너희가 부
딪치는 고통을 다 느끼며 시련을 다
알고 느끼는 그와 같은 육을 가지고
있는 나의 아들이었음이니라.
6 그러니 너희와 다른 점이 없으며, 너
희가 몸으로써 느끼는 고통과 시련의
부닥침은 똑같음이니라.
7 한 끼의 끼니를 걸렀을 때 배고픔을
느끼게 되며, 잠을 자지 아니하였을
때 졸음이 오는 그와 같은 모두는 다
나의 아들 예수도 육을 가지고 살았기
에 너희와 똑같은 그 속에서 갔음이니
라.
8 너희와 똑같은 그 형태의 마음 자세로
그가 살지 아니하였다면, 그를 본받고
따르라 함은 과연 내가 공의의 하나님
이라 말할 수 있겠는가?
9 너희처럼 모든 것이 다 똑같은 것을
느꼈으며, 인간인 너희에게 불어 닥치
는 그 모든 고통이요, 시련을 그는 다
느낄 수 있는 그와 같은 나의 아들 예
수였음이니라.
10 그러나 그는 상상할 수 없는 사탄들의
유혹을 다 뿌리쳤느니라.
11 그는 어떠한 조건이든 어떠한 유혹이
든 그를 다 뿌리쳤음이니,
12 지금 나의 아들을 따르는 백성이요,
그리고 나의 아들을 따르는 제자, 너
희는, 내가 마지막 성령을 태워 세상
에 내보내니,
13 모세를 따랐던 백성이요, 예수를 따랐
던 그 제자들보다도 너희가 더 중요한
중책이요, 너희가 더 어렵고 힘든 고
비를 넘어가야 한다 하였음이니,
14 과연 지금 나의 아들을 따르는 제자인
너희가 인간의 유혹에서 벗어날 수 있
단 말이던가?
15 과연 너희는 그 뿌리를 뽑을 수 있는
것이며 너희 마음이 그리되어 있는가
한번 깨우쳐 생각해 보라.
16 너희에게 보이지 않는 그 높은 건물을
주며, 수억이라는 금화와 은화를 들
수 없을 만큼 준다 할 때,
17 나의 성전을 박차고 나가지 아니할 자
가 몇 명이나 될 것이며,
18 나의 아들을 등지고 가지 아니할 자가
어디에 있으며, 그 사탄의 유혹에 넘
어가지 아니할 자가 어디에 있는가?
19 이 세상의 모두를 다 준다 했을 때, 예
수는 또한 그 모든 유혹을 뿌리쳤음이

니라.
20 과연 너희 마음자리는 어디에 있는가?
21 너희가 보이지 않는 높은 건물을 갖는
다 해도, 쥘 수 없는 금화와 은화를 갖
는다 해도, 그를 가지고 나에게 올 수
있는 것이 아니며,
22 그를 관리하고 소유하는 것은 짧은 기
간밖에 되지 아니하며 육이 존재하는
세상에서 필요하거늘,
23 그러나 거기에서 그 유혹을 뿌리칠 수
있단 말이던가?
24 나의 아들 예수도 너희와 똑같은 인간
의 형체로써 그보다 몇십 배, 몇백 배
더한 유혹을 다 뿌리쳤으며,
25 마지막 고통의 순간에 그는 죽어 온다
는 것을 알면서 눈물로써 기도했음이
니라.
26 그때도 사탄은 그를 유혹하여 그가 마
음을 돌리기를 바랐으며, 그가 나 여
호와의 뜻을 따르지 아니하며 그저 나
에게 바로 올 수 있도록 그 은혜를 내
려 달라 기도하라 그리했음이니라.
27 그러나 나의 아들은 그 고통의 시련과
어려움을 알며 그 모두를 알면서도 그
유혹에서 벗어났으며 그 유혹을 뿌리
쳤음이니라.
28 과연 나를 따르는 백성이요, 나의 법
전을 읽고 깨우친 백성이요, 나의 아
들을 따르는 제자요, 백성이 그 유혹
을 뿌리칠 자가 과연 얼마나 있는가?
29 그러니 내가 너희에게 무엇을 명하며
무엇을 역사하며 무엇을 내가 너희 손
에 쥐여 줄 수 있단 말이던가?
30 너희에게 쥐여 줄 것이 없으며 너희에
게 내릴 것이 없음이니,
31 어떠한 유혹에도 너희가 넘어지지 않
고 갈 수 있는 마음이 있는 자, 그와
같은 제자가 얼마나 있으며, 나의 아
들을 따르는 자가 얼마나 있는가?
32 지금 내가 너희에게 무엇을 내려서 너
희가 사탄의 유혹에 넘어진다 하면 이
는 나의 아들이 얼마나 초라한 모습이
며,
33 나의 아들 예수가 죽어 갈 때 그 제자
들이 등을 돌렸을 때, 그 예수의 아픔
은 죽음의 아픔보다도 더 고통스럽고
슬펐음을 너희는 알아야 할 것이니라.
34 예수를 구세주라 하며 나의 아들이라
하며 저희가 죽음의 길을 같이 간다
했을 때, 그 백성이 나의 아들 예수의
십자가를 짊어지고 갔을 때, 나의 아
들 예수가 그 제자들의 눈을 바라보는
그 마음의 아픔을 알겠는가?
35 그들의 눈을 바라보는 나의 아들 예수
의 마음이 얼마나 처절했으며 얼마나
고통스러웠겠는가?
36 나는 두 번 다시 나의 아들에게 그와
같은 험악한 일을 시키지 아니할 것이
며 그와 같은 형국을 보지 아니할 것
이니라.
37 너희가 마음을 바로잡고 그 모든 악에
서 뿌리칠 수 있는 것, 그와 같이 바로
설 수 있는 백성이 있을 때 내가 너희
에게 내려 줄 것이니라.
38 그 길만이 또한 너희가 죽으면서 새로
운 생명으로 태어나는 것이며 하늘에
오를 수 있는 탄생의 길을 올 수 있기
때문이니라.
39 내가 너희를 사랑하기 때문에 너희가
바로 설 때까지 기다릴 것이며, 너희

스스로 배신하지 아니하며 등 돌리지
아니하며 악의 어떠한 유혹도 뿌리칠
수 있는 그 제자가 나올 때, 내가 너희
에게 은혜와 상을 내린다는 것을 잊지
말라.
40 너희 자신이 마음을 다스려 보라.
41 과연 너희가 나에게 무엇을 받을 수
있는 그 역사가 있으며, 예수와 같이
죽음으로써 모두를 다 지키고 갈 수
있는 자는 예수에게 내렸던 그 은혜
요, 영광을 내가 너희에게 내려 줌이
니,
42 이게 공의의 하나님이요, 나 여호와의
갈 길이며, 나 여호와가 이끄는 길이
며, 나 여호와가 인도하고자 하는 길
이며, 나에게 올 수 있는 정도의 길이
라는 것을,
43 나 여호와의 마음을 너희에게 전함이
니 그리 알라.

6,475 번째 하나님 말씀

2003년 6월 20일 12시 06분

1 사랑하는 나의 아들아!
2 "네, 아버님! 말씀하옵소서."
3 너희 인간들은 살아가면서 남의 흉을
보며 남의 허물을 보면서 저 자신은
들여다보지 못함이니라.
4 그리하여 남의 말을 하고 있으며, 남
이 잘못되었을 때 비웃으며, 그와 같
은 사람의 살아가는 모습을 보고 너희
는 그를 인간 이하의 사람이요, 잘못
된 자요, 상식 없는 자요, 갖춰지지 않
은 자라 그리 말함이니라.
5 그와 같이 보이는 것이며 그리 말할
수 있는 것은 정녕 깨달은 백성이 아
니요, 나의 법전을 읽고 공부하는 백
성이 아님을 너희는 알아야 할 것이니
라.
6 지금 내가 마지막 시대, 만백성을 구
하는 심판의 시대의 그 역사를 이루며
내가 닫혀 있는 하늘의 문을 열었다
그리하지 아니하였더냐?
7 하늘의 문이 열리지 아니하면 그 누구
도 오를 수 없으며 그 누구도 올 수 없
거늘, 몇천 년 동안 닫아 놓았던 그 하
늘의 문을 내가 열어서 이 동양의 작
은 나라에 나의 아들을 여기에 있게
하여, 그 아들을 통하여 나의 성령 그
모두를 태워서 내가 세상에 책으로 만
들어 전하니,
8 그를 가장 먼저 접하며 가장 먼저 깨
우친 백성 너희가 남들처럼 남의 흉한
모습을 보며 남이 잘못되는 모습을 보
며 잘못되게 살아가는 그와 같은 것을
보고 그를 시시비비하며 그를 탓한다
는 것은 있을 수 없는 것임을 알라.
9 너희가 진정 깨달은 백성은 어떠한 백
성이며, 진정 하늘에 오르는 나의 뜻
에 의해 가는 백성은 어떠한 백성인
줄 알겠는가?
10 더럽고 추한 모습이요, 밉고 곱지 못
한 모습, 그 모두를 눈으로 볼 수 있는
것은 너희가 깨달아져 있음이 아님이
니라.
11 모든 잘못된 그와 같은 모습이 너희
눈에 들어오며 너희 눈으로 볼 수 있
다는 것은 너희는 깨달음이 전혀 없다
는 것임을 알아야 할 것이니라.
12 너희는 아무 깨달음이 없기에, 남의

밉고 곱고 추한 모습이요, 보아서는
안 되는 그와 같은 행위가 너희 눈에
보임이니, 그것이 너희의 마음이 변함
이 없음이니라.
13 그러니 너희가 그 변함이 없기에 남을
갖고 말하며 남에 대한 것을 탓하고
말할 수 있음이니,
14 그 추하고 무엇이 밉고 더러운 그 모
든 어떤 형태라도 너희 눈으로 추하고
더러운 모습으로 보인다는 것은 너희
는 깨달음이 하나도 없는 것이니라.
15 그것이 보이지 않는 자가 깨달음이요,
그 보이지 않는 눈을 가지고 있는 자
가 진정한 하늘에 오를 수 있는 그 세
상의 빛을 보는 것이며, 하늘에 오를
수 있는 빛을 보는 눈을 가진 자라는
것을 너희는 알아야 할 것이니라.
16 그러니 깨우친 자라는 것은, 남의 추
하고 잘못된 모습이요, 아름답지 못한
모습이 보이는 눈을 가진 것은 잘못되
었다 하였음이니라.
17 더욱이 그를 보고 시시비비하며 말을
하는 자는 얼마나 사악한 자며 잘못된
것인지 너희는 아는가?
18 너희가 세상의 아름다움을 볼 수 없는
것처럼, 먼지가 보이지 않으나 그 수
없는 먼지가 날아다니듯이,
19 세상에 아름다운 빛이 있으며 향기가
있으나 그와 같은 것을 너희가 볼 수
없는 것처럼,
20 너희가 남의 흉이요, 남의 흉 되는 것,
남의 추하고 더러운 모습이요, 해서는
안 되는 행위를 하는 것, 그리고 너희
마음에 꺼리는 것, 도저히 용서할 수
없는 그와 같은 형태의 행위, 그 모두
가 너희 눈에 보인다는 것은 너희가
깨달음이 전혀 없기 때문이니라.
21 그리하여 보이기 때문에 너희가 그를
욕하며 시시비비하며 남의 모습을 가
지고 탓함이니, 그러니 너희는 깨달음
이 하나도 없음이니라.
22 정녕 깨달음이 있는 너희의 삶이라면
그것이 너희 눈에 들어오지 아니하며
눈에 보이지 않는 그와 같은 경지에
오르니,
23 보이지 아니하니 남을 탓하고 말할 필
요가 없으며 남을 시시비비할 것이 없
으며 남을 욕할 것이 없음이니,
24 그 모든 마음의 문까지, 대화의 문까
지 잘못된 것은 눈에 보이지 아니하며
볼 수 없는 그것이 너희가 경지에 오
름이니,
25 이를 깊이 새겨 너희 것으로 만들어
그리 깨달음의 길에 오르도록 하라.
26 나의 아들을 따르는 백성 너희는 세상
의 어떠한 행위도 보아서는 안 되는
행위요, 남들이 보아서 흉측하게 생각
하는 행동이요, 그와 같은 모습이 보
이면 아니 됨이니라.
27 냄새 나는 옷을 입고 있는 자, 그저 초
라한 걸인이요, 옆에 가기도 싫은 사
람, 그리고 나이에 맞지 않게 옷을 걸
치고 다니는 사람, 나이에 맞지 않게
다스리고 다니는 모습, 그리고 남들이
해서는 안 되는 추한 행위를 하는 그
모두를 다 너희 눈으로 보기 때문에
그러하니라.
28 보지 아니하면 너희가 그리 말할 수
없음이니라.
29 쓰레기더미요, 썩어져 가는 그 쓰레기

더미에서 나는 냄새는 무엇이더냐?
30 너희가 눈으로 보이기에 쓰레기라는
것을 알 수 있으며 냄새를 맡을 수 있
기 때문에 그것이 있다는 것을 알지
않느냐?
31 그러니 세상 사람들이 살아가는 모습
그 모두를 너희가 보지 않는 눈이 되
어야 할 것이니라.
32 너희 눈이 보이지 않는 삶을 살며 보
이지 않는 행동을 그리 살아가는 것이
너희의 깨달음이요, 나에게 오를 수
있는 백성이요,
33 나의 법전을 읽은 백성이요, 나의 아
들을 통하여 내리는 나 여호와의 강론
을 직접 들은 백성이 변화된 것이라는
것을 너희가 알아야 할 것이니 이를
알라.
34 어떠한 흉이 되는 것, 보기 민망한 것,
그 모두가 너희 눈에 보인다는 것은
너희가 잘못된 것이니라.
35 보이기 때문에 너희의 마음이 다스려
지지 아니하였으며, 그리하여 감히 입
으로 갑론을박하는 인간이니,
36 아직도 인간의 한계를 벗어나지 못한
자가 어찌하여 인간을 가르치는 스승
이요, 전사로서 나의 아들을 따라가며
나의 뜻을 이룬다 말할 수 있겠느냐?
37 너희는 모두를 보지 않는 눈이니라.
38 그리고 추하고 더러운 것, 남들이 해
서는 아니 되는 행위를 하는 것, 그리
고 민망스러운 것, 그 모든 행위를 너
희는 눈에는 보이지 아니하며, 보지
않는 눈을 갖고 살라.
39 그리고 흉악하고 더러운 말, 추한 말
을 듣지 않는 귀를 가지고 살아야 할
것이며, 듣지 말아야 할 것이니라.
40 남의 입에서 나오는 추하고 더러운 말
을 탓하지 말며 너희는 이제 그 말을
듣지 않는 귀를 가진 백성이 되어야
함이며, 듣지 아니하고 그대로 깨우치
고, 듣지 아니하고 그들을 다스리며,
보지 아니하고 그들을 다스리는 너희
가 보고 다스리는 것이요, 듣고 다스
림이요, 듣고 깨우치는 것과 가르치는
방법이 다르며 깨우치는 방법이 다름
이니라.
41 잘못하는 것을 보지 아니하고 그를 다
스리고 깨우치며,
42 온유한 마음이요, 온유한 뜻으로써 너
희가 다스릴 것이며,
43 욕하며 함성 지르며 추한 짓을 하는
자, 그리고 입에 담을 수 없는 욕설을
하는 음성,
44 그 말을 듣지 아니하고 다스리면 유한
마음으로 다스릴 수 있으며 감정이 격
분되지 아니하고 다스릴 수 있음이니,
45 그를 듣는다면 너희도 똑같은 사람으
로 격분하며 감정이 앞섬이니,
46 그리고 나쁜 것을 들으며 좋지 않은
말을 들으면서 너희는 진정한 선생이
될 수 없으며 가르칠 수가 없음이니라.
47 그리하여 잘못된 것은 듣지 아니하며
잘못된 것은 보지 않는 눈과 귀를 가
지고 너희가 많은 백성을 지도하고 가
르칠 때,
48 거기서는 아름다운 마음이요, 아름다
운 생각이요, 아름다운 것만을 볼 수
있음이니,
49 나 여호와의 뜻을 깊이 깨우쳐 너희
것으로 만들도록 그리하라, 사랑하는

나의 아들딸들아!

6,476 번째 하나님 말씀

2003년 6월 20일 12시 11분

1 사랑하는 나의 아들아!
2 "네, 아버님! 말씀하옵소서."
3 나로부터 선택된 백성, 나의 성전에서 내가 나의 아들을 통해 태워 내리는 강론을 듣는 너희들, 그리고 나의 법전을 읽고 공부하며 깨우치는 백성 너희는 일반 백성과 차별화됨을 알아야 할 것이니라.
4 선택된 백성 너희가 지금까지 살아온 삶은 현재 너희가 가고 있는 오늘의 삶을 위하여 예비된 삶이라는 것을 알아야 할 것이며,
5 너희가 지금까지 살아온 삶이요, 선택된 백성은 나 여호와가 너희의 살아옴을 하나도 놓치지 아니하였으며 내가 보는 그와 같은 삶을 살았음이니라.
6 단지 오늘을 위하여 예비된 삶을 살아오도록 내가 주관하였음이니,
7 선택된 백성과 선택되지 아니한 백성과의 차이점이 여기에 있음을 너희는 알아야 할 것이니라.
8 그러니 나로부터 선택된 백성이 지금까지 살아온 것은 나의 주관하에 살아왔으며, 오늘의 나의 아들을 따라 법전을 역사하는 그와 같은 예비된 오늘을 위하여 너희가 살아왔다면, 지난날의 삶을 거울삼아야 할 것이며, 그를 본보기로 되돌아보는 그와 같은 삶을 살아, 오늘의 삶을 더더욱 아름답게 살며 준비된 삶을 살아야 함을 알아야 할 것이니라.
9 이는 곧 나의 계획하에 사는 삶이요, 계획된 삶으로써 너희가 지금 나에게 왔음이니라.
10 그러니 너희가 살아오면서 어떠한 사건 속에서 휘말렸으며 어떠한 변화나 삶의 시시비비요, 그 모든 것은 다 나의 뜻에 따라 변화된 그 모든 삶을 살아온 것이니, 나의 주관하에 이루어졌다는 것을 너희는 알아야 할 것이니라.
11 어떤 사건 속에서 너희가 허덕이며 어떠한 시시비비에 휘말리며 너희가 사는 삶의 그 모두는 다 선택된 너희이기에 나의 주관하에 사는 백성이라는 것을 잊지 말라.
12 너희는 다만 깊이 깨우쳐야 할 것이니라.
13 오늘의 이 순간을 위하여 너희가 존재하였으며, 오늘의 이 순간을 위해 지금까지 너희가 살아온 삶이 이어졌다는 것, 그러니 너희는 최선의 변화를 해야 할 것이며, 최선의 깨달음에 잠시도 게을리해서는 아니 될 것이며, 최선의 아름다운 삶을 이제는 살 때가 되었음이니라.
14 그리하여 최선을 다하는 마음으로써 나의 법전을 정독하며 나의 법전을 만들어 최선을 다하여 만백성에게 나의 법전을 전하여 깨우치는 데 오로지 최선을 다하기에, 너희보다 더한 역사가 없으며 너희보다 앞에 가는 자가 없음이니라.
15 이는 곧 무엇이더냐?
16 하늘의 문을 열어 내가 이 동양의 작은 나라 나의 아들을 통하여 그 강론

이요, 법전을 접하고 듣는 것이 너희
들이니,
17 이는 나 여호와의 예언이요, 나의 참
진리이니, 너희보다 최선이라는 것이
더 없음이니라.
18 그보다 더 앞에 가는 자가 없음이니,
너희는 오늘의 그 준비된 삶을 내가
주관하여 살도록 했다 함이니,
19 너희는 모든 것에 최선을 다하는 삶을
살아야 함을 이제는 알아야 할 것이니
라.
20 오로지 최선을 다하는 삶을 사는 것으
로써 나에게 선택된 은혜에 보답하는
것이며, 만백성의 지도자요, 너희가
그리도 갈구하는 하늘나라에 올라와
너희의 그 지은 죄의 두렵고 무서움을
벗어 너희가 천국에 올 수 있는 것이
니, 최선의 변화되는 삶을 살라.
21 최선의 아름답고 고운 삶을 살라.
22 최선의 아름다운 행동하는 삶을 살라.
23 최선을 다하여 법전을 가슴에 안고 정
독하라.
24 그리고 최선을 다하여 법전을 만들라.
25 그리고 최선을 다하여 만백성에게 전
하라.
26 이것이 너희가 최선의 길을 가야 하는
것이니, 오늘의 최선의 삶을 살기 위
하여 내가 너희의 삶은 예비된 삶이라
말하는 나 여호와의 뜻을 알며,
27 나 여호와의 뜻을 거역하는 삶을 살지
말도록 그리하라, 사랑하는 선택된 나
의 아들딸들아!

6,477 번째 하나님 말씀

2003년 6월 20일 22시 31분

1 사랑하는 나의 아들아!
2 "네, 아버님! 말씀하옵소서."
3 큰 감나무의 홍시라는 감은 익은 것이
아니더냐?
4 그 감을 따고자 하여 나의 아들은 그
감을 따는 장대를 들고 미끄러운 감나
무에 올라감이니라.
5 그리하여 그 감을 따서 너희에게 내려
보내니, 밑에서 받아먹는 자는 수십
명이니,
6 혼자 따서 내려보내는 그 감이 제 입
에 들어오지 아니한다 하며 저에게 먼
저 주지 아니한다 하며 욕을 하며, 모
든 감을 따고자 하는 그 아들에게 돌
을 던진다 하면,
7 그는 미끄러운 길에서 그 장대를 가지
고 어렵게 그 홍시 감을 하나하나 따
서 내려보냄이니, 그는 최선의 노력을
다하며 위험 부담을 안고 그를 하고자
함이니라.
8 그러니 너희가 돌을 던지며 그에게 언
성을 높인다면, 그는 많은 감을 따기
위해 더 오르고 또 오를 것이니, 그가
많이 오른다면 결국 어떠한 결과가 나
오겠는가?
9 그 가느다란 나뭇가지에 올라간 나의
아들은 또 꺾여서 떨어질 것이며,
10 떨어졌을 때 과연 너희는 그 감을 먹
을 수 있다고 생각하는가?
11 지금 바로 너희가 그와 같은 형국이
니라.
12 나의 아들이 어렵게 따 내리는 그 감

을 너희가 먹지 못하며 받지 못하며
네 손에 들어오지 아니하며 네 입에
들어오지 아니한다 하여 언성을 높인
다 하면 과연 어찌하겠는가?
13 너희는 조용히 서서 순서를 기다리는
그와 같은 길, 따 내려 주는 그 감을
조용히 나눠서 먹을 수 있는 마음, 그
와 같은 마음으로써 가는 것이 너희가
가야 할 길이며, 지키고 역사할 길이
라는 것을 알아야 할 것이니라.
14 비 온 뒤의 그 감나무는 얼마나 미끄
럽던가?
15 젖어 미끄러운 고목을 장대를 들고
올라가 따서 너희에게 주고자 올라가
는 그에게 너희가 그와 같은 형국으
로 함이 오늘의 너희가 가고 있는 길
임을 알아야 할 것이니라.
16 올라가 감을 따는 나의 아들도 배가
고프며 밑에 있는 자도 다 배가 고픔
이니,
17 과연 같이 배고픔 속에서 그는 그 배
고픔을 참고 올라가 따서 너희에게
내려보냄이니,
18 그가 그를 따서 먼저 제 배를 채우며
제가 먼저 착복한다면 너희는 욕을
할 것이며, 그는 잘못된 자며 그를 쫓
아내고 대신 다른 사람이 올라가야 할
것이니라.
19 그러나 그가 제 마음이요, 제 뱃속을
채우지 아니하고 따는 대로 밑으로 내
린다면,
20 밑에서 받는 자는 어떠한 마음으로 그
익은 홍시를 받아야 할 것인가?
21 서로 싸우고 찢으며 서로 먹으려 들면
그건 다 흐트러져 아무것도 얻어지는
것이 없음이니, 너희의 입과 옷에는
그 흉터만 남으며 그 지저분한 꼴로써
거기에 얼룩진 것밖에 더 남겠느냐?
22 지금 나의 아들이 너희를 위하여 감
을 잘 따고 있으며, 그를 따고 잘 올라
가고 있음이니라.
23 그 미끄럽고 험악한 길을 장대를 들고
올라가 너희에게 따 내리고자 하는 그
마음을 너희가 봐야 할 것이며, 그와
같은 모습으로써 너희가 오늘의 마음
을 생각해야 할 것이니라.
24 그가 떨어지면 아무것도 역사할 수 없
음이니라.
25 그가 떨어지지 아니하여 그 모두를 따
서 너희에게 내리는 그와 같은 역사가
이루어져야 하는 것이니, 그는 바꿀
수가 없음이니라.
26 그 누구도 그 나무에 올라갈 수 없으
며 그 열매를 딸 수가 없음이니라.
27 이는 곧 무엇이더냐?
28 내가 내리는 모든 은혜요, 영광이 그
익은 감과 같으니,
29 오로지 그는 나의 아들을 통하여 너희
에게 전해 주며, 그를 받는 너희는 뭐
라 해도 열배 백배 나의 아들보다 편
안한 길이며 아름다운 길을 살아가는
것이니라.
30 너희는 지나가면서 침을 뱉을 수 있으
며 휴지를 버릴 수 있으나,
31 나의 아들은 목숨을 바쳐서라도 그를
던져서도 안 되며 그를 뱉어서도 아니
됨이니,
32 그리 굳어져 가는 그와 같은 삶의 길
을 가는 것이 나의 아들이요, 그리하
여 그가 가고 있다는 것을 너희는 알

아야 할 것이니라.
33 그는 바로 설 것이며 바로 갈 것이니 그리 알라.
34 어렵게 감을 따서 너희에게 주는 그 위험 부담을 안고 하는 그를 너희가 탓하며 밑에서 소리 지르며 돌을 던지며 함성을 지르지 말라.
35 조급히 굴면 그는 미끄러질 수 있으며, 잘못하면 떨어질 수 있으며, 그가 성급히 더 높이 올라가 높이 있는 것까지 따서 내리고자 한다면 그 가지는 부러질 수 있으며 그가 떨어질 수 있다는 것을 잊지 말라.
36 사랑하는 나의 아들딸들아!
37 기다리는 믿음 속이요, 인내하는 믿음 속이요, 따르는 믿음 속에서 의인이 나올 수 있으며, 믿음의 길을 갈 수 있는 백성이 나올 수 있음이니라.
38 내가 뭐라 말하였느냐?
39 머지않아 너희가 이 지구상에 승자요, 내가 예언하는 것이요, 내가 역사하는 것은 다 이루어짐이요, 너희가 그를 볼 수 있다 하였음이니,
40 모든 것을 시시비비하지 말며, 너희 자신을 다스리는 데 최선을 다하라.
41 나의 아들은 내가 그를 다스리며 그 역사의 흐름이 있을 것이니,
42 오늘의 너희가 생각하는 것, 오늘의 삶이요, 너희가 서로 오늘을 살아가며 부닥치는 것, 너희가 인생을 살아가면서 얽히고설킨 그 모두 다 너희의 삶도 내가 다 주관하며, 내가 내 뜻에 의하여 너희를 오늘 쓰고자 하여 오늘에 역사하고자 내가 선택한 자들이니,
43 너희가 지금까지 살아온 것이요, 살아온 삶에서 앞으로 또 살아가는 그 모두도 내가 주관한다는 것을 잊지 말라.
44 너희를 주관하니, 나의 아들도 내가 주관함이니 그리 알아야 할 것이며, 너희는 이 의미를 깊이 깨우쳐 행하도록 그리하라.

6,478 번째 하나님 말씀

2003년 6월 21일 01시 35분

1 사랑하는 나의 아들아!
2 "네, 아버님! 말씀하옵소서."
3 수천 년 전 나의 아들 예수가 세상에 왔음이니, 그는 바로 무엇을 역사했더냐?
4 나의 성령이요, 나의 가르침을 가지고 만백성을 깨우치고자 이 세상에 왔으며 그 뜻을 전하고 또 전하고자 그리 왔음이니라.
5 그는 나의 성령으로써 세상에 태어나 나의 아들로서 만백성을 구하는 그 역사를 이루었음이니,
6 그와 같은 역사를 이룬 그는 과연 스스로 떠날 때 어떠한 길로 떠났던가?
7 그의 죽음이요, 그의 쓰러짐은 얼마나 비참하고 처참하게 죽어 갔으며, 죽어 갈 때 그 자신이 홀로 남아 있는 그와 같은 역사 속에서 그는 장렬히 나의 사랑이 무엇이며 나 여호와가 원하는 뜻이 무엇인가를 만백성에게 가르치고 전하는 그 길을 선택하여 갔음이니라.
8 또한, 너는 지금 2천 년이라는 세월이 흐른 다음에 나의 아들로서 세상에 나가 나의 성령을 태워 나의 뜻을 기록

하여 법전이라 하여 책으로 만들어 세
상에 전함이니,
9 그 길을 가는 너 또한 고독하고 외로
운 싸움이요, 그 외로운 길이 네가 가
야 하는 길임을 알아야 할 것이니라.
10 나의 아들 예수의 그 많은 기적과 역
사를 보면서도 그가 죽어 갈 때 등을
돌린 그 제자들처럼, 그리하여 죽음으
로써 모두를 정리하는 그 순간에 그는
고독하고 외로이 혼자 그 길을 갔으며
그 길을 마다하지 아니하고 행하였음
이니라.
11 그러니 너 또한 바로 서지 못하며 네
가 바로 이 뜻을 전하지 못할 때, 네가
그보다도 더 잘못된 오늘의 깨우침을
전한다면, 네가 바르고 곧은 삶을 보
이지 못한다면, 너도 그보다 더한 고
독하고 외로운 길을 가게 되는 것이
니, 그를 잊지 말아야 할 것이니라.
12 절대 너는 나의 아들 예수가 갔던 그
와 같은 길을 가서도 아니 되며 그와
같은 전철을 밟아서도 아니 되는 것이
니, 그것은 너에게 달렸음을 알아야
할 것이니라.
13 그가 나의 진리요, 나의 뜻을 전하면
서도 얼마나 고독하고 외로운 길을 갔
던가?
14 그리고 그로부터 등을 돌린 그 제자들
을 바라보는 그의 마음이 얼마나 아팠
고 그가 얼마나 고통스럽고 괴로웠는
가를 너는 알겠는가?
15 네가 너의 제자들을 육성하며 나의 전
사로서, 나의 선택된 백성으로서 세상
의 지도자를 육성하나,
16 네가 바로 서지 못하며 바로 가지 못
할 때 그들은 너에게 돌을 던질 것이
며,
17 그들이 먼저 법전을 태워 없앨 것이며,
18 법전이 나오는 그 근거에 불을 낼 것
이며 그 모두를 그들이 제거하는 것으
로써 저희가 지금까지 왔던 것을 분
풀이할 것이며,
19 저희가 잘못 믿었다는 것에 대해 너에
게 복수를 함으로써 저희가 믿는 그
종교 집단에 가 그들이 나에게 사랑을
받으며 구원의 길에 오를 수 있는 역
사를 얻을 것이라는 그 착각 속에 그
들이 하는 만행은 더 말할 수 없음이
니라.
20 나의 아들 예수를 따른 그 제자들이
그를 버렸으며 그에게서 등 돌린 것보
다 더한 만행이 어디에 있으며, 그보
다 더 잔혹한 행위가 어디에 있겠는가?
21 그보다 더한 것이 지금 너를 따르는
제자들이요, 나의 법전을 읽고 깨우친
백성 너희가 불과 같이 일어날 것이
니,
22 네가 나의 법전을 만백성에게 전하여
만백성을 구하는 그와 같은 불로써 세
상을 역사할 것인가, 그렇지 않으면
네가 지탄을 받으며 나 여호와까지 욕
을 먹이며 불과 같은 그들의 무서운
행동으로써 너를 핍박하는 것을 네가
받고 그 길을 선택하겠는가?
23 이제 너는 그를 선택하는 것밖에 없음
이니, 네가 어떠한 길을 선택하고 선
택하지 아니하는 것은 나의 피조물 만
백성이 구원을 길을 보고 못 보는 것
과 같음이니,
24 이는 네가 알아서 행해야 함을 잊지

말라, 사랑하는 나의 아들아!

6,479 번째 하나님 말씀

2003년 6월 21일 01시 40분

1 사랑하는 나의 아들아!
2 "네, 아버님! 말씀하옵소서."
3 의인의 길이요, 정녕 나로부터 선택된 나의 아들 네가 가는 길은 나 여호와가 존재함을 믿으며 그 믿음에 사는 길이니라.
4 그리고 너의 제자들 또한 변하는 삶 속에서 하늘에 오를 수 있는 것은 나 여호와가 존재한다는 그 믿음을 굳건히 믿고 사는 길이니라.
5 믿음이란 무엇인 줄 알겠느냐?
6 믿음의 길을 가는 백성은 무엇보다도 가장 중요한 것이 때를 기다릴 줄 아는 것이니라.
7 때를 기다리며, 때가 되었을 때 내가 역사하며 나의 계획에 의해 모두가 이루어짐이니,
8 너희 인간의 생각으로써 조바심내며 조급히 기다리는 것이 아니요,
9 때를 기다리며 묵묵히 믿음이라는 그 마음을 다져 가는 그와 같은 삶을 살아가면 되는 것이니라.
10 믿음으로 살며 믿음을 기다리는 삶, 아무런 불평 없이 기다리는 그 마음이 소중한 것이며,
11 누구를 원망하지 아니하며 그 많은 시간을 기다릴 수 있는 그와 같은 믿음이요, 기다리는 믿음만이 진정한 믿음이라는 것을 알아야 할 것이니라.
12 믿음이란 불평하는 자, 원망하는 자, 그와 같은 자세로 가는 자는 아무것도 볼 수 없으며, 나의 음성을 들을 수도 없으며, 나의 은혜로부터 아무것도 받을 수가 없다는 것을 너희는 알아야 할 것이니라.
13 믿음이 강하고 강한 자, 그와 같은 백성만이 나의 예언의 약속을 볼 수 있으며, 내가 너희에게 한 예언의 약속을 지키는 그 결과를 그들만이 볼 수 있다는 것을 알아야 할 것이니라.
14 강한 믿음으로써 기다리는 마음, 불평불만이 없으며 원망 없이 기다리는 마음, 그와 같은 마음 자세가 소중함이니, 너의 제자들에게 그리 깨우치고 전해야 할 것이니 그리 알라.
15 그리하여 많은 제자 중에서 구원할 수 있는 제자, 이 말을 듣고 따르는 자, 이대로 행하는 백성이 나에게 오를 수 있으며 하늘에 오를 수 있다는 것을 잊지 말라.
16 그 속에 마음의 편안함이 있으며 여유가 있음을 알아야 할 것이니라.
17 진정한 믿음이요, 강한 믿음이요, 기다리는 마음이요, 그리고 불평불만이 없는 그 기다림 속에 그 마음으로 가는 백성은 지금의 삶에 평안함이 있을 것이며, 여유로운 삶을 살 수 있으며,
18 남을 용서할 수 있는 그와 같은 삶을 살 수 있으며, 남을 사랑하는 그와 같은 삶을 살 수 있는 것이 진정한 믿음으로 때를 기다리는 것이며, 너희가 기다리고 참는 것이니라.
19 그를 행하지 못하는 자는 아무것도 이루어질 수 없음을 알라.

20 그 모두는 나 여호와의 계획이요, 나
의 뜻에 의해 역사함이니,
21 인간인 너희는 내가 이루고자 하는
그 역사의 뜻을 알 수 없기 때문이니
라.
22 너희가 조급한 마음이요, 기다리지 못
하는 마음으로써 행할 때, 모두를 다
잃게 되며 너희가 무너진다는 것을
잊지 말라.

6,480 번째 하나님 말씀

2003년 6월 21일 01시 48분

1 사랑하는 나의 아들아!
2 "네, 아버님! 말씀하옵소서."
3 나로부터 선택된 나의 아들딸이요, 너
희는 오늘의 육에 보이는 그 삶을 사
는 것에 모두를 다 바치는 그와 같은
어리석은 삶을 살아서는 아니 됨을 알
아야 할 것이니라.
4 너희가 오늘의 그 삶을 넘어서 미래에
역사하는 것을 볼 줄 아는 그와 같은
변화된 믿음으로 가는 자,
5 그리고 너희 스스로 변하여 천사와
같은 마음 자세로써 사후 세계에 너희
가 죽은 다음에 역사하는 그것을 들
여다볼 수 있는 그와 같은 믿음을 얻
는 그와 같은 마음 자세로 사는 것이
얼마나 중요하고 귀한 것인가를 너희
는 알아야 할 것이니라.
6 오늘의 육의 삶의 세상이 아니요, 그
다음의 미래의 세상에 역사하는 것을
볼 줄 아는 그와 같은 믿음의 자세로
써 너희가 살아야 한다는 것을 잊지
말라.
7 진정한 믿음의 길을 가는 자는 그를
볼 수 있음이니라.
8 너희는 미래를 위한 삶을 살기에 나의
법전을 믿고 따르며 나의 아들을 통하
여 내리는 강론을 듣지 않는가?
9 나의 법전을 볼 수 있으며 나의 법전
을 정독하는 자는 남들이 들을 수 없
으며 남들이 감히 접할 수 없는 참진
리를 듣고 깨우치며 오늘의 변화의 그
역사를 이루지 않는가?
10 나의 아들을 통하여 너희가 참진리를
듣고 깨닫는 것은 바로 무엇인 줄 알
겠느냐?
11 그 누구도 볼 수 없으며 상상할 수 없
는 하늘의 가르침이요, 하늘의 뜻을
보는 것이며, 남들이 보지 못하는 세
상을 보는 것이며, 남들이 듣지 못하
는 세상의 음성을 듣는 것이 바로 나
의 참진리요, 나의 아들을 따라가는
그 백성이 받은 은혜요, 영광이라는
것을 너희는 알아야 할 것이니라.
12 너희는 이를 감사할 줄 모르며 이와
같은 축복의 영광을 깨닫지 못하며,
나로부터 은혜를 받으며 나에게 부름
을 받은 것이 얼마나 위대한 것인가를
모르느니라.
13 크나큰 집의 잔치에 부름을 받지 못하
고 참석하지 못하여 그 잔칫집을 멀리
서 바라보는 사람의 마음이 과연 어떠
하겠는가?
14 그보다 천배 만배 더한 것이 나에게
부름을 받지 못한 자의 슬픔이요, 나
에게 부름을 받은 자의 영광이라는 것
을, 너희는 어찌하여 이를 모르는가?
15 이 세상에 어떠한 빛이요, 어떠한 것

이 이보다 더 위대한 것이 있단 말이
던가?
16 참진리의 길이요, 나 여호와가 원하는
삶이요, 그러하기에 너희는 그를 보며
사는 자들이 아닌가?
17 그러니 너희가 나로부터 얼마나 행복
과 축복이요, 은혜에 사는가?
18 그 축복과 은혜에 대해 너희는 감사
하는 마음을 과연 얼마나 갖고 사는가?
19 너희가 그와 같은 마음자리를 하고
있다면, 너희는 지금 이 세상에 추하
고 더러운 것, 남이 잘하고 잘못하는
그를 보고 시시비비할 수 있는 그와
같은 한계를 넘어서 오늘의 삶을 살아
가는 백성으로서 되어 있어야 할 것
이니라.
20 나의 법전을 접하며 나의 아들의 강론
을 수없이 들은 너희가 오늘의 세상
에 보이는 한계를 넘지 못하고 있다
면, 너희는 정녕 나에게 구원을 받을
자격이 없으며, 전사로서의 그 역사를
할 수 없는 것을 너희는 알아야 할 것
이니라.
21 참진리를 들으며 하늘의 뜻을 알며 미
래에 역사하는 것을 알 수 있는 너희
가, 나의 법전 속에 그 모두가 기록되
어 그것으로써 정독하고 깨우쳐 그 길
을 가는 자들이 죽음이라는 것이 무엇
이 두려우며 육의 삶이 무엇이 그리도
조급하며 급하며 두렵단 말이더냐?
22 육의 세상에 역사하는 것이 그리도 너
희에게 두렵고 무서운 현실이란 말이
더냐?
23 어떠한 고통에서도 나를 믿고 나를 따
르며, 과연 너희만의 신비의 기쁨을
얻고 느낄 수 없단 말이던가?
24 너희는 누구도 들을 수 없는 나의 법
전을 읽으며 그 법전의 강론을 들으며
나의 음성을 나의 아들을 통하여 너희
에게 전하는 그 속에서,
25 너희가 변화되는 삶이요, 하늘의 천기
를 알며 나 여호와의 뜻을 아는 너희
가 깨달은 그것이 얼마나 신비의 기쁨
이요, 그 영광의 기쁨인가?
26 과연 너희는 그 신비의 세계의 느낌
을 모르고 있단 말이던가?
27 그를 너희는 느끼지 못하고 사는 백
성이란 말이던가?
28 다른 사람들은 듣지 못하고 보지 못하
는 하늘의 세상이요, 하늘에서 이루어
지는 그 역사요, 미래를 다 보고 사는
것이 너희거늘,
29 어찌하여 보고 사는 너희 자신이 그
리 마음이 나약하며, 굳건한 뿌리를
내리지 못하고 흔들리는 그와 같은 마
음으로 사는가?
30 너희 자신이 흔들리면, 나의 피조물
만백성 중에 나의 법전을 믿지 못한
백성, 나의 법전을 접하지 못한 백성,
모든 사후의 세계요, 오늘의 삶이요,
그 역사의 모두가 기록된 나의 법전을
읽지 못한 백성이 깨우치면 얼마나
깨우치며,
31 그들이 가는 길이 진리라 하여 그들이
가는 길이 얼마나 멀고 힘들며, 그 길
을 갈 수 있겠는가?
32 그들은 다 중도에서 쓰러지고 무너짐
이니라.
33 그러나 너희의 오늘의 자세가 그들과
똑같다면, 너희는 나의 법전을 접하고

읽고 깨우친 그 역사가 아무것도 없으
며,
34 너희는 나를 접하는 그 신비의 세계
요, 신비의 세계를 볼 수 있는 그 마음
의 문을 열지 아니하였으며,
35 그러니 너희가 그 신비의 세계에서
이루어지는 기쁨을 얻지 못하며 그를
느끼지 못하기에, 너희는 평범한 백성
이요, 평범한 신도들의 그 한계를 벗
어나지 못하고 있음이니라.
36 나를 따르는 나의 백성이요, 나의 아
들을 따르는 백성이요, 그리고 나의
법전을 읽고 나의 아들의 강론을 직접
듣고 살아가는 백성은 알 수 없는 신
비의 그 기쁨의 영광을 너희 스스로
얻고 느끼고 그와 같이 변화되는 삶을
살아야 할 것이니,
37 그 길에 들어서지 못하는 자는 영원
히 나를 볼 수 없는 백성과 같음을 너
희는 알아야 할 것이니라.

6,481 번째 하나님 말씀

2003년 6월 21일 01시 54분

1 사랑하는 나의 아들아!
2 "네, 아버님! 말씀하옵소서."
3 이 세상에 너희는 마음을 가지고 있
으며, 그 마음속엔 악과 선이 같이 공
존해 있음이니라.
4 악이라는 것이 이기고 지는 것, 또 선
이 이기고 지는 것, 그와 같은 것은 너
희 마음의 다스림에 있느니라.
5 너희 마음속에 있는 악이 이기는 것
도, 너희 마음속에 있는 선이 악을 이
기는 것도 그 모두는 다 너희가 마음
을 다스리기에 달렸다는 것을 알아야
할 것이니라.
6 인간 세상에서 너희가 살아가는 삶이
그러하지 않은가?
7 너희가 악한 자 속에 더불어 살아가며
악과 어울려 산다면, 너희는 서서히
악을 두려워하지 아니하며 악을 행하
는 데 즐거움으로 그리 변하여 악을
행하고 사는 것이 당연한 것이라 그리
깨닫고 살아감이니, 죄가 죄인 줄 모
르느니라.
8 너희가 선한 자와 접하며 선한 속에서
사는 백성은 선함을 행하고 살아가면
서도 겸손하며, 더 크고 큰 선함을 베
풀며 살아갈 수 있는 것이 너희 마음
이니라.
9 너희는 그리하여 마음속에 악과 선의
두 가지 마음이 있으니, 그 두 가지 마
음 중의 하나를 선택해야 하는 것이
너희이며, 너희 운명이라는 것을 알
아야 할 것이니라.
10 너희가 생각하는 것, 너희의 모든 양
식을 어디에 공급하느냐에 따라서 너
희 자신이 변화되며 역사한다는 것을
알아야 할 것이니라.
11 너희의 그 마음의 생각이요, 그 양식
을 어느 곳에 투자하며 어디에 부어
주느냐에 따라서 그 모두가 역사되고
변화된다는 것을 알아야 할 것이니라.
12 너희가 생각하는 그 마음의 양식을 선
한 쪽에 공급한다면 그는 악을 이기고
악을 소멸시킬 것이며,
13 너희가 악한 쪽에 마음을 준다면 선은
소멸할 것이며 너희 마음은 악으로써
잠식된다는 것을 알아야 할 것이니라.

14 그러니 마음의 양식을 어느 쪽에 주고
안 주는 것은 너희 몫임을 알아야 할
것이니라.
15 이 이치를 안다면, 너희가 행함을 과
연 어찌하고 살아야 할 것인가, 그는
스스로 너희가 깨닫고 행해야 할 것
이라는 것을 잊지 말라.
16 너희 마음의 양식이요, 그 거울의 양
식을 너희가 악한 쪽에 지원한다면
악함에 너희 자신이 무너짐이니, 곧
이는 너희가 나에게 심판을 받기도
전에 지옥으로 가는 길이요,
17 너희가 선한 쪽에 양식을 공급하여 선
하게 변했을 때는 영원히 사는 세상
에 다시 태어나는 삶을 얻어 너희가
나에게 오를 수 있다는 것을 잊지 말
라.
18 그 모두는 너희에게 달렸음이니, 너희
가 구원을 받고 못 받는 것이 말로써
믿음으로써 이루어지는 것이 아니요,
너희가 행하는 삶에 있어서 그와 같은
변화의 역사는 자연적 이루어진다는
것을 명심하고 또 명심하도록 그리하
라.

6,482 번째 하나님 말씀

2003년 6월 21일 02시 02분

1 사랑하는 나의 아들아!
2 "네, 아버님! 말씀하옵소서."
3 지금의 모든 종교 집단이요, 지도자
요, 신도라 하여 구원을 받았다는 그
오만에 차 있는 백성이 지금까지 역
사해 온 것이 무엇인 줄 알겠는가?
4 그들은 기도로써 모든 것을 다 약속하
느니라.
5 그들은 '믿음을 주신 것을 하나님께
감사합니다.' 하고 말하며, 저희가 지
금 나 여호와의 아들 예수를 믿음으로
써 구원을 받는다는 것, 또한 예수를
알게 된 것에 감사한다고 기도를 드림
이니라.
6 그리고 저희가 힘들 때 일어날 수 있
는 그 힘의 역사를 주셔서 감사하다
고 또 감사의 기도를 드림이니라.
7 그리고 질투하는 마음을 지운 것에 대
하여 감사한다 하며, 도둑질하고자 하
는 그 마음을 지운 것을 감사한다며
감사 기도를 드림이니라.
8 그리고 너희는 나쁜 버릇을 고쳤다 하
여 또한 감사하다 하며 나에게 감사하
느니라.
9 너희가 이 세상에 살아가면서 열 가
지, 백 가지, 천 가지 그 모두를 다 바
쳐 너희는 감사하다 그와 같이 기도
하느니라.
10 그와 같이 기도하는 자, 너희는 나에
게 감사하는 그 기도를 수없이 드리며
과연 나에게 감사하는 것을 무엇으로
써 보답하는 길을 가고 있으며,
11 너희는 나로부터 너희 말대로 감사하
는 은혜에 대해 어찌 살아가는 백성의
삶을 사는가?
12 너희는 기도로써 온갖 가지를 남들이
들으면 가슴을 울릴 것 같은 슬픈 목
소리로, 또한 아픈 목소리로, 또 애절
한 목소리로써 너의 손자를 얻은 것을
감사하며, 제가 병마에서 시달리다 일
어설 수 있다는 것을 감사하며, 모두
를 다 감사한다고 그리 말은 하느니라.

13 그러나 실제 너희가 살아가면서 나에
게 감사하는 그 뜻의 행위는 과연 얼
마나 행하고 있는가?
14 말로써 천 가지, 만 가지를 감사하면
서 너희가 행동으로써 나에게 감사하
는 것을 보임이 없는 것이 지금까지
흘러온 너희 믿음의 그 형국이니라.
15 오직 믿음으로써 나 여호와를 생각하
며, 나의 뜻에 살며 나에게 오고자 너
희는 선하고 착한 백성으로 살아간다
고 기도하고 나에게 찬송을 부르느니
라.
16 그러나 너희는 그 모든 것의 다음에
이루어지는 것이 무엇이던가?
17 너희가 원하는 것이 이루어지기를 바
라며 너희가 갖고자 하는 것을 더 갖
게 해 달라는 그와 같은 한껏 욕심의
그 제목을 하나하나 붙이며, 너희는
그 끝에 가서 뭐라 말하느냐?
18 '주 예수 이름으로 기도하옵나이다.'
그리 말하느니라.
19 그리하여 너희는 감사한 마음을 눈물
로써 나에게 기도를 드리며, 무엇을
얻고자 이루고자 그와 같은 감사의 기
도를 드리느니라.
20 그러면서 너희는 나의 아들 예수의 이
름으로 기도하옵나이다 그리 맺느니
라.
21 그리 거룩히 찾고 그와 같이 기도한
자, 너희는 어찌하는가?
22 너희가 그 죄의 온상인 교회요, 성당
이요, 또는 회당이라는 곳을 나오는
그 순간에 돌아서서 그 모두를 다 잊
어버리며,
23 언제 그랬냐는 듯이 너희 삶에 의하
여 이해관계에 따라 아무것도 관계없
이 거침없이 그저 어떠한 일이든, 악
이든 선이든 너희는 이해관계의 그
길을 따라 행하며, 득이 되는 일이라
면 물불을 가리지 아니하고 행하고 살
아가는 것이니라.
24 그리고 너희는 죄 되는 것 또한 두려
운 줄 모르며 죄를 지음이니라.
25 그는 너희가 단단한 배경이 있기 때
문이니, 그 뒤에는 나 여호와가 있으
며 너희가 찾는 나의 아들 예수가 있
기 때문에, 너희는 그 단단한 그 뒷배
경을 믿고 그 사악한 짓을 두려움 없
이 함이니, 바로 무엇이던가?
26 너희는 다시 그 죄의 온상에 와 나의
아들 예수의 이름을 찾으며 나를 찾으
면 모든 것을 다 용서받는다는 그 든
든한 그 뒷배경을 믿고 오늘의 사악
한 행위를 무서운 줄을 모르며 행하고
살아가는 것이 아니던가?
27 그러면서 너희는 또 뭐라 말하는가?
28 너희는 모두를 이루고자 더 달라, 더
이루어 달라, 그리고 더 축복을 달라
그리 빌고 또 빌고 비느니라.
29 그러니 기복 신앙의 대표이니라.
30 다만, 그 기복 신앙의 길을 가는 그 대
표자로서, 모든 행사의 종말을 거둘
때, 그리고 눈물 짜며 콧물 짜고 감사
의 기도요, 축복의 기도요, 은혜의 기
도요, 그 모두를 다 드리면서 '주 예수
의 이름으로 기도하옵나이다, 아멘!'
그리 부르짖음이니, 그러고 난 다음에
그 뒤는 또 무엇이던가?
31 나의 아들 예수의 이름으로써 모두를
이루었다 말한다면서,

32 너희는 그 두려운 나의 아들 예수의
이름을 그리 부르고 찾은 자들이 돌아
서서 또 언제 그와 같은 행위를 했느
냐는 듯이 잊어버리고 살아가는 그와
같은 형국이 지금 수천 년 동안 반복,
반복하는 믿음의 형국이니,
33 여기에서 진리가 어디에 있으며 하늘
에 오르는 길이 어디에 있는가?
34 이는 뒤죽박죽 오합지졸이니, 실타래
가 엉켜 있는 것처럼 얽히고설켜 암흑
의 세상에서 지금 허덕이는 너희의
그 길이라는 것을 잊지 말라.

6,483 번째 하나님 말씀

2003년 6월 21일 02시 06분

1 사랑하는 나의 아들아!
2 "네, 아버님! 말씀하옵소서."
3 이 깊은 밤 네가 나의 성령을 받아 기
록하는 이 순간에도 네가 이 방을 뛰
쳐나가고 싶은 마음이요, 어렵고 힘든
이 길을 네가 중도에서 포기하고자 하
는 그와 같은 마음 또한 네 마음 한 곳
에 도사리고 있음을 나 여호와는 알고
있음이니라.
4 너는 그렇지 않다 생각하며, 그리하여
네가 자신 있게 가며 역사한다고 하나,
5 네 마음속에는 불과 같은 그 뜻이 아
직도 그 마음이 죽지 않고 있음이니,
그 불을 꺼야 함을 너는 알아야 할 것
이니라.
6 어찌하여 너는 모든 백성이 지킬 수
없다는 그 십계명을 차 한 잔을 마시
는 것보다도 더 쉽게 지킬 수 있는 것
이 마음 한 자리 정하는 것이라 하며,
7 네가 이 세상에 변하고자 천사와 같은
마음으로 가는 그 길이 어렵고 힘들어
네가 주저하며 이 방을 뛰쳐나가고자
하는 그 무서운 불길이 아직도 네 가
슴속에 있음이니, 바로 그것이니라.
8 네가 십계명을 지키는 것이 차 한 잔
마시는 것보다도 더 쉽다는 그 깨달음
을 터득했듯이,
9 네가 인간 세상에서 천사가 되어 가는
길, 나의 백성으로서, 나의 목자로서
바로 오는 길이 차 한 잔 마시는 것보
다도 쉽다는 그 이치를 깨달으면 될
것이거늘,
10 네 마음 하나 다스리면 모두가 역사한
다는 것을 어찌하여 그리도 모르는가?
11 네가 네 마음을 다스림에 여유로움이
요, 네가 네 마음을 다스리는 데 용서
함이요, 너 스스로 너 자신을 위안하
는 그와 같은 삶을 살아가고 있기 때
문이니라.
12 너 자신이 네 마음이 그리 잘못되었을
때, 그를 용서하며 그를 덮어 두고자
하는 마음이요, 아직도 네가 그와 같
은 나약한 마음으로써 너 자신을 다스
리지 못하며 너를 심판하지 못하기 때
문이니라.
13 너 스스로 마음을 다스려 너 자신을
심판할 수 있으며 너 자신을 돌아다볼
수 있는 강한 의지의 마음으로 살아간
다면, 차 한 잔 마시는 것보다도 더 쉽
고 간단한 그 마음 한 자리를,
14 너는 그를 잡지 못하고 어찌하여 오
늘 이 시간까지 네가 방황하는가?
15 그래서는 아니 됨을 알라.
16 너는 이 길을 가야 하며 이 역사를 이

루어야 하며, 그 누구도 가지 못하는
길임을 알아야 할 것이니라.
17 너의 제자들이 어떠한 믿음으로 가든,
어떠한 깨달음에 있든, 지금의 종교
집단에서 몇십 년씩 공부한 사람들이
뭐라 갑론을박하든, 항변을 하든 그것
을 생각하지 말며, 네 마음을 써서는
아니 될 것이니라.
18 그들은 네가 가는 그 역사를 알 수 없
으며,
19 감히 그들이 나 여호와가 이루고자 계
획하여 가는 위대하고 장대한 그 사업
의 계획서를 알기나 하며 그를 읽을
줄 알며 그를 볼 줄이나 아는가?
20 그들은 이를 볼 줄 모르며 읽을 줄도
모르는 자들이니,
21 그 미래에 역사하는 것을 바로 볼 수
없으며, 세우는 것이 무엇이며 역사하
는 것이 무엇인지 그 그림 자체도 그
릴 수 없음이니,
22 그들이 하는 말이요, 그들의 행동에
대하여 네 마음에 동요가 있어서는 아
니 될 것이니, 사랑하는 나의 아들아,
그리 알라.

6,484 번째 하나님 말씀

2003년 6월 21일 02시 13분

1 사랑하는 나의 아들아!
2 "네, 아버님! 말씀하옵소서."
3 '소 잃고 외양간을 고친다'는 동양의
작은 나라의 백성이 하는 말이 있음
이니,
4 그는 작은 소 한 마리를 잃는 것으로
그리 생각하고 깨닫는다면 너희는 어
리석은 자이니라.
5 너희가 소를 잃었다 하여 그 외양간이
비어 있다 함은, 그 집의 외양간 자체
의 존재하는 의미가 없지 않은가?
6 그러니 말하자면 너희는 모두를 다
잃게 되는 것이며, 잃고 나서 후회한
다는 그 의미가 거기에 있음을 너희는
알아야 할 것이니라.
7 병든 자가 후회하지 아니하는 자는 없
음이니라.
8 건강할 때 제대로 다스리지 못한 것을
후회할 것이며,
9 병들어 다시 일어서지 못하는 것을 뼈
저리게 후회하고 사는 것이 너희가
아니던가?
10 지금 수천 년 동안 흘러오면서 하늘에
오르는 길이요, 진리의 길이요, 구원
의 길이라 그리 끌고 온 종교 집단이
나 가르친 지도자들이나, 그곳에서 정
녕 그것이 구원의 길이라 하여 그들이
말하는 재물을 바치며 시간을 바치며
맹종하고 맹신하고 가는 그 백성이
더 이상 거기에 빠진다 하면,
11 나의 피조물 만백성이 더 많은 인구가
빠진다 하면, 이제는 정녕 이 세상을
구원할 수 없으며 지구를 복원할 수
없는 그와 같은 형국에 이르기 때문이
니,
12 내가 지금 밤낮을 가리지 아니하고 너
에게 나의 뜻을 기록하여 전하게 함이
니라.
13 이제 더 이상 나의 피조물 만백성이
지금의 가는 믿음 속에 빠져서도 아니
되며, 지금의 빠져 있는 백성이 더 마
음이 굳어져 가도 아니 됨이니라.

14 그들은 정녕 구원의 길을 볼 수 없으
며 그들을 구원할 수 없는 것이니라.
15 너희가 죽음 직전에 와 놀라고 놀라서
깨달음을 얻는다 하자.
16 그때는 이미 너희는 구원을 받을 수
없으며 그때는 이미 때가 늦음이니,
17 나의 사랑하는 백성 그들이 지금 정녕
죽음 직전에 놀라서 두려움을 느낄 때
그때까지 가서 깨닫는 그와 같은 길
을 가고자 하는 것이던가?
18 그때는 아무 필요도 없음이니라.
19 그러니 저희가 죽어 나에게 와 놀랍
고 무서움을 알기 그 직전에 그들을
깨우쳐야 할 것이며,
20 지금 그들을 그 수렁에서 건져내지 아
니하면 절대 구원할 수 없다는 것을
너의 제자들과 나의 법전을 읽은 백성
너희는 알아야 할 것이니라.
21 그러니 나의 법전을 전하는 데 너희가
소홀히 해서도 아니 될 것이며 쉬는
시간을 가져서도 아니 된다 내가 너희
에게 말한 의미가 거기에 있음이니라.
22 너희가 깨닫지 아니한다면, 육의 세상
에 존재하는 이 순간에서 너희가 깨
닫지 아니하며 바로잡고 바로 서지 못
한다면 너희는 나에게 구원을 받을
수 없다는 것을 알라.
23 너희가 나에게 구원을 받을 수 없다는
말은 무엇을 의미하는가?
24 너희는 지옥이라는 그 험난하고 무서
운 곳에 가 지금까지 지은 죄의 대가
를 영원히 치른다는 그 의미가 거기에
있음이니,
25 그 뜻이 얼마나 무섭고 두려운 것인가
를 알아야 할 것이니라.

26 지금 너희가 이대로 흘러간다면 정녕
아니 됨이니라.
27 더 빠지면 영원히 너희를 구원할 수
있는 그 근거까지도 뿌리를 내릴 수가
없게 됨이니라.
28 지금의 이 시기를 놓치면 아니 됨이니
라.
29 그러니 사랑하는 피조물 만백성 너희
는 나의 법전을 읽어 보라.
30 그리고 나의 법전을 정독하라.
31 그리고 나의 아들을 통하여 내리는 그
강론을 들으라.
32 그리하지 아니하면 너희는 구원의 길
을 볼 수 없음이니라.
33 더 이상 빠져들면 그들을 구원할 수
없느니라, 사랑하는 나의 아들아!
34 너희는 모두를 다하여 그들을 지금 건
져 내야 할 것이며, 그들을 빠지는 늪
에서 건져 내지 아니하면 그들을 건져
낼 수 없는 것이니라.
35 그들을 구원하라.
36 그들이 죽음 직전에 놀라고 두려워 통
곡하는 그 시간을, 너희가 같은 형제
로서 보는 그 아픔의 마음을 겪지 아
니하려거든, 지금 그들이 더 이상 빠
지기 전에 그들을 구원하라.
37 너희가 죽어 가는 너희 형제를 보고
가슴 아프다 하듯이, 나의 아들딸이
요, 나의 백성이 그 고통 속으로 가는
것을 보는 나 여호와의 마음이 얼마나
아픈 것인가?
38 그 마음을 위해서라도 오늘 빠져 가는
그 백성을, 수단과 방법을 가리지 말
고 그들을 구원하도록 그리하라.
39 그것이 너희가 가야 할 길임을 잊지

말라.

6,485 번째 하나님 말씀

2003년 6월 21일 02시 21분

1 사랑하는 나의 아들아!
2 "네, 아버님! 말씀하옵소서."
3 나의 피조물 만백성 중에 출애굽 하여
선택된 백성이 광야의 생활을 거쳐
그 어렵고 힘든 그 고생의 역사의 삶
을 살면서 그들은 과연 어찌 되었던가?
4 그와 같이 시련과 고통의 역사를 간
그 백성도 준비된 땅에 가지 못하였
음이니, 그를 보고 너희는 무엇을 깨
닫고 무엇을 얻어야 하겠는가?
5 하늘을 향하여 가고 있는 너희요, 나
의 뜻을 이루기 위하여 부름을 받은
자들이요, 그리고 하늘에서 이루고자
하는 나 여호와가 역사하는 것을 다
알고 있는 백성이니라.
6 그 부름을 받은 너희가 하늘에 오르
지 못하며 낙오자가 될 수 있음을 또
한 여기서 깨달아야 하는 것을 알아
야 할 것이니라.
7 나로부터 부름을 받았으며 나의 뜻에
역사하는 백성 너희가 하늘에 오르지
못하며 낙오자로서 남는다는 것은 출
애굽 하여 그 모든 백성이 그 준비된
땅에 가지 못한 자들처럼 너희 스스
로 무너지며, 너희가 마음자리 하나
다스리지 못함으로 항상 무너질 수 있
다 그리하였음이니라.
8 너희는 항상 선과 악의 생활 속에서
악을 행하는 그 순간이 너희가 사탄
의 자식으로 전락하는 것이라 내가
그리 말하지 아니하였던가?
9 너희가 악함을 계속 반복하며 악함을
버리지 못하고 갈 때 그는 곧 사탄이
니,
10 내가 초청해 부른 백성이요, 내가 너
희와 더불어 역사하고자 나에게 와 있
는 백성이라 할지라도,
11 너희도 또한 그와 같이 나에게 오르지
못하고 낙오자가 되는 백성이 될 수
있다는 것을 너희는 잊어서는 아니
될 것이니 그리 알라.
12 그와 같은 백성이 되지 말라.
13 그 얼마나 비참하고 고통스러운 것인
가를 너희가 그때 그곳에 가면 알게
될 것이니,
14 그때는 너희가 영원히 다시 나올 수
없는 무서운 곳이라는 것을 알라.
15 육이 죽어 가기 전에, 육이 죽어 가려
할 때, 그 육은 결국 죽음이니라.
16 그리하여 육은 죽어 하나의 흙으로
돌아가며 영혼은 나에게 오를 수 있는
그 삶을 준비하고 살아야 함을 잊지
말라.
17 육은 죽고 영혼은 지옥으로 가는 그와
같은 허망한 삶을 너희가 오늘 살아
서는 아니 됨이니,
18 그와 같이 너희가 하늘에 오르는 길
의 역사를 얻는 것은 오늘 너희의 육
이 존재하는 삶이 얼마나 소중하고 귀
한 것인가를 내가 다시 한 번 너희에
게 전함이니, 이 무서움을 알라.
19 나에게 오르지 못하고 죽어 가는 영혼
이 되지 말라.
20 정녕 너희가 그리되어서는 아니 될
것이니라.

21 낙오자가 되어서는 아니 되느니라.
22 너희 자신이 지금 서 있는 그 자리에
서 낙오자가 되지 아니하며 나에게 오
를 수 있는 백성의 삶을 산다면,
23 너희는 오늘의 이 시점에서 냉정히
너희 자신을 심판해 보라.
24 너희가 보이는 그대로 심판을 해 보도
록 하라.
25 거울에 보이는, 하나도 숨김이 없는
그와 같은 모습으로써 너희가 자신을
오늘 냉정히 심판하고 들여다볼 때,
너희가 그 잘못된 것을 감추며 숨기려
하지 말고, 너희의 죄는 죄요, 선한 것
은 선한 것이라는 것을 엄격히 구분하
여 너희의 마음 거울에 비춰 보면서
스스로 재판이요, 심판을 해 보라.
26 그러면 너희가 낙오자가 될 수 있는
자인지, 하늘에 오를 수 있는 자인지
알 수 있음이니라.
27 다만, 내가 나의 아들을 통하여 너희
에게 전함이니,
28 너희가 구원을 받았으며 나의 법전을
읽고 깨우친 백성은 무조건 하늘에 오
른다는 오만과 자만에 차 있는 너희에
게 내가 깨우쳐 주고자 함이니라.
29 너희를 그저 나의 아들 예수의 이름을
부르면 구원을 받는다는 그 백성과 똑
같은 낙오자를 만들지 아니하고자 내
가 너희에게 전함이니라.
30 이제는 기억하라.
31 출애굽 했던 그 선택된 백성이 광야
의 그 어렵고 힘든 생활 속에서 준비
된 땅에 가지 못한 그 백성이 있음이
니,
32 너희는 그와 같은 백성으로서 낙오자
가 되지 말라 함이니,
33 너희는 내가 기록하여 전하는 이 뜻을
그저 들어 흘리지 말라.
34 이 모두를 너희 가슴 깊이 심어, 너희
가 살아감에 있어서 한 점의 부끄럽이
없는 그와 같은 삶을 살아가,
35 낙오되지 아니하며 내 품에 올 수 있
는 너희가 되도록 그리하며, 만백성을
구하는 역사를 이루도록 그리하라, 사
랑하는 나의 아들딸들아!

6,486 번째 하나님 말씀

2003년 6월 21일 02시 29분

1 사랑하는 나의 아들아!
2 "네, 아버님! 말씀하옵소서."
3 너희가 원망하는 마음이요, 불평하는
마음이요, 그와 같은 마음 또한 악이
성장하듯이 작은 불평과 원망이 시작
된다면 점점 커짐이니,
4 그 원망은 너희가 모두를 다 원망하
게 되어 있음이니라.
5 너희는 부모를 원망하게 되며, 너희가
성장한 과정을 원망하게 되며, 스승을
원망하게 되며, 세상을 원망하게 되며,
6 그리하여 너희의 원망이 더 짙어질
때, 결국 나 여호와를 원망하는 그와
같은 형국으로 변화됨이니라.
7 그리하여 적은 불평과 원성의 마음,
원망하는 마음을 처음부터 다스려 나
가지 아니하면 아니 됨을 알아야 할
것이니,
8 그 모든 불평과 원망이요, 원성은 결
국 하다 하다 그 타성에 젖어 더는 할
것이 없을 때, 창조주 나 여호와를 원

망함이니,
9 너희에게 생명을 주어 세상에 살아갈
수 있도록 모든 역사를 이루어 준 나
여호와에게 불평의 말이요, 원망의 말
이요, 그와 같은 것을 나에게 그리 퍼
붓는다면, 과연 이것은 있을 수 있는
일이라 생각하는가?
10 그러니 악한 마음이 서서히 자라는 것
처럼 너희 마음속에 불평하는 마음이
요, 원망하는 마음이요, 그와 같은 마
음의 뿌리를 아예 잘라 버려야 한다는
것을 잊지 말라.
11 이 세상에서 나 여호와를 가장 원망하
는 백성은 과연 누구더냐?
12 나를 사랑하며 나를 경배하며 만백성
을 사랑으로 다스린다는 종교 집단에
속해 있는 백성 그들이니라.
13 나 여호와에게 그들은 원하는 것이 많
으며, 나를 통하여 이루고자 하는 것
이 많으며,
14 인간의 힘으로써 너희가 이루지 못할
때, 나 여호와의 이름을 부르며 나에
게 그를 이루어 달라 간청하는 그와
같은 것으로써 평생을 살아가는 백성,
그들이 지금 불평과 원망이 가장 높고
많은 백성이라는 것을 너희는 알고
있는가?
15 너희의 불평과 원망은 보이지 아니하
나, 그와 같은 행위를 하는 것이 너희
눈으로 보이지 아니하나,
16 너희는 그 불평과 원망이요, 그와 같
은 시시비비하는 마음을 가지고 사는
자들이 큰 죄의 죄목을 하나씩 더 걸
머지고 있다는 것을 알라.
17 믿음의 길을 가는 백성 너희가 정녕
얼마나 원망과 불평 속에서 지금 살아
가고 있는가?
18 너희는 나에게 이루어 달라, 역사해
달라는 가짓수를 부르며 기도하는 것
만큼 너희 자신도 모르는 사이에 나를
원망하고 불평하는 마음으로 그득히
차 있음이니, 그게 역사하며 이루어지
지 아니하였기 때문이니라.
19 나에게 무엇을 이루어 달라고 소원하
지 않는 백성은 섭섭함이 없으며 불평
불만이 없음이니라.
20 그들은 나에게 기대하지 아니하나,
21 나에게 기대하고 나에게 이루어질 것
이라 믿는 백성 너희가 수천수만 가
지 나에게 평생 이루어 달라 하니,
22 그것이 이루어지지 아니하였을 때 불
평과 원망을 가장 많이 하는 백성이
너희라는 것을 잊지 말라.
23 원망과 불평의 마음이 도사리고 있는
한, 너희는 어떠한 것도 뜻대로 이루
어지는 것이 없음을 알아야 할 것이며,
24 너희에게 은혜와 역사는 절대 이루어
지지 아니하며, 너희와는 관계없다는
것을 알라.
25 너희 마음속에 불평과 불만이 있다 하
면, 이는 창조주 나 여호와에게 너희
가 불평하는 것이니, 너희는 어찌하여
그와 같은 사악한 마음을 가지고 산단
말이더냐?
26 내가 일찍이 너희에게 깨우쳐 주었거
늘, 생명을 가지고 세상에 나가 이 지
상에서 너희가 노력하는 만큼 거두고
살아갈 수 있는 모두를 다 너희를 위
해 내려 준 나 여호와를 원망하는 마
음으로 너희의 가슴에 얼룩져 있다

하면,
27 진정 너희가 믿음의 길을 가는 백성
이며 나를 믿는 백성인가?
28 너희는 나를 믿지 아니하며 나를 의식
하지 않는 백성이니라.
29 너희가 죽을 때까지 세상에 존재하게
한 것을 감사하며, 너희가 죄짓고 잘
못한 것을 사할 수 있는 그 기회를 내
려 준 나 여호와에게 너희가 생명이
다할 때까지 감사하며, 그 은혜에 눈
물로써 보답하는 마음을 가지고 살아
간다 해도 너희가 그 은혜에 보답할
길이 없거늘,
30 어찌하여 지금 나 여호와를 원망하고
불평하는 그와 같은 마음으로 가득 찬
그와 같은 백성이 지금 믿음의 길을
가며 나에게 오를 수 있으며 선택된
백성이라 그리 말할 수 있는가?
31 너희는 다 허황된 꿈속에 살고 있으
며, 부질없는 인생의 삶을 살고 있다
는 것을 알라.
32 이제 너희 자신을 다스리며 바른길을
보라.
33 너희의 그 모든 마음을 다스릴 수 있
는 것, 원망과 불평과 불만의 마음을
다스릴 수 있는 것 또한 어떠한 곳에
서도 찾을 수 없음이니라.
34 너희가 믿는 종교 지도자 자신도 신뢰
할 수 없으며, 너희가 평생 바치고 봉
사한 그 성전도 너희와는 인연이 없
으며,
35 너희가 무너져 떨어질 때 너희를 돌
아다보지 아니하며, 너희가 사업적으
로 실패했을 때, 인간적으로 병들어
누웠을 때, 과연 너희의 미래를 위하
여 그들이 얼마나 오랫동안 너희를
보살피고, 너희가 바친 것만큼 너희를
보살펴 주는가?
36 다 너희가 허무한 짓이요, 허황된 속
에서 지금 허덕이고 있다는 것을 잊지
말라.
37 대가 없는 오늘의 삶이요, 대가 없는
삶으로써 재물을 바치며 맹종 맹신하
는 것으로써 끝나면 되나,
38 너희가 재물을 바치며 맹종하고 맹신
하는 것, 사악한 자들에게 힘을 실어
주는 그 죄가 얼마나 무거운 것인가
그 죄를 잊지 말고 살며,
39 그 죄를 짓지 아니하고도 너희가 구원
의 진정한 길이 무엇인가를 알 수 있
는 것이 지금 나의 아들을 통하여 내
리는 법전 속에 다 기록되어 있으니,
40 이 법전이 생명의 빛이라 함이니 잊지
말라.

6,487 번째 하나님 말씀

2003년 6월 21일 02시 35분

1 사랑하는 나의 아들아!
2 "네, 아버님! 말씀하옵소서."
3 사랑하는 나의 피조물 만백성 너희가
생명을 나로부터 받아 나가 지금 육
의 세상에 삶이니라.
4 너희가 육의 세상에 사는 것이 무엇
인 줄 알겠는가?
5 꿈속에서 너희가 살아가는 삶과 같음
이요, 꿈속에서 헤매는 그와 같은 삶
을 지금 너희가 살고 있다는 것을 잊
어서는 아니 될 것이니라.
6 그 꿈이 깨었을 때 너희는 꿈을 꾸었

구나 그리 생각하듯이 너희는 그와
같이 느끼는 것이 지금의 삶이라는 것
을 잊지 말라.
7 너희가 나로부터 생명을 받아 나간
육의 세상의 삶이 꿈속의 삶이라는 것
을 잊어서는 아니 될 것이니라.
8 너희가 육을 가지고 사는 동안에 너
희가 꿈이라는 것을 꾸지 않는가?
9 그리고 너희가 그 꿈에서 깨어났을
때 뭐라 말하는가?
10 '아, 나는 꿈을 꾸었구나!' 그리 생각
하며 꿈에서 깨어남이니라.
11 그와 같이 너희가 인간 세상에 사는
것이 꿈속에서 꿈을 꾸는 것 같은 꿈
속의 삶을 삶이니, 너희는 그 꿈에서
깨어날 때가 있는 것이며 깨어나게 되
어 있음이니라.
12 너희는 지금 육의 꿈속에서 삶이 깨어
나는 그 순간에 그것이 언제 되는가
하는 것은 반드시 너희가 죽음이라는
그 문턱에 설 때 꿈에서 깨어나는 그
순간이 된다는 것을 잊지 말라.
13 너희 육신은 한 줌의 흙으로 돌아가고
영혼은 나에게 심판을 받는 순간, 너
희가 바로 꿈에서 깨어나듯이 꿈속에
서 깨어나는 그와 같은 형국이 되는
것을 잊지 말라.
14 육의 세상에서 살아가면서 꿈을 꾸며
그 꿈에서 깨어나듯이, 너희는 지금의
삶의 그 모든 것은 바로 너희가 나에
게 심판을 받을 때 꿈에서 깨어나는
것처럼 그때 그와 같이 깨닫는 자라
는 것을 잊지 말라.
15 그때 너희가 세상에서 과연 어떠한
삶을 살았느냐, 그 삶에 따라서 너희
가 꿈에 깨어난 다음에 역사하는 그
새로운 삶이 사는 길이냐, 죽음의 길
이냐 하는 것을 거기서 깨닫고 알게
됨이니라.
16 너희가 죽음의 길이 아니요, 영혼의
구원의 길로 가는 것은, 너희가 꿈에
서 깨어나 바로 영혼의 길로 갈 수 있
는 그와 같은 삶의 길은 오늘의 육의
삶에서 벗어나는 그와 같은 노력의 삶
이 아니면 아니 되느니라.
17 육을 위하여 존재하는 삶이 아니요,
영혼을 위한 삶을 살아갈 때, 너희가
꿈에서 깨어났을 때 후회 없는 삶을
산 자며 후회 없는 인생의 꿈을 꾸다
꿈속에서 깨어난 자라는 것을 잊지 말
라.
18 육의 죽음에 대한 준비된 삶이 다시
태어나는 마지막의 그 순간에 너희가
승자가 되는 것이며 복된 자가 되는
것이며, 그 길을 가고 못 가는 것은 너
희에게 달렸음이니라.
19 지금 너희가 꿈이 깨기 전에 지금 사
는 것은 꿈을 꾸고 있는 세상과 같음
이니라.
20 꿈속에서 살다 이제 꿈이 깨지니 오늘
의 꿈속에 사는 삶을 너희가 어찌 살
아야 하는 것인가를 잊지 말라.
21 너희가 나에게 심판을 받는 그 순간
꿈에 살다 꿈속에서 깨어나는 것 같은
그 순간이 됨이니,
22 그때 너희가 축복받은 백성이냐, 승자
냐 패자냐 하는 것은 그때 알게 됨이
니, 오늘의 꿈속의 삶을 바로잡고 살
아가야 한다는 것을 잊지 말라.
23 바로 너희가 꿈에서 깨어나는 그 순

간에 나로부터 버림받는 백성이 될 것
이냐, 그렇지 않으면 나로부터 영혼이
나에게 오를 수 있는 백성이 될 것이
냐 그것은 그때 너희가 선택하게 됨
이니라.
24 그러니 지금 너희가 꿈속에서 사는
꿈속의 세상을 사는 그와 같은 오늘의
육의 삶에서 바로 서라.
25 바로 서지 못하면 아니 됨이니라.
26 이를 내가 너희에게 전하는 그 의미
를 깊이 깨우쳐 너희가 꿈에서 깨어
났을 때 나에게 올 수 있는 그와 같은
축복된 백성으로 다시 태어나는 영광
을 얻을 수 있도록 오늘의 꿈속의 세
상을 바르게 살라.

6,488 번째 하나님 말씀

2003년 6월 21일 02시 44분

1 사랑하는 나의 아들아!
2 "네, 아버님! 말씀하옵소서."
3 너희가 이 지상에 살다 죽음으로써 모
든 것이 다 끝나며 모두 다 정리된다
그리 생각하는 백성은 어리석은 백성
이라는 것을 알아야 할 것이니라.
4 너희는 죽음으로써 끝나며 그 죽음 다
음에는 하늘에 와 심판을 받는다 그리
생각하는 백성, 그들 또한 어리석은
백성이라는 것을 알아야 할 것이니라.
5 너희는 지옥과 천당이요, 구원의 길이
없다 말하는 백성, 또 있다 말하는 백
성, 그 모두가 다 어리석은 삶을 살아
가는 백성이니라.
6 너희의 육이 죽음으로써 하늘에 오르
기 전에, 너희가 죽기 전에 육과 영혼
이 같이 하는 보이지 않는 하나의 세
상이 있다 하였음이니라.
7 보이지 않는 세상의 삶을 모르는 자,
너희가 육이 죽어 나에게 심판을 받는
그 두 단계의 삶이 아니요, 가운데 너
희가 눈으로 볼 수 없으며 향기를 맡
을 수 없으며 만질 수 없는 그 위대한
세상 하나가 더 있다는 것을 깨닫지
못하는 그와 같은 백성, 그 삶의 세상
을 모르는 자는 지옥과 천국이 어떻다
말하지 말라 그리 전하라.
8 그런 것은 없다 말하는 백성이 있을
것이니라.
9 그와 같은 것은 있을 수 없다 그리 말
할 것이니라.
10 그러나 그 세상은 엄연히 존재함이니
라.
11 지옥과 천국이 없다 말하는 백성, 너
희가 죽음이 어떻고 천국의 심판을 받
는 그 가운데 단계에 너희가 보이지
않는 그 세상이 있다 하니, 그게 없다
고 하는 백성 또한 어리석은 자이니라.
12 또한, 사후의 세계가 있다 말하면서
나의 계명이요, 나의 율법을 지키지
아니하고 사는 백성 그들보다도 더 어
리석은 백성이 어디에 있단 말이던가?
13 그 또한 어리석은 백성이니라.
14 그 모두를 위하여 내가 너희에게 지금
그 깨우치는 길을 열기 위하여 내가
나의 아들을 통하여 새로운 나의 성령
을 태워 내려보낸다는 것을 너희는
잊어서는 아니 될 것이니라.
15 지옥과 천국이 없다는 자, 나 여호와
가 존재하지 아니하며 제2의 세상의
삶이 있다는 것을 인정하지 않는 자,

16 그리고 사후의 세계를 인정하며 지옥
과 천국에서 너희가 천국을 가고 있
다는 마음을 가지고 사는 그 백성이
나의 율법을 지키지 아니하며 나의 십
계명을 지킬 수 없다고 말하는 그 백
성, 그와 같이 어리석은 백성,
17 그 모두를 다 내가 깨우쳐 하늘에 오
르는 길을 안내하고자, 내가 '하늘에
오르는 길'이요, 나의 성령을 태워 내
려보내는 '하나님! 말씀하옵소서'라는
이 책을 나의 아들을 통하여 세상에
내려보내는 것이니,
18 너희는 나의 그 은혜에 감사하는 마음
을 갖고 살아가도 부족하거늘,
19 어찌하여 이를 보지 아니하려 하며,
나의 법전이 사탄이요, 사악한 자요,
마지막 시대에 거짓 선지자가 하는 것
이라 너희가 그리 말하는가?
20 지금 내가 너희에게 은혜를 내리는
것을 역으로 받아들이는 것이 얼마나
무서운 죄를 짓는지 너희는 아는가?
21 사후의 세계가 있다는 자, 없다는 자,
그 모두를 위해 나의 법전이 세상에
내려짐이니, 이는 바로 무엇이던가?
22 내가 너희를 사랑함이요, 너희를 마지
막으로 구원하고자 하는 애절한 마음
에서 이루어짐을 너희는 알아야 할
것이니라.
23 나 여호와가 모두를 태워서 내려보내
는 '하늘에 오르는 길'이요, '하나님!
말씀하옵소서'라는 이 책을 보고 듣고
도 너희가 모르겠단 말이더냐?
24 이 속에 기록되어 있는 나의 뜻을 읽
고 듣고 강론을 들으면서도 너희가
이를 모르겠단 말이더냐?
25 이 법전을 접하는 자만이 그 의문이
풀릴 것이며 그 모두를 알게 될 것이
니라.
26 어찌하여 너희는 나의 성령을 태워
내려보내는 나의 마지막 이 법전을 보
고 듣고 읽고도 그리 그를 모르며 깨
우치지 못하는 어리석은 백성이란 말
이냐?
27 너희는 정독해서 나의 법전을 보라.
28 그리하면 너희의 그 모든 길이 열림
이 여기에 있음을 알게 될 것이며, 하
늘에 오르는 찬란한 빛을 보게 됨이니,
29 그때부터 너희는 반석 위에 서서 그
빛을 따라오면 그리도 갈구하고 원하
는 영원히 사는 나의 나라에 오를 수
있는 길에 들어섬을 잊지 말라.

6,489 번째 하나님 말씀

2003년 6월 21일 02시 48분

1 사랑하는 나의 아들아!
2 "네, 아버님! 말씀하옵소서."
3 나의 피조물 만백성이요, 종교 집단에
속해 있는 백성 그들이 나의 친필로
써 내린 십계명을 감히 지킬 수 없다
고 말함이니, 그게 모든 죄의 온상의
시작이라 내가 그리 말하였음이니라.
4 너의 제자들, 또한 지금 나의 법전을
읽고 깨우치는 백성이 그 마음을 다스
리지 아니하며 그들이 정녕 십계명대
로 살며 율법대로 살아가고자 하나,
5 그를 행하고 지킬 수 없다 하는 자들,
그리고 내가 나의 아들을 통하여 내리
는 160권의 법전의 내용을 그대로 지
키고 살아갈 수 없다 하여 지금 몸부

림치는 백성,
6 그들이 정녕 지키고 살아갈 수 없다
하면, 너희는 '사랑'의 노래를 암송하
며 항상 부르도록 그리하라 전하라.
7 그러다 보면 너희가 살아가는 길이
무엇이며 사랑이 무엇인지 알며, 십계
명을 지키지 못하고 살 수 없다는 말
을 감히 할 수 없음이니,
8 너희 마음을 그리 유하고 부드러운 마
음으로 먼저 다스리라 그리하라.
9 그러면 너희는 험한 것을 봐도 보지
못하며, 험한 음성을 들어도 듣지 못
하며,
10 너희는 내가 원하는 160권의 법전의
그 온유하고 깊은 뜻을 행하고 지키는
것이 당연하며 이를 지키지 아니하면
아니 된다는 것을 깨닫게 될 것이니
그리 알라.
11 '사랑은 언제나 오래 참고 사랑은 언
제나 온유하며 사랑은 시기하지 아니
하며 자랑도 교만도 아니 하며, 사랑
은 무례히 행치 않고 자기의 유익을
구하지 않고 사랑은 성내지 아니하며
진리와 함께 기뻐하네.
12 사랑은 모든 것 감싸주고 바라고 믿고
참아내며 사랑은 영원토록 변함없네.
13 믿음과 소망과 사랑은 이 세상 끝까지
영원한 것,
14 믿음과 소망과 사랑 중에 그중에 제
일은 사랑이라.
15 그중에 제일은 사랑이라.' 하는 이 '사
랑'의 노래를 그들이 암송하여 수시로
부르며 그 의미요, 뜻을 깊이 깨우치
도록 그리하라.
16 그러면 그와 같이 마음이 정화될 것이
며, 악한 뿌리의 마음이 정화될 것이
며, 아름다운 생수와 같이 너희가 유
하고 부드러워질 것이니,
17 그와 같이 부드러운 자가 나의 법전을
읽었을 때 그 법전의 내용의 의미를
알 수 있을 것이니 그리 전하도록 하
며 그리 암송하며 항상 부르도록 그리
전하라.
18 사랑하는 나의 아들아!
19 너희가 오늘에 가고자 하는 것, 깨우
치고자 하는 것, 노력하는 너희 마음
을 다스리는 하늘의 비밀을 내가 전해
줌이니, 이 또한 은혜요, 영광이요,
20 너희가 깨우친 그 사랑의 보답이며 은
혜를 내가 내림이니라.
21 너희가 변하는 그 사랑을 내림이니 그
리 알라, 사랑하는 나의 아들딸들아!

6,490 번째 하나님 말씀

2003년 6월 21일 03시 01분

1 사랑하는 나의 아들아!
2 **"네, 아버님! 말씀하옵소서."**
3 나 여호와가 너의 제자들에게 묻노라.
4 과연 너의 제자들이 이 대목에 '네'라
대답할 수 있는 것이 얼마나 있는가
그들에게 그 답을 물어보라.
5 나 여호와가 너희에게 명하기를, 너희
는 십계명대로 살라 그리 말하였으며
그리 살라 하였음이니,
6 과연 너희는 그리 살고 있는가 그를
물어보라.
7 '네'라 대답할 수 있는 너의 제자들이
몇 명이나 있는가?
8 내가 법전을 정독하라 하였음이니, 그

들이 나의 법전을 과연 얼마나 정독하
여 나의 법전의 뜻을 알고 있는가?
9 그들에게 3회 이상 읽으라 하였음이
니라.
10 그리해야 내가 내린 그 뜻을 안다 하
였음이니, 과연 나의 법전을 3회 이상
읽은 백성이 누가 있는가?
11 그 제자가 누구인가 물어보라.
12 제자를 육성토록 하라 하였음이니라.
13 단 한 명씩이라도 너희가 제자를 육
성하여 그 제자가 또 육성하는 그와
같은 방법으로 나의 아들을 통하여 내
리는 강론을 많이 듣도록 하라 하였음
이니, 그 간단한 것 하나를 실천하는
사람이 얼마나 있는가 그들에게 물어
보라.
14 '네'라 대답할 수 있는 사람이 얼마나
있는가?
15 법전대로 살라 했음이니라.
16 과연 그리 살아가고 있는 백성이 얼마
나 있는가, 그를 얼마나 지키고자 노
력하는가 그들에게 물어보라.
17 '네'라 대답하는 자가 얼마나 있는가?
18 마음을 비우며 자식, 또는 부모·형제
그 모두를 대중적으로 보라 하였음이
니,
19 그는 남을 이웃같이, 이웃을 네 몸같
이 사랑하는 것을 실천하라 하였음이
니, 과연 너희는 그와 같은 마음으로
살아가는 자가 얼마나 있는가 그들에
게 물어보라.
20 너희는 극한 상황에서 네 자식을 버리
고 남의 자식을 구원하는 마음으로 굳
게 살아가라 하였으며 그리 변하라 했
으니, 과연 너희가 그리할 수 있는가?
21 너희 자식 얼굴을 한번 들여다보고 너
자신에게 심판을 받아 보라 그리 전
하라.
22 너희는 받으면 두 배로 갚으며, 두 배
로 갚는 것이 사랑을 실천하는 길이라
하였으며, 답례할 수 없는 것은 받지
말라 하였음이니,
23 너희는 과연 그를 얼마나 실천하고
사는가를 물어보라.
24 거짓 하지 말라 하였음이니라.
25 거짓 하는 것은 살인과 같다 하였음이
니, 너희가 거짓 하지 아니하고 살아
가는 것이 얼마나 지금 지키고 변하고
있는가?
26 내가 '일식 삼찬'을 지키고 살라 하였
음이니, 너희가 과연 '일식 삼찬'을 얼
마나 지키고 살아가는가?
27 너희가 이와 같은 것을 다 지키고 살
아간다면, 너희가 손을 들어 나의 아
들에게 바로 가라 말할 수 있을 것이
며, 나의 아들이 변한 것이 하나도 없
다 그리 말할 수 있을 것이니,
28 과연 너희가 먼저 얼마나 지키고 나의
아들에게 '네'라 대답할 수 있는지 물
어보도록 그리하라.
29 내가 뭐라 말하였느냐?
30 나의 아들을 다스리며 그를 바로 가게
하고자 너희가 가죽채를 휘두른다는
것은, 너희가 바로 그와 같이 천사와
같은 마음으로 먼저 변했을 때, 그 가
죽채로써 나의 아들을 때려 다스릴 수
있는 자격이 있는 자가 들라 하였음이
니,
31 자격이 없는 자가 가죽채를 들고 때린
다는 것은 바로 무엇이던가?

32 아버지는 도둑질하고 거짓 하면서 그 자식에게 거짓 하지 말며 도둑질하지 말라 하며, 남을 속이고 살아가는 부모가 제 자식에게는 속이지 말고 살라 함이니, 그게 교육이 안 되지 아니하는가?
33 그와 같은 이치를 너는 아는가?
34 너희가 가죽채를 들 자격이 있는지를 내가 먼저 물었거늘, 그 자격은 하지 아니하고, 너희가 가죽채로 나의 아들을 후리는 것만을 생각하고 그것만 기억하고 살아가는 것이니,
35 과연 너희의 오늘의 자세가 어떠한 것인지를 한번 들여다보도록 그리하라.
36 내가 너희에게 수백 가지, 수천 가지 중에서 몇 가지만을 물었음이니, 너희가 과연 그리 대답할 수 있는가 물어보라.
37 너희가 이를 다 대답할 수 있는 백성이 단 한 명이라도 나온다면, 나 여호와의 기쁨이요, 내가 너희에게 상을 내림을 주저하지 아니할 것이니,
38 너희 자신을 들여다보며, 내가 내린 그 중요한 대목들을 과연 얼마나 지키는가 물어보라.
39 너희가 뼈를 깎는 고통이 있고 아픔이 있어도 이를 지키고 살아가야 하는 것이니,
40 이를 지키지 않는 자는 나의 아들이 그 변하는 것을 뒤따를 수 없으며, 나의 아들과 더불어 하늘에 오르는 길을 올 수 없다는 것을 내가 다시 한 번 너희에게 명함이니, 너희 자신부터 가슴에 손을 얹고 너희 자신을 먼저 심판하고 평가해 보도록 그리함이 중요함이니 그리 알라.

6,491 번째 하나님 말씀

2003년 6월 21일 03시 10분

1 사랑하는 나의 아들아!
2 "네, 아버님! 말씀하옵소서."
3 내가 너희에게 일찍이 깨우쳐 전하였음이니, 이 세상에 너희가 살아가면서 눈으로 보고 느끼는 것이 삶이요, 귀로 듣는 것이 삶이요,
4 그리고 너희가 만지고 직접 관리하며 그와 같이 너희가 이해하고 갑론을박하며 살아가는 그 세상만이 위대한 세상이요, 그 세상만이 존재한다 생각해서는 아니 된다 내가 그리 말하지 아니하였는가?
5 너희는 사후의 세계요, 다음 세계의 그 역사함이 있다 하였음이니라.
6 그 다음의 세상에서 너희가 어찌 새로 태어나는 생명의 영광을 얻느냐, 그렇지 않으면 너희가 지옥으로 가느냐 하는 그와 같은 갈림길에서 얻고 못 얻는 것은 바로 무엇이라 말하였느냐?
7 오늘의 너희가 보고 듣고 만질 수 있는 이 세상에서 너희 자신을 정확한 잣대로써 정확하게 재고 가지 아니하면 아니 된다는 것을 내가 너희를 통하여 다시 한 번 깨우쳐 줌이니라.
8 너희 자신의 삶을 정확한 잣대로 정확하게 재고 그를 알고 가야 한다는 것을 잊지 말라.
9 너희가 그와 같이 정확하게 그를 재고

따지지 아니한다면 너희는 알 수 없음이니라.
10 그러니 너희 스스로 정확한 잣대로써 너희를 평가하며 심판할 수 있는 그것은 무엇이던가?
11 너희가 가지고 있는 그 마음 자세요, 또한 너희가 그를 바로 역사할 수 있는 것은 내가 지금 나의 아들을 통하여 밤과 낮을 가리지 아니하고 내리는 '하늘에 오르는 길'이요, '하나님! 말씀하옵소서' 이 나의 법전을 갖지 아니하면 너희는 바른 잣대로 너희를 잴 수 없음이니,
12 너희 마음과 나의 법전을 같이 하나로 만들어 갔을 때 너 자신을 정확하게 잴 수 있다는 것을 잊어서는 아니 될 것이니라.
13 나 여호와는 너희의 사후에 역사할 것, 이루어질 것, 그 모두가 다 미리 준비되어 있음이니,
14 그 길을 올 수 있는 백성은 내가 원하는 것, 내가 바라는 것, 그와 같은 길을 가지 아니하고 그 길을 선택하지 아니한다면 절대 올 수 없음이니,
15 너희는 나의 십계명을 지키고 사는 것이요, 나의 법전대로 사는 것이요, 그리고 너희가 마음으로써 한 점의 부끄럼이 없이 너희를 정확하게 잴 수 있는 그 마음,
16 그와 같은 것이 이루어지지 아니하면, 너희는 나에게 와 구원을 받을 수 없으며 새로 태어나는 그 영광을 얻을 수 없다는 것을 알아야 할 것이니라.
17 너희 자신을 정확하게 잣대로 다스리고 재라.
18 아픔이 있다 해도 정확하게 너희 자신을 따지고 짚어 보는 자, 그리고 스스로 너희를 심판하고 평가하는 자, 그 속에서 너희가 나의 법전과 더불어 깨달음을 얻을 때, 그와 같은 깨달음이 있는 자는 바로 사후의 세계에서 새로 태어나는 영광을 얻게 된다는 것을 잊지 말라.
19 그래서 내가 나의 법전을 가슴에 안고 정독하라 함이니, 나의 법전을 가슴에 안고 정독하고 깨우쳐 갈 때 너희는 너 자신을 스스로 정확하게 재는 잣대를 댈 수 있으며, 그를 잴 수 있다는 것을 잊지 말라, 사랑하는 나의 아들 딸들아!

6,492 번째 하나님 말씀

2003년 6월 21일 03시 18분

1 사랑하는 나의 아들아!
2 "네, 아버님! 말씀하옵소서."
3 너희 육은 어찌 세상에 태어났으며 너희를 지배하는 그 영혼은 과연 어찌 존재하는가?
4 육이 이 세상에 같이 존재하는 하나의 인간 너희는 그 형태요, 움직임의 그 모든 것이 이 대자연을 이루는 우주 공간에 역사하는 것과 너희의 체내에 흐르는 그 변화의 역사가 같이 흐르고 있다는 것을 알아야 할 것이니, 이는 곧 지상의 모든 역사의 흐름이요, 우주의 흐름은 곧 하늘의 뜻이요, 하늘의 역사의 흐름과 같음이니,
5 영혼이 존재하는 육을 가지고 있는 너희에게 이루어지는 그 모든 역사요,

우주 공간에 이루어지는 그 역사가 동
일하며,
6 그 우주 공간에 이루어지는 것은 하늘
의 뜻이요, 하늘의 천기와 같이 더불
어 하늘에서 역사함과 똑같이 이루어
진다는 것을 너희는 알아야 할 것이
니라.
7 그러니 너희는 바로 온 길이요, 정확
한 길의 역사를 이루지 아니하면 이룰
수 없음이니라.
8 인간 너희의 신체도 그러니라.
9 너희가 음식을 취할 때 음식을 취해
야 하며, 물을 마실 때 물을 마셔야 하
며, 휴식이 필요할 때 휴식을 해야 하
며, 잠을 잘 때 잠을 자야 하는 것이
너희가 정상적인 그 육의 움직임이요,
그를 지탱할 수 있는 것이니라.
10 그러니 너희가 세상에 와 살아가는
그와 같은 것도 너희가 필요할 때 그
를 공급해 주며 때에 맞춰 모두가 역
사하는 것이 바로 하늘에 오르는 길이
요, 우주의 역사함이라는 것을 너희는
알아야 할 것이니라.
11 그러니 너희가 하늘에 오르는 길이요,
나에게 오르는 그 역사의 길도 정도
요, 그 흐름이요, 그 뜻을 벗어나서는
갈 수 없음이니라.
12 그러니 너희가 육에서 요구되는 모든
것, 그리고 필요하여 너희가 섭취하고
마시며 휴식하고 살아가는 것, 그것이
정도의 길이라 하면,
13 너희는 선과 악의 그 두 가지 길에서
우주 공간에 역사하는 것은 진정 선과
악이 구분되어 있음이니,
14 선이 너희에게 정도의 길이요, 바른길
이던가, 악이 너희에게 정도의 길이
요, 바른길이라 생각하는가?
15 그러니 여기서 깨달은 자가 있다면 너
희는 정녕 선이 나 여호와의 뜻이요,
정도의 길이요,
16 악이라는 것은 정도의 길이 아니요,
나 여호와의 뜻이 아니요, 패망의 길
이라 너희 스스로 알게 될 것이니라.
17 그러니 너희가 육의 세상에 살면서 작
은 죄를 짓는 것, 큰 죄를 짓는 것, 그
모두는 다 말로써 씻을 수 있다고 생
각하며, 하늘의 뜻을 거역하고 사는
것이 별것 아니라 생각함이니,
18 그는 정도의 삶이 아니니 우주 공간의
그 역사에 정해진 법도를 위반하는 것
이며,
19 위로는 하늘의 법도를 너희가 위반하
는 것이요, 그를 거역하기에 너희가
오를 수 없다는 것을 알아야 할 것이
니라.
20 인간의 육신을 지탱할 때, 그 수분이
필요하면 물을 공급했을 때 정상적으
로 이루어지듯이,
21 너희가 선과 악에서 선을 정상적으로
잡아 가는 것이 하늘에 오르는 길이
요, 너희가 우주 공간에 존재하는 가
치요,
22 그다음에 그리하여 너희가 하늘에 와
나에게 구원을 받을 수 있는 그 역사
가 이루어진다는 이 이치를 너희는
잊어서는 아니 될 것이니라.
23 그러니 이 세상에서 살아가는 그 삶이
정녕 바른길이 아니요, 정도의 길이
아닌 잘못된 길을 가는 그 사악한 생
각을 하고 사는 것,

24 이 모두는 정도의 길이 아니기 때문에
그를 가지고 있는 자는 하늘에 오를
수 없으며 나에게 오를 수 없다는 이
무섭고 두려운 사실을 너희는 깊이
깨우쳐 너희 것으로 만들어, 하늘의
이치를 알도록 그리하라, 사랑하는 나
의 아들딸들아!

6,493 번째 하나님 말씀

2003년 6월 22일 08시 41분

1 사랑하는 나의 아들아!
2 "네, 아버님! 말씀하옵소서."
3 너에게 가시 채를 들 수 있는 그 제자
들은 바로 저희가 한 점의 부끄럼이
없이 사는 사람이 그 채를 높이 들 수
있다 하였음이니라.
4 인간 세상의 모든 나의 피조물 만백성
은 자기 것을 자기 잣대로 잼이니라.
5 제 스스로 잣대로 쟀으며 제 스스로
생각하는 그것을 그들은 편안한 마음
이요, 사랑하는 마음이요, 인정 있는
마음에서 저희는 그리 말하며 행동한
다 하나,
6 그들은 저 스스로 욕심이요, 제 인생
이요, 제 앞의 제 것에 대한 잣대를 재
고, 그와 같은 잣대를 재는 그 속에서
마음이요, 행동이 이루어짐이니,
7 그리하여 나의 피조물 만백성 너희가
욕심을 버리지 못하며 깨우치지 못한
다 그리하였음이니라.
8 그리하여 그 모두는 다 자기 스스로
자기를 먼저 생각하며 자기의 뜻을 먼
저 앞세워 생각하고 행동하는 것이니,
9 그를 버리는 백성이 곧 욕심을 버리는
백성이요, 만백성을 모두 다 똑같이
대중적으로 보는 마음이라 하였음이
니,
10 그와 같은 마음으로 살아갈 때 근본이
되기 시작함이니,
11 나의 피조물 만백성 너희가 그 근본
의 위치에 서기가 그리도 어렵고 힘든
것이니라.
12 너희는 모든 것은 나 여호와의 뜻이라
하면서 어찌하여 나의 아들이 이루는
것이요, 나의 아들이 행하는 것은 나
여호와의 뜻이라는 생각을 하지 못하
는가?
13 너희는 뜻이 맞지 않는 것은 나 여호
와의 뜻이라 그리 말함이니라.
14 그리고 너희가 관계없는 것, 그리고
너희와는 이해관계가 없으며, 너희가
힘들고 어려운 것, 또 너희가 이해해
야 하는 것, 용서해야 하는 것, 그 모
두는 다 너희가 나 여호와의 뜻이라
는 것을 생각하지 아니함이니라.
15 그러니 너희가 어떤 것은 나 여호와의
뜻이라 이유를 붙이고 안 되는 것이
며, 어떤 것은 주관하지 아니하는 것
처럼 말함이니,
16 그게 다 너희의 깨달음이 부족한 것
이요, 욕심에서 그러한 것이니, 그 모
두가 다 너희가 비워지지 못했기 때
문이니라.
17 내가 오늘 너희를 대비하여 뭐라 말
하였느냐?
18 세상사 모두를 보지 않는 마음이요,
보지 않는 눈을 가진 자, 그리고 듣지
아니하는 귀를 가진 자, 그게 바로 너
희가 갈 수 있는 길이라 하였음이니라.

19 남이 잘못되는 것, 잘못 가는 것을 너
희가 아름다움으로 볼 수 있는 마음일
때, 너희는 눈으로 보되 보지 않는 눈
이니,
20 너희가 눈으로 보이는 것을 보는 대로
느끼고, 그 보는 대로 느끼는 것을 그
대로 말로 한다는 것은 하나도 깨달음
이 없는 것이며, 인간 세상의 세속에
살면서 벗어나지 못한 것이니라.
21 그것은 인간의 욕심이요, 인간의 생각
을 저버리지 못하는 것이니,
22 너희는 나의 법전을 읽고 깨우쳤다 해
도 내가 원하는 것, 너희가 깨달아 가
르치고자 하는 그와 같은 의미요, 뜻
의 핵심이요, 그 근본의 원하는 것은
아무것도 모름이니라.
23 지금 성서를 가지고 만백성을 깨우친
다고 공부하며 가르치는 그 백성이
수박 겉핥기식으로 그리한다 했음이
니, 너희도 나의 법전을 수박 겉핥기
식으로 함을 알아야 할 것이니라.
24 어떤 것은 나 여호와의 뜻이요, 어떤
것은 나 여호와의 뜻이 아니라 함이니,
25 너희는 불이익에 대해서 그게 변화됨
이니, 과연 그것이 어찌 깨달은 백성
이요, 깨달음의 길을 가는 백성이라
그리 말하는가?
26 그러니 너희는 아무것도 이룰 수 없
으며 역사할 수 없는 것이니,
27 그리하여 너희에게 오늘의 훈련과 그
고통의 시간이 흘러가고 있음을 너희
는 알아야 할 것이며, 나의 역사는 너
희에게 내려 주기가 아직도 멀었음이
니 그리 알라.

6,494 번째 하나님 말씀

2003년 6월 22일 09시 18분

1 사랑하는 나의 아들아!
2 "네, 아버님! 말씀하옵소서."
3 사람이 살아가면서 가장 두렵고 무서
운 것이 무엇인 줄 알겠느냐?
4 저 자신의 마음을 다스리는 것이 무섭
다 그리 말하지 아니하였는가?
5 자신을 다스릴 수 있으면 너희가 세상
에 살아가는 데 곧 그게 진리요, 참 하
늘에 오르는 뜻을 볼 수 있다 함을 알
아야 할 것이니라.
6 그러니 자기 자신이 참고 자기 자신을
다스리는 것이 그리 소중한 만큼,
7 또한 너희가 모든 것을 깨달았고 들
어서 알며 스승으로부터 배워서 알며
나의 법전을 통하여 알며 나의 성서를
통해 듣고 안 것을 그대로 실천하는
마음의 깨달음이 가장 중요함을 너희
는 알아야 할 것이니라.
8 들은 대로 실천하며 배운 대로 실천하
는 그것이 가장 소중함을 잊어서는 아
니 될 것이니라.
9 듣고 배운 것을 실천하지 아니하면 무
엇하는가?
10 그러나 지금 나의 아들 너는 깨닫고
네가 나로부터 명받은 것을 하나하나
지켜 가고자 함이니, 근본의 뿌리를
다 뽑고자 하는 그 변화의 역사가 무
서운 것이니라.
11 그러니 너의 제자들 또한 그리 가르치
라.
12 모든 것을 하나하나 근본의 마음의 자
세를 잡는 것, 그리고 너희가 배우고

깨우친 것을 행하는 그 자세, 그래서
전체의 그 틀이 바로 서는 그와 같은
폭넓은 마음으로써 너희가 변화되는
실천이 있어야 함을 잊어서는 아니
될 것이니라.
13 하나를 들었을 때 하나를 실천하며,
하나를 깨달았을 때 하나를 실천하고
가는 그 마음의 자세가 얼마나 소중
한 것인가?
14 그리 살아가는 백성만이 나에게 오를
수 있으며 하늘에 오를 수 있다는 것
을 잊지 말라 그리 전하라.

6,495 번째 하나님 말씀

2003년 6월 22일 09시 25분

1 사랑하는 나의 아들아!
2 "네, 아버님! 말씀하옵소서."
3 나의 사랑하는 피조물 만백성 너희가
세상에 태어날 때 어찌 태어난다 하느
냐?
4 너희는 두 주먹을 쥐고 세상에 태어나
지 않느냐?
5 너희는 두 주먹을 쥐고 세상에 태어나
나, 너희가 죽어 갈 때는 아무것도 쥐
고 가는 것이 없으며 손에 들고 가는
것이 없으니,
6 또한 너희가 죽어 갈 땐 그 쥐고 나왔
던 손을 펴고 죽어 간다 그리 말하느
니라.
7 그리하여 너희가 말하기를, 세상에 나
와 아무것도 가지고 가는 것은 없으
며, 아무리 소중하고 귀한 것이라 해
도 가지고 가는 것이 없다,
8 그리하여 인생이라는 것은 빈손으로
왔다가 빈손으로 가는 것이라 그리 말
하며, 또한 그리하여 인생은 허무한
것이라 너희는 그리 말하느니라.
9 그리고 빈손으로 왔다가 빈손으로 가
는 그 인생을 위하여 너희가 무엇을
그리 사악하고 악하게 살아가며 인정
을 베풀지 못하고 살아가는 것인가 그
리 말하느니라.
10 그러나 너희는 그와 같이 빈손으로
왔다가 빈손으로 가는 허무한 인생이
아니라는 것을 알아야 할 것이니라.
11 너희는 가장 소중한 심판의 소유물,
그것을 바로 다 가지고 간다는 것을
잊어서는 아니 될 것이니라.
12 너희가 지금까지 살아온 삶의 과정 그
자체가 나에게 와 심판을 받는 소유물
이니, 너희는 그 소유물을 하나도 버
리지 못하고 다 가지고 간다는 것, 그
리하여 너희가 나에게 와 심판을 받는
다는 것,
13 너희가 어떻게 살았느냐에 대한 그 자
체가 심판의 대상이기 때문이니라.
14 너희 삶의 그것이요, 너희가 육에서
행했던 것, 육에서 이루어졌던 것, 그
육의 환상에 이루어 놓은 것, 그 모든
물질은 너희가 가지고 가지 못하나,
15 너희가 육을 가지고 살아왔던 그 과정
자체의 선과 악의 그 형태는 그대로
나에게 와 심판을 받음이니,
16 그 소중한 버릴 수 없는 소유물이 있
다는 것을 잊어서는 아니 될 것이니,
17 그 귀하고 소중한 소유물들을 하나도
빠놓지 아니하고 나에게 가지고 와 그
보따리를 끌러 놓음이니 그게 바로 심
판의 기준이며,

18 너희가 살아온 과정이 어떠하냐에 따
라서 그것이 지옥이요, 천국이요,
19 너희가 나에게 오를 수 있는 자요, 지
옥에 가 끓는 물 속에, 타는 불 속에서
그와 같은 모든 생각할 수 없는 그 죄
를 지은 대가를 받는 지옥으로 갈 것
인가 하는 것이 거기서 결정 난다는
것을 잊어서는 아니 되는 것이니라.
20 그전에 너희는 빈손으로 왔다가 다
놓고 가는 듯하나, 가장 소중한 너희
의 소유물이요, 진정한 재산을 가지고
간다는 것을 잊어서는 아니 될 것이니,
21 너희는 그 소유물, 가지고 갈 수 있는
그 재산을 위한 삶을 살라.
22 가지고 가지 못하는 삶을 살아서는 아
니 되는 것이 너희거늘, 어찌하여 너
희는 그리 어리석고 우매한 삶을 사는
가?
23 육의 재물이 아니라 너희가 살아온
과정 자체를 너희가 가지고 나에게
오게 됨이니 그를 잊지 말라.
24 내가 이제 나의 아들을 통하여 법전에
수없이 기록하여 너희에게 전하지 아
니하였던가?
25 너희는 가지고 올 수 없는 그 육의 세
상의 재물이요, 명예요, 그것을 위하
여 살아가는 삶을 살지 말라.
26 너희가 죽어 가면 영혼은 나에게 심판
을 받으니,
27 그 영혼은 너희가 살아온 인생의 그
삶에 대한 소유물을 다 짊어지고 와
그 보따리를 끌렀을 때 거기에 대한
심판을 받는다는 것을 절대 잊지 말라.
28 그리하여 너희는 하나도 놓고 오는
것이 없으며 다 가지고 온다 내가 일
찍이 너희에게 깨우쳐 준 의미요, 뜻
이 여기에 있다는 것을 알라, 사랑하
는 나의 아들딸들아!

6,496 번째 하나님 말씀

2003년 6월 22일 09시 35분

1 사랑하는 나의 아들아!
2 "네, 아버님! 말씀하옵소서."
3 너희가 나의 율법대로 사는 자, 나의
십계명을 지키고 살고자 하는 백성,
그를 지키고 살 수 없다 그리 말하는
백성,
4 내가 나의 성령 모두를 태워 지금 내
려보내는 나의 법전을 읽고 깨우쳐 살
아가는 백성, 이는 사탄이요, 사악한
자의 장난이라 찢어 버리고 태우는 백
성,
5 너희는 죽음의 그 순간에 그 모두를
알게 될 것이니라.
6 나의 율법대로 사는 자, 나의 십계명
을 지키고 살아야 한다 하는 자, 그리
고 나의 법전을 가슴에 안고 정독하는
백성은 죽음의 그 순간부터 천상의 위
대함에 놀라며,
7 그리고 놀라움의 그 세상에서 너희는
정녕 천국과 지옥이 무엇인가를 보고
그것을 깨닫게 될 것이며, 그를 보는
순간 너희가 놀라게 됨은 이루 형용
할 수 없음을 알아야 할 것이니라.
8 너희가 천상은 사진으로 찍을 수 없으
며 그림으로 그릴 수 없으며 상상할
수 없다 했듯이,
9 너희가 나의 법전이요, 나의 십계명이
요, 나의 율법대로 살아온 백성, 그리

고 살아오지 아니하는 백성, 너희는
그 죽음의 순간에 천상의 놀라움은 상
상할 수 없을 것이니라.
10 너희가 과연 그곳에서 천상에 오르는
길을 볼 것인가, 그리고 그 화려하고
놀라운 세상에 존재할 것인가,
11 칠흑같이 어두운 그 지옥 속에서 너희
가 각종 형벌을 받고 살아가는 그와
같이 죄를 치르는 그곳으로 갈 것인
가?
12 죽음의 순간의 놀라움이라는 것은 너
희가 감당키 어려울 것이니,
13 그때 가서 너희가 어떠한 길을 선택
하고 갈 것인가 하는 것을 가슴에, 마
음속에 항상 생각하지 아니하고 살아
서는 절대 아니 됨을 알라.
14 내가 나의 아들딸들에게 내리는 그 말
이 어찌 거짓된 말을 하며 내가 허황
된 말로써 너희를 가르친단 말이더냐?
15 비록 나의 아들이 지금 160권의 법전
을 기록하여 '하나님! 말씀하옵소서'
'하늘에 오르는 길'이라 하여 너희에
게 내려보내는 나의 성령의 뜻이 과연
너희가 지키고 삶으로써 나쁠 것이 어
디에 있으며 잘못 갈 게 어디에 있단
말이더냐?
16 나뭇잎이 떨어지는 그 쓰레기를 하나
주우며 떨어지는 낙엽을 주워 제자리
에 버리며,
17 그저 어렵고 힘든 자 위로하며 서로
돕고 살아가라는 것,
18 그리하여 육에서 행하는 그 삶이 나에
게 심판을 받는 것이니, 양보하며 사
랑하며 진심으로 욕심의 마음을 비우
고 살라, 그리고 내가 직접 친필로 쓴
그 십계명을 지키고 살라 강조하며,
19 그를 위해 사는 이유를 가르쳐 주며
왜 그리 살아야 하는가를 설명해서
너희에게 가르쳐 주는 것이 무엇이 잘
못되었으며, 이게 어찌 사악한 자라
너희는 그리 말하는가?
20 너희는 알아야 할 것이니라.
21 십계명대로, 율법대로, 나의 법전대로
살지 않는 백성, 너희는 새로운 차원
의 세상의 위대함을 볼 수 없다 내가
그리 말하였음이니라.
22 너희가 그 차원의 세상을 볼 수 없으
며, 육의 세상에서 살듯이 너희가 되
는 대로 살아가는 그와 같은 세상이
너희 앞에 펼쳐진다 해도, 나 여호와
는 너희에게 오늘의 그 어렵고 힘든
좁은 길을 가라 하지 아니하며 험난한
길을 가라 하지 아니할 것이니라.
23 그러나 너희는 그 죄의 대가를 치르
는 것이 얼마나 무섭고 견디기 어려운
가를 모를 것이니라.
24 육의 죽음이 모든 것이 끝나는 것처
럼, 너희는 육이 죽어 갈 때 이 세상에
너희 자신은 없어지며, 너희는 그저
한 줌의 흙으로 돌아가며, 너희는 그
저 지워지며,
25 너희 자손이 몇 대까지 네가 존재했다
는 것을 그저 기억할 것이라 그리 생
각하기에,
26 너희는 육의 세상에서 자식에게 무엇
인가를 많이 남겨 주고 더 위대한 것
을 남겨 너희를 오래오래 기억하고
기리게 하려는 그와 같은 마음의 욕심
에서 살아가니,
27 너희는 그와 같은 것이 인생의 끝남이

아님을 알아야 할 것이니라.
28 육의 세상은 너희가 하늘에 오르는
삶을 위해 준비하는 삶이요, 그를 위
한 삶이라는 것을 잊지 말아야 할 것
이니라.
29 어찌하여 너희는 미래를 위하여 준비
하는 그 순간이 가장 중요하고 소중하
다 생각하는가?
30 너희는 인간이 구원을 받는 것보다도
준비 단계가 더 소중하다 생각하는
그와 같은 삶을 살아서는 아니 될 것
이니라.
31 준비 단계도 소중한 것이니라.
32 몸을 푸는 것은 운동선수가 먼 길을
가려고 몸을 푸는 준비 운동도 중요
하니라.
33 그러나 그 준비 운동은 결과에 대한
것을 결론짓는 것은 아님이니라.
34 너희는 어렵고 힘든 과정을 거쳐 명예
의 우승을 차지하는 것처럼 준비 단
계의 삶이요, 그 준비 단계는 너희가
달리기 위한 그와 같은 기초를 다져
주는 것이니, 너희의 육의 삶이 그러
한 것이니라.
35 그리하여 너희는 육의 삶에서 준비하
여 하늘에 오르는 길을 볼 수 있으며,
그 길을 올 수 있는 것이 너희의 삶이
라는 것을 잊어서는 아니 될 것이니라.
36 너희가 오늘의 준비하는 삶을 준비를
바로 하지 못하며 정확하게 하지 못한
다면, 너희는 정녕 나에게 올 수 없다
는 것을 알아야 할 것이니라.
37 너희는 육의 삶에 육이 끝나는 것이
아니요,
38 너희가 삶을 마치고 나에게 와 영혼이
심판을 받을 때 그때 마지막 죽음이
라는 것이니, 그전까지는 너희는 다
죽었다 생각하지 말라.
39 육은 죽어 가도 너희 영혼은 살아 있
음이니,
40 영혼이 심판을 받는 그 순간이 너희의
죽음이요, 마지막 죽음의 고비를 넘는
것이라는 것을 알라.
41 그때 그 위대한 순간에 너희가 어떠
한 길을 선택하며 나로부터 어찌 부름
을 받으며 나로부터 버림을 받을 것인
가, 그때를 준비하는 삶을 살라.
42 그리 준비한 삶을 살지 아니하면 너희
는 정녕 나에게 올 수 없으며 하늘의
빛을 볼 수 없음이니라.
43 멀리 달리는 선수가 완전히 몸을 풀며
준비하지 아니하면 그는 아니 되듯이,
완벽하게 몸을 풀어 준비 자세를 다하
여 달리는 선수가 그 호흡을 조정할
것이며 체력의 한계를 조정할 것이며
부작용이 역사하지 아니할 것이니,
44 바로 오늘의 육의 세상에서 준비하는
삶이란 것, 그리하여 너희는 준비된
삶이 소중함을 알라.
45 준비된 삶이 영혼을 구하고 영혼을 구
하지 못하는 그와 같은 삶보다 더 소
중하다는 그 마음을, 거기서 너희가
어찌 생각하고 어찌 판정할 것인가를
지금 깨달아야 할 것이니라.
46 육에서 죽어 가는 선수, 육에서 죽어
가는 백성은 다음의 소중함을 모르는
백성이니,
47 너희는 이와 같은 이치를 깨달아 바로
삶을 살도록 그리하며 바른길을 보도
록 그리하라.

48 너희가 육으로써 죽어 가는 것은 모든
것이 끝나는 것의 준비 단계요, 영혼
이 달리기 시작하는 것이니,
49 너희가 달리기 시작하는 그 소중한 세
상을 보지 못하며 그 세상이 있음을
모르고 지워 버리고 사는 어리석은 백
성이 되어서는 아니 될 것이니 그리
알라, 사랑하는 나의 피조물 만백성들
아!

6,497 번째 하나님 말씀

2003년 6월 22일 09시 48분

1 사랑하는 나의 아들아!
2 **"네, 아버님! 말씀하옵소서."**
3 너의 제자들에게 전해야 할 것이니라.
4 이제 너희는 변함이 무엇이며, 나의
뜻이 무엇이며,
5 변하고자 하는 백성 너희는 지금의
마음이 완벽히 자리 잡고 다스려지지
는 아니하였으나,
6 너희의 깨달음 또한 일반 백성보다 높
이 올라와 있음이니, 바로 너희보다
더 은혜와 영광을 받은 백성이 어디에
있는가?
7 그리고 나에게 가까이 올 수 있는 백
성이 너희 외에 과연 누가 있는가?
8 너희가 좀 더 노력하여 나의 법전대
로 살며 십계명을 지키고 살며 그리
살다가 너희가 나에게 와 심판을 받
을 때,
9 너희는 구원을 받은 자다, 그리고 나
에게 오를 수 있는 자라 그리 심판을
받아 너희가 나에게 오를 수 있는 그
영광을 받는 순간, 그게 바로 너희가
구원된 백성이니라.
10 그리하여 구원을 받은 그 백성은 그
순간 너희 앞에 펼쳐지는 하늘의 그
찬란한 광경은 너희가 상상할 수도
없으며 그릴 수도 없으며 감히 생각조
차 할 수 없는 그와 같은 세상이 펼쳐
진다 그리 말하였음이니라.
11 그러니 그곳에 오는 백성, 그를 바라
보면서 지옥으로 가는 백성, 너희는
어떠한 길을 선택해야 할 것인가?
12 여기서 너희 육의 삶을 다스리고 또
다스리고 두드려 보고 살아야 함을 잊
어서는 아니 될 것이니라.
13 너희가 살아가면서 하는 말이 있느니
라.
14 그 '단단한 돌다리도 두드려 보고 건
너는 것이 현명하다' 하였음이니,
15 너희가 그와 같이 오늘의 삶이 과연
나를 위하여 나의 뜻에 의해 살며, 내
가 친필로 써 내린 나의 십계명대로
지키고 사는가?
16 창조주의 뜻대로 너희가 사는가?
17 너희가 추하고 더러운 모습이요, 나를
감히 속이며 살려는 자는 없는가?
18 그와 같이 돌다리도 두드려 보고 건너
가는 백성처럼, 너희가 오늘의 삶을
하나하나 두드려 보고 또 되돌아보고
심판하고 점검하고 그와 같이 살아가
야 할 것이니라.
19 그와 같이 사는 자는 죽어 나에게 와
심판을 받아 구원이라는 그 명을 받았
을 때 그 위대하고 찬란함을 보면서
거기에 들어갈 수 있는 당당한 백성이
될 것이니라.
20 그러나 거기에 들어갈 수 없는 백성은

그 순간부터 무섭고 두려운 지옥행이
요, 그와 같은 지옥의 삶을 살게 됨이
니,
21 너희는 이를 스스로 상상하여 과연 오
늘의 짧은 인생의 삶을 어찌 살아가야
할 것인가, 너희 자신의 마음을 다스
리도록 각자 노력하도록 그리 깨우치
라.
22 두 번 다시 기회가 없음이니라.
23 오늘의 너희 삶이 마지막 기회이며,
이 삶이 얼마나 소중한 것인가를 알라
내가 너희에게 누차 그리 기록하여
전하였거늘,
24 너희는 어찌하여 이를 한쪽 귀로 들
으며, 그저 지워 버리며,
25 나의 법전을 읽는 백성이 이러한 책
이 있으며 이런 수준 낮은 책이 있으
며 이와 같이 말도 안 되는 책이 있으
며,
26 지금 수천 년 동안 왔던 그 믿음의 세
계를 뒤엎으려고 수십 년 동안 성서를
공부하여 이를 뒤집기 위해 세상에
태어난 사탄이요, 악마라 그리 말하며,
27 나의 법전을 찢어 버리고 태워 버리며
이를 많이 찢어 버리고 많이 태워 버
리며 남이 보는 것까지 보지 못하도록
그리하는 것,
28 그것이 너희가 나에게 은혜를 갚는
길이요, 나에게 오르는 길이요, 축복
의 길이라 그와 같이 망나니보다도
더 사악한 행위를 하고 있음이니,
29 너희가 어찌하여 이와 같이 어리석고
우매한 백성이란 말이던가?
30 너희가 그와 같이 저지른 만행의 죄가
얼마나 두려운 것인가 알 것이니라.
31 너희는 어찌하여 그리도 어리석으냐?
32 이 세상에 존재하는 모든 것은 나 여
호와의 뜻이라 했으니, 쓴 것, 단 것,
신 것, 그 모든 맛을 보고 너희가 인생
을 살아가듯이, 너희가 이 모두를 접
하면서 살아가는 속에 너희가 양식이
요, 깨달음이요, 참진리를 볼 수 있는
것이니라.
33 그러니 내가 너희를 깨우치기 위하여
너희가 읽어서 안 되는 방법이요, 이
해 못 하는 방법이요, 생각할 수 없는
그와 같은 대화요, 그와 같은 내용으
로써 세상에 내려보내니,
34 지금까지 세뇌되어 온 백성이 볼 때
는 말도 되지 아니하며 생각조차 하기
싫은 내용이 기록되어 있다 하나,
35 너희가 거기서 쓴맛이요, 신맛이요,
그 어렵고 고통스러운 약의 맛을 알게
되거늘, 어찌 너희는 약의 맛을 보지
아니하고 병든 자를 고칠 수 있단 말
이던가?
36 병든 자가 약을 먹지 아니하면 고칠
수 없으니, 그 약은 달기만 한 것이 아
니니라.
37 약은 쓴 것이며 또 쓰니라.
38 그러니 그와 같이 쓴 것을 접하지 아
니하며 신 것을 접하지 아니하며 매운
것을 접하지 아니하고 너희가 맛을 알
수 없듯이,
39 이 세상에 내가 만든 것이 그와 같이
맛을 가지고 있고 특성을 가지고 있기
에 너희가 존재하거늘,
40 어찌하여 그것을 잘못된 것이라 그리
말하며, 모두는 나의 주관하에 이루어
진다 한 입으로 두말을 한단 말이던가?

41 너희는 그와 같이 어리석은 백성이 되
어서는 아니 될 것이니, 이제 꿈에서
깨어나야 할 것을 잊지 말라.
42 너희가 그리 갈구하고 원하는 천국의
문에 들어서기 위해서는 사랑을 베풀
며 나누며 사는 것이라 하였음이니라.
43 그러나 그와 같은 삶을 살아야 하는
자들이 사랑을 베풀며 나누며 살아가
는가?
44 너희는 그리 살지 아니함이니라.
45 저 자신이 많이 소유하고자 갖은 흉악
한 방법을 다 동원하여도 죄인 줄 모
르며 부끄러운 줄을 모르고 사는 것이
너희이니,
46 남에게 베풀고 사는 것보다는 너 자신
의 곳간에 쌓아 두기를 즐겨 하며,
47 쌓아 두기 위한 그와 같은 삶을 위하
여 너희는 온갖 노력과 세상의 온갖
뜻을 다 거기에 바치며 정성을 다 바
치는 어리석은 삶을 살아감이니라.
48 그리 살아가면서 너희가 그리도 갈구
하고 소망하는 그 구원을 과연 얻을
수 있는 백성이라 생각하며 그리 이루
어질 수 있다고 생각하는가?
49 그리 소원하며 구원을 원하고 몸부림
치며 사는 백성이 그와 같은 마음으
로 살 수 있는가?
50 베풂이 아니요, 저 자신만이 소유하고
자 하는 마음이요,
51 나눠 주는 것이 아니요, 제 곳간에 쌓
아 두고자 하는 그와 같은 마음을 가
지고 사는 자는 정녕 그리 갈구하는
소원의 길, 원하는 것, 구원을 받겠다
는 그 믿음 자체도, 생각 자체도 모두
가 잘못되었으며,
52 그와 같은 생각을 하고 너희가 산다
하나 그 삶은 관계없으니, 그와 같은
마음으로 사는 백성의 자세가 아님을
너희는 알라.
53 나의 계명이요, 나의 율법이요, 지금
내가 내리는 나의 법전을 너희는 던져
버리고 지워 버리고 태워 버리면서 구
원을 받겠다는 그 백성이 얼마나 어리
석고 불쌍하며 무지의 소치이며 우매
하고 둔한 백성인 줄 알겠는가?
54 그와 같이 나의 법전을 읽고 깨우치며
나의 법전을 정독했을 때, 너희만이
더 쌓고자 하는 그 마음을 버릴 수 있
으며, 너희만이 소유하고자 하는 그
마음을 버릴 수 있음이니,
55 너희가 바로 그리 지켜 가는 것이 깨
달음이요, 나에게 심판을 받을 때 구
원이라는 그 명을 받을 수 있는 것이
니,
56 너희가 감히 상상할 수도 없는 그 찬
란하고 영광된 나라에 들어올 수 있는
길은 너희가 지금 남에게 베풀 것을
쌓아 놓기를 원하며, 나누어 주는 것
이 아니라 소유만을 하고자 하는 그와
같은 마음을 다스리는 것이 급선무니,
57 그 마음을 다스리는 것은 지금 내가
내리는 법전 이것밖에 없음이니라.
58 그러니 '하늘에 오르는 길'이요, '하나
님! 말씀하옵소서', 나의 모두를 태워
내려보내는 나의 법전을 가슴에 안고
정독하고 또 깨우쳐,
59 너희가 들어올 수 없으며 상상할 수
없는 그 찬란한 천국의 문에 들어올
수 있는 길과 빛을 따라올 수 있는 그
노력의 길이 무엇인가, 행하는 것이

무엇인가를 이곳에서 배워,
60 너희가 나에게 오를 수 있는 영광을
얻도록 그리하라, 사랑하는 나의 아들
딸들아!

6,498 번째 하나님 말씀

2003년 6월 22일 12시 15분

1 사랑하는 나의 아들아!
2 이제 너의 제자들이 나의 법전을 읽고
들음으로 깨달음의 귀와 눈이 뜨였음
이니라.
3 그러니 내가 너희에게 말하기를, 구원
받아 내 옆에 온 자 한 사람도 없다 그
리 말한 뜻을 이제 알겠는가?
4 십계명의 제1계명에 '다른 신을 너희
에게 있게 하지 말라.' 하였음이니, 너
희가 말로써는 다른 신을 두지 아니한
다 하였으나, 욕심이라는 그 마음을
버리지 아니한 것이 너희에게 다른
신을 두고 있음이니라.
5 다른 신을 두는 그 욕심의 뿌리가 나
를 믿는 것보다도 더 굳게 박혀 있으
며 더 강함을 너희는 과연 알겠는가?
6 너희가 나를 믿는 마음과 그 욕심의
뿌리가 싸움을 해서 너희의 욕심의
뿌리가 이기고 나를 믿는 마음이 무너
짐이니,
7 선과 악을 선택할 때 너희 스스로 악
을 선택하는 그와 같은 마음의 자세가
바로 그것이니,
8 너희는 제1계명을 다 어기고 사는 백
성이기 때문에, 내가 '다른 신을 너희
에게 있게 하지 말라'는 제1계명을 먼
저 내린 것을 너희는 알겠는가?
9 내가 믿음의 길을 가는 종교 지도자
요, 믿음의 길을 가는 백성은 어찌한
다 했느냐?
10 두 가지 마음을 가지고는 절대 믿음의
길을 갈 수 없다 그리 말하였음이니라.
11 믿음의 길을 가는 자가 재물이요, 육
이 편하고자 하는 생각을 한다 하면
너희는 진정한 믿음의 길을 갈 수 없
음이니, 너희는 그렇다는 것을 어찌하
여 깨우치지 못하는가?
12 너희가 나의 법전을 읽고 깨우쳐 공부
하면서 내가 나의 아들을 통하여 내리
는 강론, 하늘의 가르침을 들으면서
공부하며 나를 찾고 나를 경배함으로
인하여 내가 원하는 뜻을 하나하나 지
킨다 하여 너희가 나로부터 축복과
은혜요, 영광이요, 육의 부귀영화요,
물질을 얻을 것을 생각하지 말라.
13 내가 너희에게 지키라는 것을 너희가
하나하나 지키는 것은 너희가 하늘에
오를 수 있으며 너희 자신의 영혼을
구원받을 수 있는 길을 위한 너희의
수고로움이니, 너희는 나에게 그 은혜
요, 그 감사함의 보답으로 바쳐야 할
것이거늘,
14 너희는 내가 은혜를 내렸건만 더 내
려 주기를 바라며 더 영광과 축복을
나에게 얻으려 하니, 너희가 얼마나
사악한 마음을 가지고 있는가?
15 이게 곧 욕심이니, 너희가 나를 믿는
다 해도 곧 너희가 나를 믿는 것이 아
니요, 너희가 우상을 섬기고 있으며
너희 가슴속에 우상을 하나씩 가지고
있다는 것을 잊어서는 아니 될 것이
니, 이 이치를 깊이 깨우쳐야 할 것이

니라.
16 나의 법전을 읽고 깨우치며 나의 아들
을 통하여 내리는 나의 강론이요, 나
의 음성을 직접 듣는, 하늘의 가르침
을 직접 받는 너희가 그 받은 만큼 은
혜에 감사함을 아는 것이 아니라, 도
리어 무엇을 얻고자 한다면, 너희의
그 자세가 무엇이던가?
17 너희가 진정 바로 된 백성이요, 내가
부른 자요, 내가 잔칫상에 초대한 백
성으로 초대장을 가지고 온 백성이라
면,
18 너희는 내가 가르치고 지키라는 것을
열 개를 지켰다 하여 너희가 거기에
대한 사랑과 은혜와 재물의 축복을 내
리는 것이 아니라,
19 나의 아들 예수가 단 한 벌이면 살 수
있다 하며 살아가는 그 나의 아들, 예
수의 삶을 너희가 본받는 낮은 자세
요, 양보하는 자세요, 모든 것을 놓는
자세로 살아가야 하는 것이 너희가
진정한 믿음이요, 깨달음의 길을 가는
자이거늘,
20 어찌하여 너희는 깨닫고 하늘에 오르
는 그 축복이요, 영광이라는 것은 나
에게 한 발짝 한 발짝 하늘을 향하여
다가오는 그 영광이요,
21 모든 백성이 따라올 수 없으며 그 누
구도 올 수 없는 길을 너희가 나의 법
전을 통하여, 나의 아들을 통하여 하
늘에 올라오면서, 창고에 무엇을 쌓으
려 하며 더 갖고자 하며 더 이루고자
함인가?
22 너희는 어찌하여 그리 어리석고 불쌍
한 백성이란 말이더냐?
23 독수리 다리에 큰 맷돌을 묶어 놓고
날라 하면 독수리가 날 수 있겠는가?
24 너희가 무엇을 더 소유하고자, 더 쌓
아 놓고자, 더 보유하고자, 갖고자 하
는 그 욕심이 있다면,
25 나는 독수리 다리에 큰 돌을 하나 더
매달며 날지 못하는 독수리의 다리에
또 하나 매닮이니,
26 그것이 너희의 바라는 욕심이요, 너희
의 믿음이요, 너희의 마음 자세이니,
27 오늘 이와 같은 것을 불 칼로써 너희
마음을 잘라 내야만 되는 것이요,
28 그것만이 너희가 다른 신을 네 마음에
두지 않는 것이며 나를 거역하지 않는
것이라는 것을 알라.
29 내가 하늘의 뜻을 뭐라 가르쳤느냐?
30 두 혓바닥을 가진 그 미물로 하여금
아담과 이브, 내가 최초에 아름답게
만든 나의 백성에게 첫 계명을 내렸
음이니, '선악과를 따먹지 말라'는 그
계명을 욕심으로써 거역하며, 욕심으
로써 그를 망하게 했듯이,
31 원초적인 원본의 욕심의 마음을 버리
지 못하고 있음이니,
32 지금 나의 법전이요, 나의 강론을 듣
고 있는 선택된 너희도 지금 욕심을
버리지 못한다면, 그 미물이 이브에게
심어 줬던 그 욕심의 다른 신이 너희
가슴에 있음이니, 이를 버려야 할 것
이니라.
33 너희가 깨달음이 높으며, 깨달음이 높
을 때는 그를 나에게 바쳐야 할 것이
니라.
34 너희가 세상에서 공부하며 배워 깨우
치는 것도 스승에게 배워서 더 높은

스승이요, 더 높은 학문을 공부할 때,
너희는 그 대가를 더 높이 내고 더 많
이 지불하는 것이 아니더냐?
35 초등 학문을 배울 때와 고등 학문을
배울 때 그 대가를 지불함이 어떠하던
가?
36 그와 같은 이치를 안다면, 너희가 하
나를 깨닫고 둘을 깨달아 하늘의 이치
를 깨달으며 천기를 배운다면 너희는
그 값을 몇 배로 더 바쳐야 할 것을,
37 어찌하여 더 달라 하며 더 얻고자 하
는가?
38 그것이 욕심이요, 죄악이요, 사탄의
뿌리니,
39 나는 독수리에게 맷돌을 달아 주며 또
달고 또 달면 그 독수리가 날 수 있겠
느냐?
40 어찌하여 너희는 그리 어리석고 불쌍
한 자로서 전락하고자 하느냐?
41 오늘 이 순간에 너희의 마음을 칼로
베어 낼 것이며, 그 칼로써 네 가슴을
쪼개는 그 아픔 속에서 너희가 다시
태어나는 역사를 해야만 올 수 있음
이니라.
42 나를 믿고 나를 따르는 것, 나를 알 수
있는 것, 나를 찾는 것, 나 여호와를
찾는 것이 진정한 나의 백성이요, 나
를 찾을 수 있는 자격을 너희에게 줌
이니라.
43 나 여호와를 찾으며 하나님이라 부르
나, 그 스스로 입을 열어 줘야 하며 스
스로 찾을 자격이 없는 자와 그 찾을
자격이 있는 자가 구분되어 있음이니,
44 너희는 나를 찾을 수 있으며 나를 아
버지라 부를 수 있는 자격을 받았음이
니라.
45 이는 너희가 말하기를, 모든 백성은
내가 만들었으며 나의 피조물이라 하
였는데, '어찌하여 아버지라 부를 수
있는 자와 부르지 못하는 자를 구분합
니까?' 그리 말할 것이니라.
46 사탄 속에 가 있는 자가 나를 찾으면
되겠는가?
47 사탄의 앞잡이가 된 너희와 똑같은
형체를 가지고 있는 백성은 나를 찾
을 수 없으며, 사탄의 세계에서 벗어
나 나의 뜻에 순종하며 나의 길을 가
고자 하는 너희는 내가 너희에게 초
청장을 보내 내 잔치에 참석한 자니,
48 너희는 주인을 찾으며 주인이 먼저 반
겨 맞이하며 손을 내밀어 악수하며 인
사를 나누듯이 너희는 나에게 선택된
백성이니,
49 너희가 주인을 찾는 것처럼 나 여호와
를 찾을 수 있으며 내 이름을 부르고
기도할 수 있는 것이니,
50 그 영광이 무엇이기에 그를 어찌 모
르고 어리석은 마음이요, 마음에 아직
도 다른 우상을 두고 있는가?
51 오늘 이 순간부터 너희 가슴에 다른
우상을 도려내는 역사로 다시 태어나
도록 그리하라, 사랑하는 나의 아들딸
들아!

6,499 번째 하나님 말씀

2003년 6월 22일 23시 08분

1 사랑하는 나의 아들아!
2 **"네, 아버님! 말씀하옵소서."**
3 '나 여호와의 이름을 망령되이 일컫지

말라.' 함은, 이는 곧 나 여호와에게
욕된 행위를 하지 말라 함이니, 나를
욕되게 하는 행위를 하지 말라는 나의
뜻을 너희는 알고 있지 않은가?
4 그렇다면 너희가 나에게 오르고자 하
는 백성이요, 내 뜻을 받아 기리고자
기록하며 기리고자 하는 백성이라면,
5 너희는 과연 나 여호와의 이름에 부
끄럽지 않은 행동을 하고 있으며, 너
희가 나 여호와의 이름을 망령되게 나
여호와의 이름에 욕되게 하는 행위는
하지 아니하는가?
6 그를 하루에도 수십 번, 수백 번씩 다
스려 보고 생각해 보는 그와 같은 삶
을 살아야 할 것이니라.
7 그렇지 아니하면 너희가 바로 설 수
없음이요, 바로 갈 수 없으며 바로 깨
우침이 없음을 알아야 할 것이니라.
8 이제 내가 너에게 명함이니, 너는 이
뜻을 만백성에게 기록하여 전하여야
할 것이니라.
9 나의 법전을 읽고 깨우친 백성이요,
또 너의 제자들이요, 그 모든 백성은
나의 법전을 접하며 나의 법전의 뜻을
정독하여 깨우치는 그 영광을 얻음이
곧 나에게 오르는 길이요, 나의 진리
를 따라 오르는 길이니,
10 그 길을 오는 백성 너희는 어떠한 것
도 원해서는 아니 되며, 바라는 기도
를 해서는 안 된다고 내가 처음부터
너희에게 일깨워 주었음이니라.
11 나에게 구원하는 기도요, 원하는 기도
요, 무엇을 이루고자 역사하는 그와
같은 기도를 하지 말라 내가 너희에게
말하지 아니하였던가?
12 이는 곧 세월이 흐름으로 인하여 나의
법전을 읽고 깨우치며 하늘에 오르는
길이요, 역사하는 것을 알게 되는 백
성 너희는 그보다도 큰 은혜요, 영광
이 없다는 것을 너희 스스로 깨달을
것이며,
13 그를 너희가 알았을 때 정녕 스스로
그 기도를 할 수 없으며, 그 기도를 하
는 것이 얼마나 부끄럽고 추한 모습인
가를 알게 될 것이니, 그를 내가 너희
에게 일찍 깨우쳐 주었음을 너희는
알아야 할 것이니라.
14 나의 법전을 읽고 깨우친 백성이요,
나의 아들을 따르는 제자들이요, 모든
백성 너희는 나의 법전을 접한 것으
로써 세상에 그보다 더 위대한 것이
요, 더 큰 역사가 없다는 것,
15 그리고 그 한 가지로써 감사한 마음을
갖고 살아야 한다 내가 그리 말하는
뜻을 알겠는가?
16 나의 법전을 읽고 깨우치며 너희가 그
리 갈망하고 소원하는 하늘에 오르는
그 역사의 길을 본 자요, 반석 위에 서
기 시작하여 그 빛을 보는 백성이 무
엇을 더 얻고자 구원하고자 한다면,
너희는 그 욕심이 하늘에 닿은 자들보
다 더한 것이니라.
17 너희가 재물을 모으기 위하여 더 많은
재물을 모으며, 명예를 얻은 자가 더
명예를 얻고자 하며, 권력을 쥔 자가
더 쥐기 위해 하는 것은 인간 세상에
너희 욕심이요, 그 이루고자 하는 것
이니, 육의 세상에서 그 모두가 이루
어지는 형국이나,
18 나의 법전이요, 나의 아들을 통하여

내리는 강론이요, 그 모두가 나 여호
와의 뜻이요, 내가 새로 내리는 성령
이요, 그리고 내가 새로 내리는 법전
의 그 뜻이 너희를 구원하는 길이라
면, 이는 하늘의 뜻이요, 하늘의 역사
하는 것이니,
19 그를 너희가 가슴에 안고 가진 자가
그보다 더한 것을 갖고자 하며 무엇을
갖고자 한다면, 너희는 하늘에 있는
그 모두를 가진 자가 그 욕심을 냄이
니,
20 인간 세상의 인간의 삶에서 욕구를 충
족시키기 위하여 욕심내며 노력하는
자보다 너희가 더 욕심이 차 있는 자
며,
21 너희는 그들보다 마음의 자세가 더 잘
못된 백성이요, 감사함을 모르는 백성
이라는 것을, 너는 너를 따르는 제자
들에게 나의 법전에 기록하여 전해야
할 것이니라.
22 그러니 나의 법전을 접한 자가 세상에
서 더 무엇을 얻으려 하는 생각은 버
려야 할 것이며,
23 또한 세상에 아무리 큰 부귀와 영화
요, 너희가 인간 세상에서 말하는 권
력이요, 재물이요, 그 모두를 다 주고
도 나의 법전을 접하여 깨우쳐 마음이
변화되는 것과는 어떠한 것도 바꿔서
는 아니 되며, 바꾸려는 마음을 가져
서는 아니 된다 내가 그리 너희에게
깨우쳐 주었음이니,
24 이를 나의 법전에 기록하여 만백성에
게 전하라.
25 너희는 가장 소중한 것을 가진 자니,
나의 법전을 읽고 깨우쳐 하늘에 오르
는 그 변화되는 마음의 자세는 어떠한
유혹에도 거기서 무너져서는 아니 됨
이니,
26 그를 파는 행위가 있어서는 아니 된다
는 것을 내가 너에게 전하여 나의 백
성에게 전하고자 함이요, 너를 따르는
너의 제자들에게 이를 깨우쳐 주고자
함이니,
27 이를 너희가 명심해서 들어야 함을
잊지 말아야 할 것이니라.
28 너희는 각자의 임무가 있어 세상에 태
어났으며 나에게 소중한 백성이라 그
리하였음이니,
29 그러니 너희 스스로 해야 할 일이 무
엇이며 너희가 역사해야 할 것이 무엇
인가를 이제는 알아야 할 것이니라.
30 '나 자신이 이 세상에 왜 존재하며, 내
가 창조주 하나님께 선택되어 오늘의
이 길을 가느냐?' 하는 것을 너희 스
스로 이제 깨우쳐 보며 반성하고 생각
해 볼 때가 되지 아니하였던가?
31 너희가 지금 가장 해야 할 그 위대한
역사가 무엇인가를 모르는가?
32 160권의 법전이 세상에 나오는 것이
가장 위대한 것이니,
33 너희가 나로부터 선택되었으며 나의
아들을 통하여 내리는 나의 강론을 너
희가 직접 듣는 것은 바로 무엇이더냐?
34 너희는 160권의 법전을 만들어 세상
에 전하는 것이며, 만백성을 깨우치는
그 역사를 위해 선택된 자들이며, 너
희가 존재하는 것이며, 너희의 삶은
그를 위해 산다는 것을 확실히 자신을
정립하며,
35 자신이 존재하는 이유요, 자신이 살아

가는 그 생활의 의미를 이제 너희는
알아야 할 것이니라.
36 그와 같은 것을 깨닫는 백성이 과연
얼마나 있으며, 나의 아들을 따르는
제자들이요, 또 나의 법전을 읽고 깨
우친 내가 선택한 백성 너희는 과연
무엇을 지금 얼마만큼 알고 있으며 너
희의 마음의 자리가 어디에 있는가?
37 내가 너희에게 일찍이 깨우쳐 주었음
이니라.
38 너희가 노력하여 얻는 것은 너희의
한 가정이요, 인간의 만남이요, 너희
자신이요, 또한 너희가 살아가면서 남
에게 무엇인가를 구걸하는 자요, 남에
게 폐를 끼치는 그와 같은 삶을 살지
않는 것이 너희가 나에게 올 수 있는,
기도할 수 있는 자격이 있다 하였음이
니라.
39 너희가 그를 갖추는 것이 인간 세상에
서 해야 할 일이며,
40 나로부터 선택된 백성 너희는 과연
해야 할 일이 무엇인 줄 알겠는가?
41 너희는 네가 왜 존재하는가 그를 한번
돌이켜 보라.
42 오늘날 존재하는 너는 무엇이며, 나
여호와로부터 초청받고 부름을 받아
나의 법전을 읽고 정독하고 또 읽고
깨우쳐 가며, 나의 아들을 통하여 내
리는 강론을 직접 들으며, 이게 하늘
에 오르는 길이요, 나 여호와의 뜻이
라는 것을 너희가 알고 있다면,
43 너희가 과연 오늘날 존재하는 것이 무
엇이던가?
44 네가 존재하는 것이 무엇인가를 너희
는 알아야 할 것이니라.
45 내가 너희에게 일찍이 깨우쳐 말하지
아니하였던가?
46 나 여호와에게 가장 큰 선물은 나의
아들이요, 나의 법전을 기록하여 전하
는 나의 아들의 마음에 파장을 이루는
것이 아니요,
47 그가 고요한 마음이요, 조용한 마음으
로써 법전을 쓸 수 있으며 나의 성령
을 받아 기록할 수 있는 그와 같은 시
간을 만들어 주는 것, 그와 같은 분위
기를 너희가 역사해 주는 것이 가장
큰 나의 기쁨이라 그리하였느니라.
48 너희가 재물로써 나를 기쁘게 하는 것
이 아니요, 금화와 은화로써 너희가
나를 기쁘게 하는 것이 아니요,
49 나의 법전을 너희가 한 짐 지고 나가
만백성을 구하는 데 땀 흘려 전하는
것이 가장 내가 기쁨이 아니요,
50 내가 성령을 내리는 것을 나의 아들이
받아 기록할 수 있게 착하고 선한 마
음으로써 너희가 존재하는 것이 나에
게 가장 큰 기쁨이요, 내가 너희에게
바람이라 하였거늘,
51 그렇다면 너희가 존재하는 이유가 무
엇이던가?
52 이를 너희는 알아야 할 것이니라.
53 너희 스스로 너 자신이 이 세상에 존
재하는 것은 창조주 하나님의 말씀이
요, 새로 내리는 성경이요, 만백성을
구하는 나의 법전을 만들어 세상에 나
오도록 하는 것이 너희가 맡은 대명
이며,
54 그것이 너희가 해야 할 일이며, 그를
위하여 너희가 존재하고 있다는 것을
이제 가슴 깊이 새겨 너희가 이를 깨

달을 때가 되었음을 알아야 할 것이
니라.

6,500 번째 하나님 말씀

2003년 6월 22일 23시 18분

1 사랑하는 나의 아들아!
2 "네, 아버님! 말씀하옵소서."
3 너희가 무너지기 시작하면 그 무너짐
을 감당할 수 없는 것이라 그리하였
음이니라.
4 한번 악한 마음의 뿌리가 너희 가슴
에 닿기 시작한다면 그 뿌리가 뿌리를
내림이니, 그를 버리고 다스리기가 얼
마나 힘들고 어려운 길인가를 너희는
알고 있을 것이며, 또 나 여호와가 너
희에게 그리 깨우쳐 주었음이니라.
5 사랑하는 나의 아들아!
6 "네, 아버님! 말씀하옵소서."
7 네가 이 길을 가는 것이 얼마나 힘들
고 어려운 길인가를 나 여호와는 알고
있음이니라.
8 예수도 세상에 나가 성령으로 태어났
음이니, 세상에 접함이 없이 살아와
오로지 나의 성령으로써 모두를 역사
한 그도 얼마나 힘들고 어려운 길을
지켜 왔는가를 너희는 모르나 나 여호
와는 알고 있음이니라.
9 60평생을 인간의 세속 속에서 살아온
네가 그 모두를 접어 두며 새로 태어
나는 그 삶이라는 것은 그리 어려우
며, 쉬운 것이 아니라 너희는 말할 수
있으나,
10 막상 너희는 말하기를 그와 같은 생
활 속에서 변화되는 삶이요, 나의 뜻
을 지키고 사는 것은 간단하고 쉬운
것이라 너의 제자들의 주변에 있는 백
성이 그리 말할 것이니라.
11 특히나 너의 제자들이 그러할 것이니
라.
12 스스로 너희가 변해 가려는 자, 또한
나로부터 선택된 나의 아들 네가 변하
지 못한다는 것은 있을 수 없으며 이
해 못 한다 그리 말할 것이니,
13 가장 가까운 너의 제자요, 나의 법전
을 읽고 깨우친 백성 그들도 그리 말
할 것이니라.
14 인간 세상에 살아가면서 그 집의 속사
정을 아는 자가 그 집에 가 도둑질을
할 수 있다 말했듯이,
15 너희가 가는 그 어렵고 힘든 길을 아
는 그들이 또한 너희가 정녕 어렵고
힘든 그것을 모르고 가는 자들이 너
의 제자일 것이니라.
16 그러나 나 여호와는 알고 있음이니라,
나의 아들아!
17 네가 이제는 살아가면서 나에게 기도
하고 묵상으로써 모든 것을 받으며 역
사할 것이며, 너희가 말하는 하루의
스물네 시간이라는 쪼개져 있는 그 시
간 속에서, 네가 인간 삶의 세상에 그
시간을 3분의 1 이상 투자한다면 이
는 잘못된 것이며, 네가 그와 같은 시
간의 쓰임을 잘 다스려 나가야 할 것
을 잊어서는 아니 될 것이니라.
18 어떠한 생활 속에서도 너는 기도하고
경배하는 것을 잊지 말며,
19 내가 더불어 너와 역사하며 네가 역사
하고 행동하는 그 모두는 이 세상에
영원히 지워지지 아니하며 길이 남는

다 그리 말하지 아니하였더냐?
20 너는 네가 살아가면서 하는 말과 네가
하는 행동을 지금은 모를 것이나,
21 나의 법전이 세상에 전해져 네가 나의
아들이라 세상에 나왔음이니, 지금 보
이지 않는 사람이 네가 움직이는 것,
네가 행동하는 것 하나하나를 기록하
고 있다면,
22 네가 말하는 것, 네가 행동하는 것, 만
나는 사람들, 그 모두를 보이지 않는
사람이 기록하며 네가 대화한 사람을
불러 네가 한 이야기를 다 기록하는
사람이 있다면,
23 그 사람이 너를 무너트리고자 하여 네
가 한 모든 행동을 근거로 하여 세상
에 책으로 만들어 그를 전하며, 만백
성에게 네가 거짓 선지자요, 잘못된
자라 말한다면, 너는 그 앞에서 뭐라
변명하며 뭐라 행동하겠느냐?
24 그리하여 네가 한 말이요, 네가 행동
한 것은 영원히 지워지지 아니한다 내
가 그리 말하지 아니하였던가?
25 지금 예수가 행한 그 역사요, 예수가
역사한 그 모두가 바로 존재하며 너
희에게 전해지는 것이 무엇이더냐?
26 예수가 행한 것을 그 밑에 있는 제자
들이 들어서 또 그 제자들에게 가르치
고 강론한 것을 지금 기록하여 전한
것이 신약이라는 성경이 영원히 이렇
게 존재함이니,
27 지금 나의 법전이 세상에 나가니, 이
게 세상에 나오는 것을 반대하는 자,
사탄이요, 사악한 자들이 있다면, 지
금부터 너의 일거수일투족을 모두 다
누군가가 기록하여 적고 있으며, 네가
남들과 대화하고 만난 것까지도 그를
다 기록하여 지금 전하고 있다면,
28 네 말 한마디가 얼마나 무서운 것이
며, 네가 한 발짝 떼는 것이 얼마나 무
서운 것인가를 알겠는가?
29 그 모두를 근거로 기록하여 세상에 나
의 법전을 무너트리며 너를 무너트리
고자 하며 너를 따르는 제자들까지 등
을 돌리게 하는 그와 같은 역사를 하
고자 하는 사람이 있다면 너는 어찌하
겠느냐?
30 그러니 그것은 영원히 존재할 것이니
라.
31 나의 법전이 세상의 지구가 없어지며
내가 만든 대자연이 없어질 때까지
존재한다 하지 아니하였던가?
32 그를 비방하는 것, 그를 무너트리고자
하는 글도 그와 같이 역사하여 존재할
것이니,
33 네가 움직이는 것, 네가 말하는 것, 네
가 행동하는 것, 그 모두 다 영원히 없
어지지 아니한다 내가 말한 그 의미를
깊이 알라.
34 너희에게 그 깨우침이 있지 않으냐?
35 '밤말은 쥐가 들으며 낮말은 새가 듣
는다.' 하였으니, 160권의 법전을 세
상에 만들어 새로운 성경이요, 새로운
시대를 역사하는 것, 하늘의 뜻을 받
아 창조주 나 여호와의 뜻에 역사하는
너희를 그 누군가가 얼마나 관심을 가
지고 있으며 얼마나 너희의 일거수일
투족을 바라보고 있는지, 그를 너희는
어찌하여 그리 생각하지 못하는가?
36 지금부터 너희는 모든 것에 한 점의
부끄럼이 없는 그와 같은 행위로 살아

가는 것을 다시 한 번 다스려야 할 것
이니,
37 네가 하루를 살아감에 있어서 기도하
고 경배하는 그 시간 외에는 네가 많
은 시간을 개인 생활이요, 개인적인
생각을 하고 개인 활동에 대한 시간을
보내서는 아니 됨이니라.
38 그 모두가 다 기록되어 세상에 비친다
할 때 너는 뭐라 할 말이 없음이니,
39 너를 따르는 제자들 또한 몸가짐이요,
말이요, 행동함에 각별히 너희가 스스
로 한 점의 부끄럼이 없는 그와 같은
삶을 수시로 점검하며 그리 살라 하라.
40 그리하며 너희가 기도하며 경배하며
나의 법전을 읽는 그 시간 외에 너희
의 인간관계로 만나서 대화하며 역사
하는 생활 속에서 너희가 실수하고 역
사한 것, 인간 세상에 이루어질 때 너
희가 거래한 것, 그리고 거래하면서
너희가 대화한 것, 그 모두가 밝혀져,
그것이 잘못된 점이 있으며 하늘을 향
하여 부끄러운 행위요, 그와 같은 언
행을 했을 때, 그는 근거 위에 기록되
어 세상에 전해졌을 때,
41 나의 법전은 세상에서 묻히며, 세상에
나의 법전을 들고 나가 너희가 전할
수 있는 기회마저도 얻지 못하는 그
무서운 형국이 도래한다는 것을 잊어
서는 아니 될 것이니,
42 너희가 깨우치고 또 깨우쳐 언행을 바
르게 해야 함을 이제는 알아야 할 것
이니 그리 알라.

6,501 번째 하나님 말씀

2003년 6월 22일 23시 34분

1 사랑하는 나의 아들아!
2 "네, 아버님! 말씀하옵소서."
3 내가 너에게 깨우쳐 전하였느니라.
4 나의 아들 예수가 심판하기에 '죄 없
는 자는 이 여인에게 돌을 던지라.' 하
였을 때, 돌을 던지는 사람이 없었다
그리 말하였으며,
5 지금의 백성은 저희가 가지고 있는
그 죄를 감추기 위하여 제가 깨끗한
자라는 것을 표시하기 위하여 죄지은
자가 더 많이 돌을 던진다 하였으며,
더 악을 쓰며 더 소리 지르는 그 백성
이 지금같이 사악한 형국으로 되었다
내가 그리 말하였음이니라.
6 너는 여기서 너의 제자들에게 깨우쳐
주어야 할 것이니라.
7 너희가 지금 말하기를, 잘못된 종교
지도자요, 너희가 말하는 이단이요,
사이비라는 그 종교 집단들이 잘못됨
이요,
8 그들이 사악한 짓을 더 많이 하며 더
못된 짓을 한다 생각하며, 너희는 그
리 요란을 떨고 있느니라.
9 지금의 그것이 어떠한 형국인 줄 알겠
는가?
10 죄를 많이 지은 자가 죄를 적게 지은
자에게 죄지은 것을 감추고자 악을 쓰
며 돌을 던지며 침을 뱉는 광란의 짓
을 한다 그리하지 않았는가?
11 지금의 정통파라 하는 그 종교 집단들
이 가고 있는 것이 그들보다 수천수만
배 더 사악한 짓을 하며 더 나쁜 짓을

하고 있는 것이니라.
12 간음한 여인도 어떠한 것이던가?
13 이름 없는 종파들이 한 번의 실수를
했을 때, 너희는 물질과 조직을 동원
하여 세상을 들끓게 하고 있으나,
14 그보다 열배 백배 더 사악한 짓을 하
고 있는 것이 너희이니라.
15 너희는 교회라는 곳이요, 성당이라는
곳이요, 성막이라는 곳이요, 그리고
너희가 기도원이라는 곳이요, 연수원
이라는 곳이요, 수많은 너희의 건물이
요, 집단을 가지고 있으며,
16 심방이요, 또는 병을 고쳐 안수한다
하며 갖은 방법으로써 정통파라는 종
교 집단이요, 지도자들이 사악한 짓이
요, 죄를 짓는 것이 그 험한 것은 말할
수 없음이니라.
17 비종교 집단이요, 잘못된 자들을 너희
가 사악하다 그리 말하나, 과연 비종
교요, 이단이라 말하는 자들이 저지른
건수가 얼마나 있으며 그들이 짓고 있
는 죄가 얼마나 있는가?
18 그들은 차라리 그 자신을 지키고자 발
버둥치며 몸부림치는 것이니, 그들이
덜하니라.
19 정당한 방법이요, 너희가 나 여호와에
게 오르는 길이요, 선택된 백성이라
하여 많은 물질과 많은 신도요, 많은
회당이요, 많은 건물이요, 연수원이
요, 교육원이요, 기타 등등 너희가 이
름을 붙인 그 곳곳에서 이루어지는 그
사악한 행위는 내가 눈을 뜨고 볼 수
없을 만큼 너희가 천배 만배 더 사악
한 짓들을 하고 있다는 것을 알면서
도, 너희 자신이 말하지 못하지 않는
가?
20 나 여호와가 바라보는 것은 너희가
그들보다 수천수만 배 더 사악한 짓을
하고 있으며, 수단과 방법을 가리지
아니하였으며 시간과 때와 장소를 가
리지 아니하고 사악한 짓이 이루어지
는 것이니라.
21 그리하여 너희가 어떠한 작은 종교
집단이요, 너희가 말하는 이단이요,
사이비라 부르는 그 종교 집단에서 작
은 것이 하나 생겼을 때 저 자신이 죄
짓고 제 추악한 짓을 감추고 모면하기
위해,
22 때는 이때라 하여 그를 들춰내며 그를
가지고 단상에 서서 설교를 하며 가르
치는 자,
23 제가 장소와 시간을 가리지 아니하고
더 나쁜 짓, 사악한 짓을 많이 한 자들
이 남을 사이비요, 이단이라 하며 예
를 들어 가르침이니,
24 그를 듣고 있는 신도들이요, 그 백성
이 과연 어찌 생각하는가?
25 너희가 짓는 죄가 수없이 많으니 바로
그것이 무엇이더냐?
26 바로 죄 있는 자에게 죄 없는 자는 돌
을 던지라 할 때, 죄 많은 자가 먼저
제가 지은 것을 부끄러워 그를 감추고
은폐하기 위하여 악을 쓰며 돌을 던진
다 했듯이, 그와 똑같은 형국이 이루
어지는 것이 지금 종교 집단이요, 지
도자들이 행하는 짓이니라.
27 신도라 하는 자, 너희는 과연 한 점의
부끄럼이 없는 삶을 살고 가는가?
28 몇십 년 동안 믿음을 가진 자, 몇십 년
동안 깨우치고 변해서 처음에 잘못되

었으며 잘못 깨달았으며 너희가 믿음
이라는 것을 모르고 지은 죄요, 잘못
살았던 그 모두를,
29 너희는 믿음이라는 것을 10년, 20년
가지면서 평생의 그 악습을 다 버렸
으며, 지금은 과연 천사와 같이 서 있
는 그 모습이던가?
30 너희가 20년, 30년 지날수록, 또 목회
자라는 그 명칭을 위하여, 그 직함을
위하여 너희는 더 사악한 짓을 점점
더 많이 저지르고 있지는 않았던가?
31 너희가 처음 교회라는 곳에 찾아왔을
때는 초보자요, 너희가 가장 어린 자
요, 또 처음에 시작한 자니,
32 너희가 그때는 그 말씀이요, 그 가르
침이라는 것, 종교 지도자가 하는 설
교요, 성서에 있는 내용이요, 그를 지
키려 하며,
33 이 기회요, 영광을 얻은 것을 축복의
길을 본 것을 너희는 감사하다 생각
하며, 너희 자신을 조심스럽게 다스려
나가며 믿음을 시작했을 것이니라.
34 그와 같은 믿음이 10년, 20년, 30년,
너희가 평생을 가면서 아름답게 승화
되고 아름답게 변했다면 하늘에 올 것
이나,
35 너희는 처음에는 죄짓지 않고 죄지은
것을 두려워하며 무서워했던 그 신도
라는 자들이 10년, 20년 지나가면서
만성이 되고 타성에 젖어 열배 백배
그 죄를 더 짓는 자들이요, 사악한 자
들이 되어 있으며,
36 종교 지도자요, 목회자라는 자들이 공
공연히 더 사악한 짓이요, 잘못된 짓
을 더 많이 하고 있다면,
37 10년 된 목사요, 20년 된 목사요, 30
년 된 종교 지도자요, 그와 같은 자들
이 더 사악한 짓을 점점 많이 하고 있
다면,
38 너희는 종교 지도자로서 세월이 가면
서 너희 자신을 다스리고 어렵고 좁은
길이 아니라, 평안하고 인생의 향락을
위해 살아가는 자들로서 전락하여 있
음이니,
39 그 속에서 너희가 무엇을 얻고 무엇
을 배운단 말이던가?
40 이는 너희 스스로 알 것이니라.
41 나 여호와가 지금 너희에게 말하니,
너희가 말하는 이방인이요, 사이비요,
잘못된 종교 집단이라는 자들이 하나
의 작은 실수를 했을 때 너희는 이를
갖다 수없이 떠들어 대며 이를 가지고
공격하며 세상에 비방함이니,
42 이는 추하고 더러운 죄를 백배 천배
더 짓는 자들이 그를 덮어 두며, 그 스
스로 자신을 통제할 수 없으며 부끄럽
고 추한 그 마음을 남을 공격하며 시
기하고 질투하는 모습으로써 또 그와
같은 모습을 뒤집어씌우며,
43 그와 같은 억지를 쓰는 속에서 너희의
부끄럽고 창피하고 자신이 감당 못 할
그 죄의식을 덮어 주고 잊어버리려는
그 사악한 생각에서 그리하고 있다는
것을 알라.
44 너희의 믿음이 깊으면 깊을수록 너희
는 천사가 되었을 것이며, 그리하여
천사와 같은 마음이 굳어져야 할 것이
거늘,
45 너희 믿음이 높고 깊을수록 너희는
더 사악한 짓을 그에 따라서 더 많이

저지르는 것이 오늘의 종교 집단이요,
지도자들이 가는 행위이니, 과연 그것
이 나의 뜻이라 말하느냐?
46 그러니 너희가 나에게 올 자가 하나
도 없음이요, 너희는 나를 능멸하며
나를 욕되게 하는 자라 내가 그리 말
함이니라.
47 이 뜻을 깊이 새기라.
48 너희가 잘못된 종교 집단이라 말하는
자, 이방인이라 하는 자, 사이비라는
자들이 너희보다 덜 죄를 지으며 너
희보다 덜 사악한 짓을 하고 있음이니
라.
49 한두 번 이루어지는 그것으로써 너희
가 이를 뒤집어씌워 다 사이비요, 신
흥 종교 집단이요, 모든 자가 그리 간
다고 몰고 뒤집어씌움이니,
50 너희 속에서 이루어지는 교회요, 성당
이요, 성막이요, 또는 연수원이요, 교
육원이요, 기도원이요, 또 심방이요,
수없는 그 장소에서 너희가 행하는
그 추하고 더러운 모습을 나 여호와는
하나도 잊어버리지 않고 바라봄이니,
51 너희가 그런 줄 알면 그 대가를 지옥
에 와서 받는다는 것을, 그 부끄럽고
추한 점을 안다면, 너희 자신이 인간
이 아니며 감히 지도자라 말할 수 없
는 것을 너희가 알 것이니라.
52 5년 된 자, 10년 된 자, 20년 된 자, 30
년 된 자, 그와 같이 천사로 변하는 변
화의 삶을 살지 아니한 자, 이들이 바
로 사탄이요, 악마의 자식으로서 악을
쓰고 있으며 이 세상을 오염시키고 있
으니,
53 그들을 내가 불 칼로써 다스리고자 함
이니 그리 알라.

6,502 번째 하나님 말씀

2003년 6월 22일 23시 59분

1 사랑하는 나의 아들아!
2 "네, 아버님! 말씀하옵소서."
3 나의 피조물 만백성 너희에게 내가
온갖 은혜요, 그 모두를 다 내려 이 세
상에 나와 살아감이니, 너희에게 지키
라 하는 것이 무엇이더냐?
4 너희는 '나 외에는 다른 신을 네게 있
게 하지 말라.' 내가 너희에게 그리 1
계명을 내렸거늘, 너희가 모든 백성이
이를 거역하고 산다 하면 그를 바라
보는 나 여호와의 마음은 과연 어떠하
겠는가?
5 모든 백성이 '나 외에 다른 신을 네게
있게 하지 말라'는 그 뜻을 모두 다 거
역하고 있음이니, 이는 바로 무엇이던
가?
6 욕심이라는 마음을 비우지 못한 그 자
체가 너희가 나를 욕되게 하는 것이
며, 너희가 나 외에 다른 신을 갖고 존
재한다 하지 아니하였던가?
7 그와 같이 그 욕심이라는 마음은 아담
과 이브가 욕심에 의하여 오늘의 너희
가 그와 같은 형국이 되어 십계명을
받게 되었으며,
8 지금 나의 아들로 하여금 너희에게 새
로운 성령이요, 새로운 법전으로써 지
키고 살아야 할 것을, 오늘 내가 나의
성령을 태워 내려보내는 이와 같은 역
사의 변화를 자초했던 것이 아니던가?
9 그러나 너희가 최초에 가졌던 그 마

음의 욕심을 버리지 못하고 있는 것이
지금의 너희 형국임이니,
10 그리하여 모든 백성이 정면으로 나의
뜻을 거역하며, 나의 뜻을 받아들이지
아니하고 살면서 너희가 말로만 다른
신을 너희에게 두지 아니하였으며 오
로지 나를 믿는다 하니,
11 그 모습을 보는 내가 어떻던가?
12 속은 비어 있으며 너희가 껍데기만
가지고 지금 부르짖는 형국이 아니던
가?
13 이것이 얼마나 잘못되었는지를 알고
있는가?
14 너희가 겉으로는 나를 믿으며 나를 경
배하며 다른 신을 너희에게 두지 아
니한다 하였으나,
15 너희는 욕심으로 그득히 차 있음이니,
그게 너희 가슴속에 깊이 내린 다른
신을 두고 있음이니라.
16 이와 같은 이치를 너희가 깨달아야
할 것이니라.
17 너희를 위하여 우상을 섬기지 말라 내
가 그리하였으며, 만들지 말라 그리하
였음이니라.
18 위로는 하늘에 있는 것이요, 하늘에
있는 것에도 우상을 만들지 말라 하였
으니, 너희가 과연 어찌 살아가는가?
19 너희는 구원을 받았다 말하며, 하늘에
오를 수 있는 자며 선택된 자요, 그리
하여 너희는 하늘에 올 수 있는 모두
를 다 갖춘 자라 그리 생각하고 있음
이니,
20 구원 자체도 너희가 노력하는 것이 아
니요, 너희 마음으로 하늘에 오를 수
있다고 생각하는 자,
21 나의 아들 예수의 보혈로써 모든 것을
이룰 수 있다는 것, 그리고 너희가 어
떠한 죄를 짓든 인간이 살아가는 것은
구원과는 관계없으니, 그저 너희가 손
으로 지은 교회요, 성당이요, 또는 법
당이요, 또는 모든 성막이요, 이와 같
은 곳에 나가는 자가 구원을 받았다
말함이니, 그게 바로 무엇이던가?
22 너희는 하늘 위에 우상을 그려 놓고
하늘 위의 우상을 섬기는 것임을 알라.
23 너희가 노력하는 것이 없으며 역사하
는 것이 없이 하늘에 오를 수 있다는
그 자체가 허황된 우상 속에 젖어 있
음이며,
24 하늘 위에 우상을 깎아 놓고 그 우상
에게 절하며 그 우상에 오고자 하는
것이 너희라는 것을 알아야 할 것이
니라.
25 아래로는 무엇이라 말하였느냐?
26 땅에 있는 것, 땅 아래 있는 것, 그 모
든 것을 우상을 섬기지 말라 하였음이
니, 땅에 있는 것은 무엇이더냐?
27 이 세상에 너희가 존재하며 지금 사
는 이 세상에서 모든 물질이요, 부귀
와 영화요, 육의 향락을 위하여 너희
가 살아가며 사후 세상에 이루어지는
것을 이루고자 하는 그 생각을 하지
아니하고 살아감이니, 그게 바로 무엇
이던가?
28 너희가 아래로는 땅에 있는 그 모든
우상을 섬기는 그와 같은 삶을 살아가
는 것이니,
29 하늘에 두는 우상이라는 것은 너희가
구원을 받았다 말하며 거기에 망상에
젖어 있는 것이 하늘의 우상을 섬기는

것이며 너희가 만든 것이 아니던가?
30 그게 바로 너희가 만든 하늘에 대한
우상이요,
31 지상의 육의 세상에서 너희가 무엇인
가 얻고자 이루고자 하는 그 삶을 사
는 것, 그것이 땅에서 이루어지는 우
상을 만들고 우상을 섬기는 것임을 너
희는 알아야 할 것이니라.
32 '아래로는 물속에 있는 어떠한 형상이
라도 만들지 말라.' 내가 너희에게 그
리 말하였음이니,
33 위로는 구원을 받은 것이요, 아래로는
지상에 있는 모든 욕심이요,
34 그리고 너희는 지옥으로 간다는 그
자체까지도 망각하고 사는 것, 너희는
반드시 지옥으로 가 나로부터 심판을
받으며 그 죄의 대가를 치르고 산다는
그 자체를 버리고 사는 것도 너희가
아래로 우상을 섬기고 사는 자라는 것
을 잊지 말라.
35 너희가 지옥에 갈 자, 지옥에 가 나로
부터 벌을 받으며 그 죄의 대가를 치
르는 것을 망각하고 살며 그리고 구원
을 받았다 생각하는 그것이, 너희가
지상 아래에 있는 그 험악한 지옥의
형국을 잊어버리고 사는 그 자체가 땅
아래 우상을 만들었으며 그 형상을 만
들고 믿고 따르는 것과 똑같은 이치임
이니,
36 너희가 오늘날 얼마나 잘못되었는가
를 알아야 할 것이니라.
37 너희는 나의 1계명을 어겼으며, 제2
계명을 어겼으며, 또한 제3의 계명인
'나 여호와의 이름을 망령되이 일컫지
말라' 그리하였음이니,
38 지금 이는 내가 너희에게 갑론을박하
지 아니하고 깨우쳐 주지 않아도 알
것이니라.
39 너희가 우리 부자의 이름을 얼마나 팔
며, 그 이름을 빙자하여 지금 역사하
며, 모두는 나 여호와의 뜻이라 하며,
40 너희가 어렵고 힘들 때, 너희가 사악
한 짓을 할 때, 그리고 너희가 남으로
부터 어떠한 누를 끼칠 때, 남으로부
터 부끄러운 행위를 할 때 그 모두는
어찌하는가?
41 그 모두는 나의 뜻이라 그리 말하고
행하는 것이 너희가 아니던가?
42 이와 같은 형국으로써 지금 가면서 구
원을 받는다 말하는 백성이니,
43 너희는 나의 1계명이요, 2계명이요, 3
계명이요, 십계명의 그 하나하나를 점
검해 보라.
44 너희가 얼마나 지키고 그대로 행하고
사는 것인가를 하나하나 돌아다볼 때,
과연 너희가 하늘에 올 자격이 있으
며 나에게 올 수 있으며 나에게 구원
을 받을 수 있는 자인가,
45 그 자격이 없는 자가 자격을 갖춘 자
요, 하늘에 오를 수 있으며 나에게 오
는 그 표를 가지고 있으며 나에게 올
수 있는 모두가 준비된 자며 선택된
자라 말하는 그 백성의 마음이 그 모
두가 우상이니, 그게 바로 무엇이던가?
46 그 마음 자체가 위로는 하늘에 있는
것이요, 아래로는 지상에 있는 것이
요, 지상 아래 땅속에 있는 그 모든 우
상을 섬기는 그 형태임을 잊어서는 아
니 될 것이니,
47 나의 뜻을 깊이 깨우쳐 너희가 어찌

살아가야 하는 것이며 구원의 길을 어
찌 가야 하는 것인가를 깨우치라.
48 너희는 누가 뭐라 해도 노아의 방주를
타지 않은 자는 살 수가 없었음이니라.
49 노아가 만드는 그 방주에 타는 자들만
이 살 수 있으며 그렇지 않은 백성은
다 죽음으로써 그 대가를 치렀음이니,
50 나의 법전을 가슴에 안고 정독하지 아
니하는 자는 구원의 길에 심판대에 설
수 없다는 그 엄연한 사실이요, 그 무
서운 나의 뜻을 너희가 흘러가는 말
로 듣지 말라.
51 이는 엄연한 사실이니라.
52 노아의 방주를 타지 아니하는 자가 구
원을 받을 수 없었듯이,
53 지금 나의 법전을 가슴에 안고 정독해
그대로 행하고 지키지 아니하는 백성
은 심판을 받을 수 없음이니,
54 너희가 구원을 받을 수 없다는 이 무
서운 사실을 가슴 깊이 새겨야 함을
잊지 말라.

6,503 번째 하나님 말씀

2003년 6월 23일 0시 07분

1 사랑하는 나의 아들아!
2 "네, 아버님! 말씀하옵소서."
3 나의 피조물 만백성이 그리 영리하며
그들이 지혜를 가졌으며 세상 것 못
이룰 것이 없다는 그와 같은 생각을
하고 사는 백성, 그들이 얼마나 불쌍
한 백성인 줄 알겠는가?
4 구원을 받아 하늘에 오를 수 있는 자
격을 가지고 있다는 백성, 그들이 또
한 제일 불쌍하고 가련한 백성임을
너희는 알아야 할 것이니라.
5 너희는 살아가면서 얼마나 망각하고
살며, 앞을 보지 못하며 미래를 생각
하지 아니하고 사는가?
6 너희는 나에게 올 때 죽음이라는 그
선을 넘지 아니하는 자 없으며 그를
피할 자가 없느니라.
7 너희는 반드시 죽음이라는 그 길의
문턱을 넘어 나에게 와 심판을 받아
정해진 그 대가를 치르는 것이 엄연
한 사실이거늘,
8 그리하여 너희는 죽음이라는 문턱을
넘게 되어 있음이니라.
9 그러나 너희가 오늘에 살면서 너희에
게 엄히 정해져 있으며 피할 수 없는
그 죽음이라는 것을 과연 생각하며 사
는 사람이 얼마나 있으며, 나의 백성
이 얼마나 죽음에 대해서 생각하는가?
10 너희는 나 여호와의 계획된 범위 내에
서 이미 정해진 그 삶을 살고 있는 것
이며, 너희가 어찌 가는 것인가 그 모
두는 정해 놓았음이니라.
11 내가 정해 놓은 그 범위 내에서 너희
는 벗어날 수 없으며 그 한계를 넘을
수 없음이니,
12 너희 육이 죽어 가는 것도 또한 나 여
호와의 계획이요, 내가 이룬 범위 내
에서 너희가 이루어짐이니라.
13 오늘의 삶을 사는 자는 반드시 누구도
넘지 못하는 것이며, 눈으로 볼 수 있
으며 그를 거부할 수 없으며 다 인정
하는 것이 죽음이니,
14 너희는 오늘을 살면서 머지않아 너희
에게 죽음이 닥친다는 것을 의식하며
그를 생각하며 그 죽음에 대해 준비를

하며 사는 백성이 과연 얼마나 있는
가?
15 너희 자신이 하루를 살면서 죽음이라
는 것을 의식하고 사는 자가 없으며
잊어버리고 사는 자며,
16 그 죽음 앞에 심판의 두려운 것까지도
생각하지 못하고 사는 자가 바로 너
희이니라.
17 그러니 너희가 육에서 볼 수 있으며
눈으로 볼 수 있으며 이웃에 이루어지
는 모든 세상사에서 누구나 다 죽는다
는 것을, 죽음을 피하지 못한다는 것
을 다 알면서도,
18 너희는 그 죽음이 너희에게 온다는
것을, 네 앞에 오는 날이 머지않아 정
해져 있다는 것을 의식하지 아니하고
삶이니라.
19 그를 의식하고 사는 자가 있다면 그래
도 오늘같이 험악하게 되지는 아니하
였을 것이니라.
20 그러니 너희가 볼 수도 없으며 만질
수도 없으며 인정할 수도 없는 너희가
죽음 후에는 흙으로 돌아가며 너희의
영혼이 나에게 심판을 받는다는 것을
믿을 자가 있으며 과연 믿겠는가?
21 믿는다 해도 너희가 설마 하는 마음
이요, 진정한 믿음이 없음이니라.
22 이는 곧 인간 세상에서 죽어 무덤에
묻히지 않는 자가 없는 것을 알면서,
너희가 보면서 그리 같이하면서도 그
것을 잊어버리고 사는 자들이니,
23 나의 피조물 만백성 너희가 하늘에
오르는 길이 있으며 구원을 받아야 하
는 길이 있으며 너희가 나에게 오지
아니하면 지옥으로 간다는 그와 같은
것을 아무리 가르쳐 주고 깨우친다 해
도, 그를 받아들이지 아니하며 그를
깨닫지 못하는 것이 그 백성이니,
24 너희가 얼마나 어리석고 불쌍한 백성
이던가?
25 너희가 사후 세계의 모두 이루어지는
역사요, 다음 세계의 구원이요, 구원
을 받지 못하는 그 모두를 내가 너희
에게 깨우칠 수 있도록 160권의 법전
안에 모두를 상세히 기록하여 너희에
게 전하거늘,
26 이를 읽고 깨달으면 그를 볼 수 있다
하나, 그 법전 자체도 읽으려 하지 아
니하며 보려 하지 아니함이니, 너희가
얼마나 불행하고 불쌍한 백성인 줄
알겠는가?
27 이제 너는 너의 제자들에게 강론하여
그리 전하라.
28 너희가 잊어버리고 사는 그 죽음이 언
제 닥쳐올지 모르는 것이며,
29 그는 이미 정해져 있으며, 그는 나 여
호와의 범위 내에서 이루어지는 것이
며, 그를 벗어날 수 없다는 것,
30 그러니 너희가 사후 세계에 나에게 구
원을 받고 안 받는 것은 너희가 생각
하기 전에 넘지 않는 자 없으며, 그를
피할 수 없는 그 죽음에 대한 그것을
인식하며 그를 깨우치며 그를 생각하
며 사는 백성으로서 너희의 삶을 그
리 깨달으라 그리 말하라.
31 그리하다 보면 너희가 사후 세계가
있음을 알게 될 것이며 심판을 받는다
는 것을 알아야 할 것이니라.
32 내가 너희에게 어찌하여 이리 간단한
이치를 깨우쳐 주었더냐?

33 너희가 아무도 보지 않는 곳에서 선하
고 아름답게 사는 것이 죽음을 대비하
는 삶이며 영혼을 살리는 삶이라 그리
말하였음이니라.
34 그리고 너희가 그리 구원을 받았으며,
요란스럽게 울고불고 찬송하고 나와
서 사악한 짓을 되돌려 하고 또 빌면
된다는 그와 같은 생각을 하고 살고
있는 백성이 아니라,
35 너희가 보이지 않는 작은 골방에서 진
심으로 나에게 기도를 올리는 것, 그
기도를 내가 들어주며 그 기도를 내가
듣고 있다 말하였음이니,
36 이것으로써 너희가 나에게 오르는 길
의 기초이며 근본이니 이를 깨달으라
그리 가르쳤거늘, 그를 믿는 자, 그와
같이 행하는 자가 이 세상에 없음이니,
37 나 여호와의 오늘의 마음이 과연 어떻
겠는가?
38 이제 나의 아들을 따르는 제자들이요,
나의 법전을 읽고 깨우친 백성 너희가
이와 같이 내가 너희에게 명하는 것
을 만백성에게 전하는 데 최선을 다해
야 됨을 잊지 말라.
39 너희 스스로 구원을 받아 나에게 오르
고 못 오르는 것은 너희 자신이 생각
할 필요도 없으며, 그에 대한 두려움
을 가질 것도 없으며, 너희가 대비할
것도 없으며, 너희는 그와 같은 연구
를 하지 말라.
40 다만, 너희가 나의 법전을 읽고 깨우
쳐 그대로 행하는 삶을 살며,
41 만백성을 구하는 데 너희가 한 권의
법전을 전하여 한 사람을 구원할 수
있는 그와 같이 살아감이 소중하다는
것을 잊지 말며, 그 삶이 중요함을 잊
지 말라 전하라.
42 아무도 보지 않는 곳에서 선행을 베푸
는 것이 하늘에 오르는 길이라 그리
전하며,
43 보이지 않는 다락방에서 가족끼리 진
심으로 나를 찾으며 모두가 나의 은혜
로 이루어진다는, 범사에 감사하는 그
와 같은 마음으로 기도하고 깨우치는
것이 정녕 하늘에 오르는 바른길이라
는 것을 알라.
44 지금의 손으로 지은 교회요, 성당이
요, 성막이요, 법당이요, 그 모든 곳에
가서 그들이 죄의 온상의 씨앗이 되고
있음이니,
45 그곳에 가서 구원을 받고자 하는 그
생각을 저버리라 그리 전하라.
46 내가 인간인 너희가 가장 소중하다
했음이니라.
47 그는 무엇이더냐?
48 나로부터 생명을 각자 받아 나간 것이
니, 너희는 각자이니라.
49 각자 권리가 있으며 각자 자유가 있으
며 각자 믿음의 방법이 있으니, 이는
곧 무엇이더냐?
50 너희가 스스로 행하는 것이 중요함을
내가 깨우쳐 줌이니라.
51 그리하여 너희 자신을 다스리며 자신
의 위치를 찾으며, 네 주변의 인간관
계에서 이루어지는 그 삶에 한 점의
부끄럼이 없는 삶으로 살아가는 그 기
초부터 다지라 했던 그 뜻이 다 여기
에 있음을 알아야 할 것이니라.

6,504 번째 하나님 말씀

2003년 6월 23일 08시 09분

1 사랑하는 나의 아들아!
2 "네, 아버님! 말씀하옵소서."
3 너희가 살아가면서 남보다 죄를 많이
지은 자, 사악한 자는 남의 기도를 해
줄 수 없다 내가 그리 말하지 아니하
였는가?
4 그리고 남의 복을 빌어 줄 수도 없는
것이라 그리 말하였음이니라.
5 그러니 그와 같은 이치를 지키고 산다
하면 너희는 바로 어떠하던가?
6 선하고 착하게 살아가는 저희 신도들
이요, 저를 믿고 따라가는 그 백성 앞
에 종교 지도자로서 잘못된 짓을 많이
하는 자, 죄를 많이 짓는 자, 사악한
짓을 많이 하는 그와 같은 자는 정녕
종교 지도자로서 설 수가 없는 것이
며 그와 같은 것이니라.
7 그리하여 저희가 짓고 사는 그 잘못
된 것이 신도들이요, 만백성에게 비칠
때, 그들은 단상에 서서 설교하며 강
론할 자격을 끝까지 지킬 수 있는 자
가 얼마 없음이니라.
8 그러니 그것을 벗어나고 그를 모면하
기 위해 만든 것이 무엇인 줄 알겠는
가?
9 저희는 나 여호와만이 심판하며 나
여호와만이 저희를 다스릴 수 있으며,
10 나의 피조물 만백성이요, 신도라는 자
들은 저희를 심판할 수 없으며 탓할
수 없다 그리 말하느니라.
11 그리하여 재물과 금화와 은화를 바치
며 구원을 받고자 하는 그 백성은 절
대로 종교 지도자를 심판할 수 없으
며 저희의 잘못됨을 시시비비할 수
없다 그리 말함이니, 그것이 바로 무
엇이던가?
12 저희가 죄를 지으며 잘못된 것이 너무
많다는 것을 시인하는 것이며,
13 저희가 죄를 너무 짓기 때문에 그와
같이 단상에 서서 설교할 자격이 없음
이니라.
14 신도라 따르는 백성, 맹종맹신하는 그
들이 저희의 잘못하는 것을 하나하나
들춰내기 시작하면 저희는 견딜 수 없
기 때문에,
15 그 모두를 모면하며 그를 벗어나려는
방법으로써 그와 같은 말을 만들어 낸
것이니, 그들이 얼마나 사악하고 잘못
된 자들이냐?
16 동양의 작은 나라에 너희가 말하는
것이 있느니라.
17 겨 묻은 자를 더 냄새 나고 잘못된 썩
은 것을 묻히고 다니는 자가 탓한다
하였음이니라.
18 썩은 것을 묻히고 다니는 자가 겨 묻
은 자를 탓한다는 말이 있으니, 이게
바로 얼마나 너희에게 적합한 말이던
가?
19 이방인이라 하는 평범한 백성, 신도라
는 자들은 그래도 죄를 덜 짓고 사는
것이니라.
20 그와 같은 죄를 많이 짓고 썩고 썩은
자들이 그를 다스리며 그를 탓하는 행
위를 함이니,
21 동양에 너희 말로 말하기를 '똥 묻은
자가 겨 묻은 자를 나무란다'는 것같
이,

22 썩은 오물이 묻은 자가 그 썩지 않은
오물이 묻은 자를 나무라는 그와 같은
형국이 바로 오늘의 종교 집단이요,
23 지도자와 신도의 관계가 이루어지는
것이 그와 같은 형국으로 되어 있음이
니,
24 이와 같은 속에서 너희가 어찌 그와
같이 썩은 자 밑에서 가르침을 받으며
깨달음을 받으며 설교를 듣는다 하여
하늘에 오를 수 있다고 말하는가?
25 여기서 진정 나의 법전 한 권을 읽고
깨우치는 백성은 뭐라 하였느냐?
26 그 법전을 전하는 자가 천사 같은 마
음이 되었을 때 그때 그 법전의 뚜껑
을 여는 백성이 그를 보고 깨우친다
내가 그리 말하였으며 깨달음이 있다
하였거늘,
27 어찌하여 썩고 썩은 자가 썩지 않은
자를 탓하는 그와 같은 자들의 가르침
이요, 설교를 듣고 너희가 하늘에 오
를 수 있다 그리 말하는가?
28 정녕 너희가 더 썩지 아니하였으며
더 흉악한 것이 묻지 아니한 자라면,
더 많은 죄를 짓지 않은 자라면, 너희
는 종교 지도자들을 그 신도들이 탓할
수 있으며, 잘못되었을 때 단죄할 수
있으며,
29 그들로 하여금 너희가 모든 시시비비
를 받아야 한다 그리하여 너희가 살
아가는 생활 모두를 다 열어 놓고 그
들에게 보일 수 있도록, 그들이 보고
심판할 수 있는 그와 같은 심판대에서
사는 삶을 살아야만, 거기서 너희가
존경받으며 자격이 있다는 말을 들을
때, 너희는 진정한 종교 지도자라는
것을 잊지 말라.
30 그 모두를 덮어 두는 자, 행동하는 것
을 보이지 않는 자, 보였다 해도 그것
은 신도들이 심판할 수 없다는 자, 이
는 잘못되었음을 알아야 할 것이며,
31 그는 사악한 자들이 죄를 짓고 살며
종교 지도자의 그 자리를 영위하기 위
하여 저희가 만들어 낸 가장 악랄하고
사악한 수법이요, 방법이라는 것을 잊
지 말라.

6,505 번째 하나님 말씀

2003년 6월 23일 11시 42분

1 사랑하는 나의 아들아!
2 "네, 아버님! 말씀하옵소서."
3 내가 너에게 뭐라 말하였느냐?
4 나의 법전을 접하며 나의 강론을 듣는
백성은 세상에 그보다 더 소중하고 귀
한 것이 없음이니,
5 너희가 무엇과도 바꾼다는 마음을 가
져서도 안 되며 바꿔서도 아니 된다
하였으며, 나를 의혹해서도 아니 된다
내가 그리 말하였음이니라.
6 그러니 너희가 세상에서 가장 귀하고
값진 것을 가졌음이니, 무엇을 더 갖
고자 원하는 것이 있어서는 아니 되며
그와 같은 마음의 생각을 해서도 아니
된다 그리 말하였음이니,
7 나 여호와는 공의의 하나님이요, 진정
한 창조주요, 만백성 그 모두에게 공
평한 하나님이기에 내가 너희에게 그
진리의 하늘의 뜻을 가르쳐 줌이니라.
8 나의 아들 예수의 이름을 찾으며 재물
을 바치며 기도하고 찬송하는 행위로

써 구원을 받을 수 있고 하늘에 오를
수 있다 생각하는 그 백성이 얼마나
불쌍하고 불행한 백성이며 잘못 가고
있는지를 아는가?
9 내가 3단계로써 너희에게 질문하고자
함이니, 나의 아들 너는 너의 제자들
에게 물어보며 그들을 깨우쳐 주도록
그리하라.
10 첫 단계로, 너희가 지금까지 살아온
인생살이를 조용히 눈을 감고 생각해
보라.
11 과연 너희가 살아오면서 하얀 눈처럼
나에게 죄짓지 아니하며 나에게 부끄
러운 행위를 하지 아니하고 살았으며,
지금까지 삶을 살아온 과정에서 너희
가 하늘에 오를 수 있는 영광을 얻을
수 있는 백성으로서, 사람으로서 살아
왔는가 물어보라.
12 나의 법전을 읽고 깨우치는 너를 따르
는 제자들이 그 첫 단계의 관문을 물
었을 때, 그들은 부끄러워 고개 숙여
말 못 하는 자들이 될 것이며,
13 그들은 양심이 있으며 생각하는 것이
있기에 저희가 잘못 살아온 것을 후
회하며, 이로써는 정녕 하늘에 오를
수 없다 너에게 말할 것이니,
14 나의 아들 예수가 죄 없는 자 있거든
돌을 던지라 할 때 돌을 던지지 않은
백성처럼 너희 마음이 그리되어 있음
이니,
15 너희 자신이 부끄러우며 너희는 용서
받지 못할 것이라 생각할 것이니라.
16 2단계를 너희에게 물어봄이니라.
17 너희가 나의 법전을 읽고 깨우쳐 공부
하며 나의 강론을 들으면서 과연 오늘
의 삶은 그와 같이 눈처럼 희며 천사
와 같은 마음으로 너희 자신을 다스리
고 지금 살아가고 있는가 물을 때, 너
의 제자들은 그리 말할 것이니라.
18 '선지자님! 저희는 그리하지 못하고
있사옵니다.' 하며,
19 '다스리지 못하는 저희의 마음을 다스
려 주옵소서.' 하고 나 여호와에게 매
달리며 경배요, 나에게 기도를 드려서
라도 그들이 바로 설 수 있도록 바로
서지 못하는 그 안타까운 마음을 잡아
주기를 바라며 간곡히 원할 것이니,
그것이 그들의 2단계의 마음이요,
20 3단계로써 그들에게 물어보라.
21 너희가 과연 지금부터 나 여호와의 뜻
이요, 법전대로 깨끗하고 아름답게 살
아 나에게 오를 수 있는 그와 같은 삶
을 살 수 있는 자신이 있으며, 오늘보
다 내일이 한 점의 부끄럼이 없는 삶
을 살아갈 수 있으며 살아가고 있느냐
물었을 때,
22 너의 제자들은 그리 말하지 못할 것이
니라.
23 '선지자여! 저는 정녕 그리 살아갈 수
없으며 인간이 그리 노력할 수 없으니
이를 어찌하오리까, 저는 정녕 구원을
받을 수 없는 사람이옵니까?' 그러면
서 너희가 변하고자 살아가는 삶이
얼마나 고통스럽고 힘들고 어렵고 좁
은 길이며 험악한 길인가를 그들은 알
고 있음이니,
24 하늘을 향하여 부끄러워 그들이 고개
를 들지 못하며, 세상의 만백성이요,
동물이요, 죄짓지 않고 사는 미물에게
까지도 부끄러워 고개를 들지 못하며

말을 못 함이니라.
25 다만, 길거리에 떨어져 있는 종이 하
나를 주워서 쓰레기통이라는 곳에 담
아 놓는 것으로써 조금이라도 지은 죄
요, 아름다운 모습이요, 변화된 모습
으로 변화되는 삶이 너희라면, 너희는
그와 같은 행위를 하며,
26 욱하는 마음을 다스리고 진정하는 그
얼마나 힘들고 어렵고 긴 고통스러운
길을 가고 있는가?
27 그리 가고 있는 너희도 하늘에 오를
수 없으며 구원을 받을 수 없다 그리
말하고 생각하거늘,
28 지금 나의 아들 예수의 보혈로써 구
원을 받았으며 재물을 바치고 기도하
고 눈물을 흘리며 찬송함으로써 너희
죄를 다 용서해 주며,
29 너희가 지은 죄를 그저 너희가 지은
성전이요, 죄의 온상인 교회라는 곳,
성막에 가서 기도하면 너희 죄가 씻
어진다 생각하고, 오늘의 삶을 회개하
지 못하며 그 죄지음을 두려워하지 않
고 살아감이니,
30 과연 그러고도 나에게 구원을 받는 길
이며 나에게 오를 수 있다 생각하는가?
31 그 많은 죄의 보따리를 내 앞에 와서
끌러 놓았을 때 그를 다 어찌해야 한
단 말이던가?
32 그를 가르쳐 주고 깨우쳐 줘야 하는
것이 너희임을 알아야 할 것이니라.
33 너희가 얼마나 힘들고 어려운 것인가
를 너희 스스로 앎이니, 내가 너희에
게 3단계의 논법을 깨우쳐 주지 아니
하였던가?
34 그들은 그것을 모르고 살아가는 것이
니라.
35 그리고 죄짓고 용서를 빌며 구원을 받
는다는 그 일념 때문에 편안한 마음으
로 지금 살아감이니,
36 그 죄의 보따리를 내 앞에 와서 끌렀
을 때, 과연 그들이 얼마나 황당하며
당황하며 후회하겠는가?
37 그들이 죽어 나에게 와 심판을 받아
후회하기 전에 너희가 그들을 지금
깨우쳐 줘야 할 것이며 그들을 바로
서게 해야 할 것이니라.
38 그러니 너희는 두려워하지 말며 주저
하지 말라.
39 너희가 이 세상에 존재하는 것이 무엇
인가를 생각해 보라.
40 나의 아들을 따르는 제자들이요, 나의
법전을 읽고 깨우친 백성, 너희가 왜
지금 이 세상에 존재하며, 하나님의
고귀한 강론을 들으며, 이 하늘에 오
르는 길이요, 마지막 심판의 법전을
접하여 읽고 있는가?
41 너희는 무엇 때문에 그리 선택되었으
며, 선택된 너희가 해야 할 일이 무엇
이며, 너희가 역사하고 가야 할 일이
과연 무엇이며, 너희가 쥐고 있는 대
명은 무엇인가?
42 너희가 그저 시간 날 때, 나의 성전에
와 나의 아들이 내리는 강론을 들으며
나의 법전을 읽고 이제 깨우쳐 가면
되겠지, 그러면 남들보다 네가 좀 낫
겠지, 네가 남들보다 죄를 덜 짓고 사
는 방법을 터득했으니 그들보다 낫겠
지 하는 그런 안일한 생각을 하고 살
지 말라.
43 너희는 하얀 마음이 되어야 할 것이

며, 천사와 같이 되어야 할 것이니,
44 너희는 말할 것이니라.
45 인간이 어찌 천사가 될 수 있으며 그
리될 수 있느냐 말할 것이나,
46 너희가 천사가 되고자 최선의 노력을
다할 때, 그것이 곧 너희가 완벽한 백
성으로 성장한다는 것을 알라.
47 이는 나 여호와가 평가하며 나 여호와
가 점수를 매김이니,
48 너희가 얼마만큼 변화된 삶이요, 얼마
만큼 노력했느냐 그것이 너희가 나로
부터 평가를 받으며 구원을 받으며 천
사와 같이 되는 모습이니라.
49 모든 자들이 그리 말할 것이니라.
50 '여보시오, 인간이 어찌 그리 완벽하
게 살며, 죄 없이 살 수 있단 말인가?
허황된 말을 하지 마시오.' 그리 말하
니, 그는 무엇이더냐?
51 저희가 죄를 지으니, 죄를 짓지 아니
하고 살 수 없는 저 자신을 위로함이
니라.
52 너희는 죄짓지 않고자 발버둥치지 않
는가?
53 너희는 1단계로, 지난날의 죄지은 것
을 뼈저리게 후회하며 통곡하며,
54 살아온 과거가 추하며 더러워 고개를
들지 못하며, 그 죄를 용서받기 위하
여 오늘의 삶을 바로 살고자 수없이
노력하며 애달파하는 그 마음을 내가
앎이니,
55 그리하여 미래에는 절대 죄를 짓지 아
니하며 깨끗한 백성으로 다시 태어나
겠다는 그 굳은 결의를 하고 살아가
는 모습이,
56 지은 죄의 용서를 받으며 더 죄를 짓
지 않으려 그리 노력하는 것, 그것이
천사가 되며 하얀 눈과 같이 되는 것
이니라.
57 그와 같이 너희가 최선의 노력을 다
하며 그를 행하지 아니하고 반복하지
아니할 때,
58 나 여호와가 너희를 사랑함이니, 내가
너희를 받아들임이니라.
59 내가 너는 구원할 자라 하여 내가 너
희를 구원하는 명령을 내리는 것이니,
60 그것이 바로 천사가 되는 것이며 하얀
눈과 같은 백성이 되는 길이니, 너희
는 이 이치를 깨달으며,
61 허망한 이야기, 황당한 이야기로써 너
희를 공격하는 자들의 말에 현혹되지
말며 흔들리지 말라.
62 '누가 뭐라 해도 나는 하나님 앞에 부
끄럽지 않은 사람으로서 천사와 같이
살아갈 것이라' 그리 말하라.
63 그리 살아가기 위해 노력하여 하나하
나 악습을 버리고 살아가는 것,
64 오늘날처럼 너희가 살아가는 그 모습
이 바로 천사가 되는 길이요, 하늘에
오르는 길이라는 당당한 모습으로써
그리 살아가라.
65 그리고 너희가 그리 노력해도 갈 수
없는 그 아름다운 길이요, 천사와 같
은 그 길을, 죄를 짓고 용서를 빌면 모
두가 지워진다 하여 그리 살아가는
그 불쌍한 백성에게 그 죄의 보따리
가 무거워 저희는 내 앞에 오지 못한
다 하였음이니,
66 그 무거운 죄와 선함의 보따리를 나에
게 와 끌러 놓고 심판을 받기 전에 죄
의 보따리가 너무 무거워 그들이 심판

대에 오르지 못하며 오지 못함이니,
67 그리하여 나에게 심판을 받을 자격이 없다는 것이 나 여호와의 뜻임을 너희는 깊이 깨우치고 깨달아야 할 것이니 그리 알라.
68 내가 나의 아들을 통하여 너희에게 내리는 강론이요, 나의 법전에 기록된 그 내용을 너희가 하나만 읽고 깨우치려 하지 말라.
69 전체적인 흐름이요, 앞뒤의 법전의 흐름의 가르침이요, 나의 아들을 통해서 내리는 강론이요, 너희 개인에게 내리는 기도의 내용을 하나하나 너희 머릿속에 기억하여 잊지 말고 행하고 살아갈 때,
70 '아!' 하며, 이것이 나 여호와가 너희에게 깨우쳐 준 것이요, 은혜요, 상이라는 것을 스스로 알 것이니,
71 그때 너희의 그 기쁨이란 이루 말할 수 없으니, 그 기쁨을 얻는 백성이 오늘의 이 어렵고 힘든 길을 즐거움으로 갈 수 있는 것이니 그리 알라.
72 기다릴 줄 아는 백성으로 살라.
73 그리고 인내할 수 있는 백성으로 살라.
74 기다릴 줄 알라 그리 전하라.
75 기다렸을 때 답이 있을 것이니,
76 너희가 성급하게 이루고자 성급하게 역사하고자 하는 것은 욕심이요, 마음을 비우지 못한 자이니,
77 내가 어찌 거기에 상과 은혜를 내릴 수 있단 말이더냐?
78 내릴 수 없음이 여기에 있음이니 그리 알라.

6,506 번째 하나님 말씀

2003년 6월 23일 11시 50분

1 사랑하는 나의 아들아!
2 "네, 아버님! 말씀하옵소서."
3 너희 제자들과 그리고 법전을 읽고 깨우친 백성이요, 그리고 저희만이 구원을 받는다 말하는 백성에게 너희는 진심으로 그들을 인도하며 깨우쳐 주어야 할 것이며 가르쳐 주어야 할 것이니라.
4 너희가 이 세상에 자연으로 만들어진 이곳이 바로 무엇인 줄 알겠는가?
5 나 여호와가 너희를 위해 만든 성전이요, 너희가 기거할 수 있는 집이니라.
6 곧 나의 성전 자체가 너희가 기거할 수 있는 집이거늘, 지금 모든 종교 집단이요, 지파들이 과연 어찌 가고 있느냐?
7 그들이 손으로 지은 교회라는 곳이 나의 집이라 그리 말하며, 성당이라는 곳이 나의 집이라 말하며,
8 법당이요, 성막이요, 회당이라 지은 그와 같은 집단이 이루어 놓은 그 모두가 다 나 여호와의 집이요, 하나님의 집이라 그리 말하여, 나의 피조물 만백성에게 그리 가르침이니라.
9 교회라 지어 놓은 그곳에서 설교하고 강론하는 지도자들이 어찌 말하는가?
10 '이 모두는 하나님의 집이며 하나님이 역사하는 것이라' 하며 내가 지은 집이라 그리 말하니,
11 나는 이 세상에 자연의 아름다움을 너희에게 준 지구 그 자체가 나의 집이

며 나 여호와가 창조한 집이라는 것을
그들에게 깨우쳐 주어야 할 것이니라.
12 너희가 손으로 지은 그 건물은, 흙으
로 지은 것은 너희가 흙으로 지은 너
희 집이요, 돌로 지은 것은 너희가 돌
로 지은 집이요, 너희가 콘크리트라는
그 완벽한 옹벽으로써 지은 집은 너희
가 콘크리트로써 지은 집이요, 인간의
성이요, 인간의 손으로 만든 너희 집
이지, 그것이 나 여호와의 집이 아님
을 너희는 알아야 할 것이니라.
13 나 여호와는 그를 만들지 아니하였거
늘, 어찌하여 너희는 나 여호와의 집
이라 하며 내가 만든 집이라 하여 나
의 피조물 만백성을 그곳으로 모아 재
물과 금화를 거둬들이며 나의 뜻을 가
르친다 그리하는가?
14 너희가 정녕 하늘로부터, 나로부터 받
은 자는 무상으로 받았음이니, 만백성
에게 무상으로 전하며 깨우치는 것이
도리거늘,
15 너희가 손으로 지은 교회요, 성당이
요, 법당이요, 성막이요, 회당이라는
곳은 너희가 나의 피조물 만백성을
모아 놓고 설법하며 강론하며 설교를
한 다음에 그 대가를 받아들임이니,
그게 장사하는 곳이지 무엇이던가?
16 이는 장사하는 성막이요, 교회라는 것
을 너희는 알아야 할 것이니라.
17 그곳에는 진리가 없으며 아름다움이
없으며 사랑이 없음이니라.
18 주고받는 대가성에서 이루어지는 것
이니, 거기에 어디 사랑이 있고 거기
에 인정이 있고 내가 원하는 그 뜻이
있는가?
19 나의 아들 예수를 통하여 너희에게 사
랑을 심어 주며 사랑을 베푸는 방법을
가르쳐 주었던 그 뜻과 위배되는 것이
니,
20 거래하는 장소요, 물건을 사고파는 장
소가 바로 그곳이니라.
21 그러니 그곳은 내가 지은 곳이 아니
요, 너희가 장사하기 위해 손으로 지
은 것을 가지고 나 여호와의 집이요,
내가 임하는 곳이라 그리 말하지 말라.
22 너희가 손으로 지은 건물은 내 집이
아니라 너희 집이라는 것을 잊지 말며
그를 그들에게 깨우쳐 주라.
23 너희가 손으로 지은 집에서 구원을 받
는다 생각하는 것은 죄의 온상이며,
너희가 행하는 것은 모든 죄의 씨앗
을 거기서 길러 내는 것이니, 나와는
관계없는 사탄의 집단이요, 사악한 자
들이 행하는 것이라는 것을 알라.
24 너희가 나의 집이요, 내가 이룬 성전
에서 기도하고 경배한다면 자연의 아
름다움 속이요, 자연이 만들어 준 그
속에서 살아가면서 기도하고 경배하
는 것, 그것이 바로 곧 내 집에서 너희
가 경배하고 기도하는 것이라는 것을
너희는 알아야 할 것이니라.
25 너희는 육이 살아가는 이 세상에서 육
의 세상의 집이요, 육의 세상에서 역
사하는 것만을 가지고 지금 몸부림치
고 있다는 것을 알아야 할 것이니, 영
혼의 세상이요, 하늘의 뜻을 아직도
알지도 못하고 있는 자들이니라.
26 아무것도 모르는 자들이 아는 것처럼
깨우치며 가르친다 함이니, 거기서 배
우는 백성 자체가 잘못 흘러가며 잘못

가고 있는 그와 같은 악순환이 계속
되고 있음을 알라.
27 나 여호와요, 하나님의 집이라는 것은
내가 만든 이 자연 그대로요, 이 아름
다움이 나의 집이니라.
28 그러니 너희가 그저 나에게 기도하고
경배하는 것은 이 세상에 살아가는
한 일부분에 네가 서 있는 그 자리에
서, 네가 존재하는 자리에서 진심으로
기도하는 마음이요, 경배하는 그 마음
을 내가 들어준다 하였음이니, 이는
곧 무엇이더냐?
29 내가 만든 나의 교회요, 나의 성막이
요, 나의 법당이요, 나의 집이요, 이와
같이 모두가 다 하나가 이루어질 수
있는 것이 내가 만든 이 자연의 성전
이니라.
30 너희가 만든 교회요, 법당이요, 성막
이요, 회당이라는 그것이 내가 만든
자연의 아름다운 그 속을 벗어나지 못
하고 있거늘,
31 그 속에서 역사하는 것, 그 모두가 다
그대로 그를 접어 두며 경배하고 기도
하면 너희가 원하는 것이 다 이루어
지는 것이거늘,
32 너희가 손으로 만든 그 죄의 온상에
가서 기도하고 경배하는 것만이 하늘
에 오르는 길이라 그리하여 거래하며
나의 피조물 만백성에게 재물을 거둬
들이는 사악한 행위를 하고 있는 것이
너희라 내가 하였음이니라.
33 모든 백성이요, 인간사 세상에 살아가
면서 주는 게 있으면 받는 것이 있으
며, 받는 것이 있으면 그 대가를 지불
하는 그와 같이 순리적으로 세상을 살
아가도록 되어 있거늘,
34 너희가 교회라는 곳, 성당이라는 곳,
법당이라는 곳, 성막이라는 곳, 회당
이라 너희가 말하는 각종 지어 놓은
그 성전이요, 건물에 와 있는 자, 기도
하고 경배하는 자, 거기에는 영수증
하나가 없으며 대가의 물건을 주는 것
이 없으며 거둬들이는 만큼 보상을 하
는 것이 없거늘,
35 그러면서 너희가 어찌하여 그곳이 나
의 성전이요, 나의 뜻에 의해 존재하
는 곳이라 그리 말하는가?
36 이 모두를 하나하나 너희가 짚고 넘
어간다면 지금이 얼마나 잘못되었으
며, 나의 뜻이 아니요, 나의 뜻을 거역
하는 길이라는 것을 너희 스스로 알
수 있거늘, 어찌하여 그를 모르는가?
37 그를 모르는 불쌍한 백성 너희를 보는
나의 가슴이 아픔이니, 오늘의 내리는
그 빗줄기가 나의 눈물과 같음을 너희
는 알아야 할 것이니라.
38 그보다 더 진한 눈물로써, 그보다 더
한 폭포수로써 나 여호와가 울고 있으
며 가슴 아파함을 너희는 알아야 할
것이니 그리 알라, 사랑하는 나의 아
들딸들아!

6,507 번째 하나님 말씀

2003년 6월 23일 11시 59분

1 사랑하는 나의 아들아!
2 "네, 아버님! 말씀하옵소서."
3 가장 아름다운 모습으로써 가장 아름
다운 삶을 살 수 있도록 내가 아담과
이브에게 모두를 다 내려 주어 지상의

낙원이 하늘처럼 만들어졌거늘,
4 하늘의 낙원을 지상에 건설하여 그와
같은 속에서 살라 하였음이니, 부끄러
움이 없으며 욕심이 없으며 모든 것을
의식하지 아니하고 자연스러운 자연
속에서 그 모두를 누리며 살아갈 수
있도록 내가 만들었거늘,
5 아담과 이브가 욕심이라는 것을 버리
지 못하여 오늘의 역사가 이와 같이
변화되는 형태가 이루어지지 아니하
였던가?
6 하늘과 같은 지상의 낙원을 건설하고
자 하였으나 아담과 이브의 욕심이라
는 그 한 가지 때문에 그 모두가 무너
졌음이니라.
7 그를 너희는 알 것이며, 거기에 대해
어떠한 말로 갑론을박으로써 반박할
여지가 없을 것이니, 그 깊이를 깨달
아야 할 것이니라.
8 나 여호와의 주관하에 지상의 천국을
이루려 하였으나 너희가 이를 존재하
지 못하도록 하였으며,
9 사탄이 그와 같은 형국으로써 그 모든
역사를 이루지 못하도록 그와 같은 지
금의 형국이 이루어졌음을 너희는 알
아야 할 것이니라.
10 나 여호와가 지상의 천국을 이루고자
너희를 존재하도록 하여 영원히 그와
같은 세상에서 이루어져 너희가 살아
갈 수 있게 하였건만, 사탄의 왕국으
로 되어 버렸음이니라.
11 사탄의 왕국으로써 이루어진 것은 그
것이 무엇이던가?
12 아담과 이브가 욕심이라는 마음을 버
리지 못하고 그를 받아들임으로 그와
같은 형국이 되었음이니라.
13 그리하여 지상의 천국을 이루고자 했
던 나 여호와의 뜻과는 정반대요, 감
히 상상할 수 없도록 무서운 사탄의
왕국이 이루어졌음이니,
14 그 왕국이 이루어진 세월이 구약의 4
천여 년의 세월이 흘렀으며, 신약의 2
천여 년의 세월이 흘러,
15 지금 6천여 년의 세월이 흘러온 그 속
에서 내가 너희에게 모든 가르침의 진
리를 전한 것은 무엇이던가?
16 잘못 가며 악의 왕국으로 너희가 잘못
흘러온 그 모든 인성을 회복하여 내가
아름다운 세상을 만들고자 하여 지금
까지 인내하고 기다렸음이니,
17 오늘 6천 년 동안 기다린 나 여호와의
가슴 아팠던 것을 너희는 과연 돌이
켜 보며 생각해 보는가?
18 내가 지상의 낙원을 만들어 너희에게
내리고자 했던 이 지상이 사탄의 왕국
으로 되어 있음이니, 그 세월 6천 년
동안 나 여호와는 기다리고 또 기다렸
음이니라.
19 그래서 나 여호와가 모세를 통하여 지
상의 낙원을 복원하려고 하였던 것이
며,
20 구약의 시대에 모세의 역사가 이루어
진 것은 곧 내가 최초에 아담과 이브
에게 내려 줬던 지상의 왕국이요, 낙
원을 이루고자 했던 것이며,
21 그리하여 4천 년의 역사가 실패함으
로 인하여 내가 나의 아들 예수로 하
여금 천국을 이루고자 하였으나, 사악
한 사탄의 후예들로 하여금 지금 이와
같은 형국이 이루어졌음이니,

22 너희 스스로 마지막 시대요, 사탄들이
지금 이 세상을 지배한다 함이니,
23 너희 스스로 사탄의 종이 되어 움직이
는 것을 모르며, 죄지은 자가 남을 나
무라듯이, 지금 사탄의 자식으로서 존
재하는 너희가 선하고 아름다운 나의
백성에게 사탄이라 도리어 공격하며
그를 무너트리는 이와 같은 형국이 되
었음이니,
24 사탄의 왕국이 이루어진 그 백성의
방대한 힘이요, 그들이 가진 그 능력
앞에 진정 아름다운 삶의 선을 행하며
나의 백성으로 거듭나고자 하나 그들
이 존재하지 못하며 뿌리를 내리지 못
하는 험악한 지금의 형국이 되었음이
니라.
25 그리하여 내가 나의 아들을 통하여
160권의 법전을 세상에 내려보내는
것은, 이 세상을 원상 복구하고자 하
는 것이며,
26 원상태로 만들고자 하여 내가 직접 나
의 성령을 태워 나의 법전이요, 새로
운 성경을 세상에 내려보내어 너희에
게 전하고자 하는 것이 나 여호와의
뜻임이니,
27 내가 160권의 법전을 나의 아들을 통
하여 기록하여 세상에 내보내는 것이
얼마나 위대한 역사인지, 너희를 사랑
하기에 내가 너희에게 모든 아픔을
덮어놓고 다시 한 번 마지막 너희에게
내리는 소중한 기회라는 것을 내가 수
천 번 말해도,
28 너희는 이를 믿으려 하지 아니하며 너
희 것으로 만들려 하지 아니함이니,
너희를 어찌 다스려야 하겠는가?
29 나의 법전을 읽고 깨우치는 자만이 구
원을 받을 수 있으며 구원의 길에 오
를 수 있게 하는 그것으로써 너희가
잘못 가는 자, 바로 서는 자, 그리고
나의 법전을 태우고 찢어 버리는 자,
그리고 나의 법전을 가슴에 안고 정독
하는 자,
30 너희를 구분하고자 하는 바로 여기에
가장 중요하며 무서움이 있음을 너희
는 알아야 할 것이니라.
31 나 여호와가 슬픔의 세월이요, 통한의
세월을 6천 년을 기다렸으며, 그 6천
년 속에서 나 여호와가 얼마나 가슴
아파했는가 너희는 알아야 할 것이니
라.
32 그리하여 내가 마지막 날에 새로운 역
사를 이루고자 법전을 세상에 내려보
냄이니,
33 새로 역사하는 그 속에 선택된 나의
백성 너희가 얼마나 귀중하고 소중한
자인지를 알아야 할 것이니라.
34 6천 년 동안 슬픈 통한의 그 세월 속
에서 나 여호와가 새로운 역사를 이루
고자 하여, 구약의 모세를 통하여 새
로운 지상의 천국을 이루고자 하는
것에 실패하였으며,
35 나의 아들 예수를 너희에게 내려보내
던져 주었음이니라.
36 그러나 천국을 이루는 것에 또 실패하
여,
37 나 여호와가 직접 너희를 통제하고
다스려 마지막 내가 지상의 천국을 천
년에 걸쳐 이루고자 하는 나의 뜻에
선택된 자들이요, 부름을 받은 너희이
니,

38 그것이 얼마나 귀중한 것이며 얼마나
소중한 것이며, 위대한 역사의 삶인가?
39 지상의 너희가 살아가는 어떠한 삶과
도 바꿀 수 없는 것이 오늘의 선택된
백성이 살아가는 삶이거늘,
40 나에게 은혜와 영광과 축복의 부름을
받은 너희가 육의 삶의 작고 큰 욕심
이라는 것을 아직도 버리지 못하여 천
사와 같은 모습으로 살아가지 아니한
다면,
41 너희는 나를 능멸하는 그 죄가 얼마나
무서운 것인가를 너희가 죽어 내 앞
에 왔을 때 알게 될 것이니,
42 그때는 너희가 후회해도 거둬들일 수
없으며 통곡해도 거둬들일 수 없으며
바로잡을 수 없다는 것을 깊이 명심
해, 너희가 오늘의 삶을 바로 가야 한
다는 것을 잊지 말라.
43 죽음을 선택할망정 나의 법전대로 살
아가며 십계명을 지키고 살아가는 그
와 같은 거듭나는 사람으로서 다시 태
어나지 아니하면 구원의 길을 볼 수
없다는 것을 알라.

6,508 번째 하나님 말씀

2003년 6월 23일 12시 07분

1 사랑하는 나의 아들아!
2 "네, 아버님! 말씀하옵소서."
3 이 세상에 존재하는 모든 백성 너희는
어떠한 집단에 속해서 가든, 지금 철
옹성같이 수천 년 역사 동안 흘러온
정통의 지파요, 믿음이요, 종교 집단
이라 말하는 그와 같은 너희는 이방
인이 누구라 그리 탓할 자격이 없으
며, 이단이라 그리 탓할 수 없으며, 사
이비 종교 집단이라 그리 말하며 시시
비비할 수 있는 자가 없음이니, 그런
말을 하지 말라 그리 전하라.
4 그와 같은 말을 할 자격이 있는 자들
이 이 세상에 없음이니라.
5 지금의 지상의 모든 종교 집단은 정통
성을 상실한 집단으로 전락했으며,
6 모든 종교 집단이요, 지도자들이 자격
기준에 미달하는 자들이 종교 집단이
요, 지도자라 하여 나의 피조물 만백
성을 이끌어 가고 있음이니,
7 모자란 자들이 이끌어 가는 오늘의 종
교 집단은 너희의 안일을 위하여, 너
희의 편안함을 위하여, 너희의 명예를
위하여 갖은 수단과 방법을 가리지 아
니하고 지금 역사하고 있는 것이 종교
집단이니라.
8 정통성이라는 믿음을 가지고 가는 종
교 집단이요, 그리고 지도자라 말하는
자, 그리고 그곳에 가 구원을 받았다
고 말하는 자, 그와 같이 믿음의 길을
간다며 교회라는 곳에 울고불고 기도
하는 너희가 과연 정통성을 찾으려는
백성이던가?
9 나는 나의 아들 예수를 통하여 너희에
게 무엇을 깨우쳐 주었는가?
10 나의 아들 예수의 그 귀중한 생명이
고통스럽게 죽어 가면서 너희에게 사
랑이 무엇인가를 가르쳤으며,
11 사랑을 전하는 방법, 사랑의 가는 길
이 무엇인가를 너희에게 깨우쳐 전하
였음이니라.
12 그리하여 나의 성경에 기록하여 전하
지 않았던가?

13 너희가 나의 아들 예수가 사랑하는 것
을 배워 이웃을 네 몸과 같이 그리 사
랑하고 실천하며 살라 내가 성경에 기
록하여 너희에게 전하였느니라.
14 그러나 과연 너희는 어찌 사랑하는가?
15 믿음의 길을 가는 자, 정통의 믿음의
길을 가고 있다고 말하는 자, 그리고
구원을 받았다 말하는 백성 너희는,
16 내가 성경에 기록하여 전하기를 나의
아들이 너희를 사랑하는 것처럼 너희
가 네 이웃을 그리 사랑하라는 것이
나의 아들 예수가 고통스럽게 죽어 간
그 가르침이요, 근본이거늘,
17 과연 너희가 그리 사랑하는가?
18 사랑하며 네 이웃을 네 몸보다도 더
소중히 생각하며 나누고 베풀며 과연
살아가는가?
19 성경에 기록되어 그리 전하였거늘, 이
를 안다 하는 자들, 이를 읽고 깨우쳤
다는 백성, 정통이라 부르짖고 있는
종교 집단이요, 너희가 과연 나의 아
들이 너희를 사랑한 것같이 네 이웃
을 사랑하며 만백성을 사랑하는 그와
같은 행위를 하고 가는가?
20 말로써는 그를 다 이루며 말로써는 다
그리 행한다 함이니라.
21 그러나 너희는 그를 행하지 아니함이
니, 곧 무엇이더냐?
22 나의 뜻을 거역하며 나의 뜻을 순종치
않는 백성이 오늘의 종교 집단이요,
정통성을 부르짖는 그들이니라.
23 정통성을 부르짖는 종교 집단 너희가
내가 명한 것이요, 내가 성서에 기록
하여 나 여호와가 나의 아들을 통하여
만백성을 사랑하는 방법, 나의 아들
예수가 너희를 사랑했던 것처럼 너희
도 이웃을 사랑하며 살아가라 가르쳤
던 가장 소중한 그 대목마저 지키지
아니하고 행하지 아니함이니,
24 너희가 바로 사악한 집단이요, 이방의
집단이요, 사이비 종교 집단이요, 기
복 신앙의 집단으로 전락한 것이니,
25 너희는 이기주의자며 욕심의 근원의
뿌리마저도 뽑지 못하며 그 뿌리를 뽑
으려 하지 아니하는 것이니라.
26 그러니 말로써 그와 같은 행위를 함이
니 너희는 자격이 없는 자라 내가 그
리 말하여, 너희가 가장 잘못된 집단
이니 그와 같이 잘못된 집단이 이방인
이요, 이단이요, 사이비 종교 집단이
라 말하지 말라.
27 정통성을 부르짖는 너희 종교 집단들
이 이 세상에서 사악한 짓을 수천수만
번을 하며,
28 너희가 말하는 이방인이요, 이단이요,
사이비 종교 집단이라 하는 자들은 너
희의 백 분의 일이요, 천 분의 일도 못
되는 잘못된 그와 같은 것을 예를 들
어 그들이 세상을 혼탁게 하는 것이
며 너희가 바로 서는 것처럼 말하나,
29 너희가 하는 행위를 나 여호와는 바
라봄이니라.
30 너희가 교회라는 곳에서 하는 사악한
행위요, 너희가 만든 성막이요, 성전
이요, 기도원이요, 그 모든 곳에서 너
희가 지은 곳에서 너희가 심방을 하
며 방문하며, 그리고 병을 고치고자
역사한다 하며, 그 어려움을 들어준다
하며 정통 종교 집단이요, 지도자들이
하고 있는 그 추하고 더러운 행위를

세상에 드러내 보일 때,
31 이방인이요, 이단이요, 사이비 종교
집단이 하는 것은 너희의 천 분의 일
도 못 되는 잘못이라 내가 일찍이 나
의 아들을 통하여 법전에 기록하여 전
하였으나,
32 너희가 그를 듣고도 소홀히 넘기기에
내가 하늘에서 보는 그 그림을 그대로
나의 아들에게 그려 너희에게 전함이
니,
33 너희가 더 추악하고 더러운 짓을 함이
니, 너희는 정통성을 잃은 자들이며
정통성에서 정통이라는 말을 찾을 수
없는 사악한 자들이니,
34 너희가 가장 사이비 종교 집단이요,
기복 신앙의 집단이니, 그리하여 너희
는 말하지 말며 남을 평가하지 말라
내가 엄명을 내림이니 그리 알라.

6,509 번째 하나님 말씀

2003년 6월 23일 12시 13분

1 사랑하는 나의 아들아!
2 "네, 아버님! 말씀하옵소서."
3 내가 성경에 기록하여 너희에게 가르
치기를, 예수가 사랑으로 실천한 것을
본받아 너희 이웃을 그리 사랑하라 하
였건만,
4 너희는 이웃을 사랑하기는 그만두고
이웃 사람 보기를 두려워하며, 더불어
사는 세상에 이웃 사람과 얼굴을 대하
지 아니하며 이웃 사람과 인사를 나누
지 아니하고 살아가는 그와 같은 형국
이 되었음이니,
5 과연 모든 능력과 가장 큰 집단을 이
끌어 온 종교 지도자요, 집단들이 제
직분을 다했다 생각하는가?
6 서로 이웃처럼 사랑하고 살라는 그 백
성이 서로 만나는 것을 두려워하며 접
하는 것을 두려워하며 서로 꺼리는
그와 같은 형국이 되었음이니,
7 그리하여 너희가 말하기를, 마지막 종
말의 시대요, 사악한 시대요, 재앙의
시대라 그리 말함이니, 그리 만든 자
가 누구인 줄 알겠는가?
8 정통이라 부르짖으며 정통성을 찾아
말하는 그들이 그와 같이 만들었음이
니, 그 모든 죄는 그들에게 있음을 너
희는 알아야 할 것이니라.
9 그들이 저 자신의 죄를 모르며 제가
지은 것을 아직도 깨닫지 못하며 그와
같은 형국으로 이루어짐이니라.
10 오늘이 이와 같이 된 원인의 근본이
어디에 있는가?
11 나 여호와의 뜻을 알지 못하는 자들이
요, 성경에 기록된 뜻을 알지 못하며
그를 듣고 깨우쳐 볼 수 없으며 그 의
미를 알 수 없으며 비유의 뜻을 알 수
없는 자들이 지도자라 하여 그들이 가
르치며 또 가르쳐, 그들이 지도자를
육성하고 육성하니,
12 거기서 나온 자는 모르는 자에게 배운
자가 알 수 없어 제 마음대로 모든 뜻
을 가감하여 저희 교회의 법대로, 저
희 회당의 법대로 만들어 지금 나의
피조물 만백성을 이끌어 가고 있는 형
국이니,
13 그게 하늘의 진리요, 하늘의 뜻이 아
니라, 인간 너희의 조상이 만든 관습
이요, 또 너희가 지금 만든 그 사악한

악법으로써 나의 피조물 만백성을 이
끌어 가고 있는 것이 잘못되었음이니
라.
14 나는 성경에 기록하여 너희에게 그리
전하였느니라.
15 네 마음을 다하고 네 목숨을 다하여
나 여호와를 사랑하며 나 여호와의 뜻
에 따라 살아가라 내가 그리 말하였음
이니라.
16 그러나 너희는 어찌하는가?
17 진정한 진리요, 진실한 깨달음 앞에서
너희 마음을 다하고 목숨을 다하며 나
여호와를 사랑함을 다하여야 하거늘,
너희는 지금 사악한 사탄의 자식이
되라 그리 가르침이니,
18 사탄의 자식 앞에 가서 배우면서 사탄
앞에 가서 너희가 하는 행위를 나 여
호와에게 네 몸과 마음을 다하며 목숨
을 다 바치며 나 여호와를 경배하고
사랑하는 것을 다한다 그리 말하고 있
음이니,
19 이는 나 여호와를 사랑함이 아니요,
나에게 몸과 마음이요, 뜻을 다 바침
이 아니요,
20 사탄에게 바치는 그와 같은 형국을 하
고 있음이니, 너희가 나와는 점점 멀
어지는 백성으로 살아간다 하였음이
니라.
21 참진리 앞에, 나 여호와의 뜻 앞에, 내
가 원하는 그 삶 속에서 그리 가야 할
것이니, 그 근본의 뿌리가 무엇이더냐?
22 나의 아들이 고통스럽게 죽어 가면서
너희에게 보여 주었던 그 사랑이니라.
23 그 사랑이 무엇이던가?
24 그리하여 그 사랑을 보고 실천을 배워
너희가 네 이웃을 네 몸과 같이 사랑
하라 그리하였음이니,
25 네 몸과 같이 이웃을 사랑하는 자가
바로 네 마음을 다하며 목숨을 다하여
나의 뜻을 따를 때,
26 이는 진정한 나의 뜻이요, 나를 사랑
하며 나의 뜻에 따라 살아가는 그 마
음이 바로 너희가 진정 나에게 하는
마음이니라.
27 이웃을 네 몸과 같이 사랑하지 못하는
자, 행하지 않는 자들은 그와 같이 행
하는 것은 사탄을 위하여, 마귀를 위
하여, 사악한 자들을 위하여 지금 가
고 있는 길이라는 것을 알라.
28 그러니 너희가 얼마나 잘못된 길이요,
얼마나 무서운 길을 가고 있는가?
29 이를 보고 깨우치라 함이니, 이를 볼
수 있는 것은 나의 법전을 정독하고
깨우칠 때 그 모든 내용이 거기에 있
음이니라.
30 너희가 지금 이와 같이 모르는 자가
가르치며 모르는 자에게 배워 나온 자
가 또 가르침이니,
31 그 밑에서 배우는 나의 신도라는 백성
은 얼마나 더 큰 죄요, 잘못된 길을 가
고 있는가?
32 모든 원죄의 근본이 정통성을 부르짖
는 종교 집단에서 이루어졌음이니,
33 이제 그 원죄를 법으로 다스리고자 하
여 내가 나의 성령이요, 나의 뜻을 기
록하여 내리는 새로운 성경을 법전이
라 명하였음을 잊지 말라.

6,510 번째 하나님 말씀

2003년 6월 24일 08시 59분

1 사랑하는 나의 아들아!
2 "네, 아버님! 말씀하옵소서."
3 나의 피조물 만백성 너희가 가장 소
원하며 원하는 것이 무엇이던가?
4 곧 너희가 죽어 다음 세상에 다시 태
어남이요, 영원히 사는 나의 나라에
와 구원을 받는 그것으로써 너희의
가장 큰 소망이요, 소원이라 그리 말
하지 않는가?
5 내가 나의 법전을 세상에 태워 내려
보내면서 뭐라 말하였느냐?
6 나의 성령 모두를 다 태워 내려보내
는 나의 법전이니,
7 이는 곧 너희가 이를 읽고 깨우침으
로 인하여 반석 위에 서서 하늘에 오
르는 찬란한 빛을 볼 수 있는 영광을
얻는 길이라 그리 말하였음이니라.
8 그렇다면 지금 너를 따르는 제자들이
요, 나의 법전을 읽고 깨우치는 백성
그들은 무엇이더냐?
9 너희는 반석 위에 서서 하늘에 오르
는 그 빛을 보기 시작함이니, 그는 무
엇이던가?
10 내가 동양의 작은 나라에 하늘의 문을
열었다 하였음이니, 하늘의 문을 열어
그 빛을 내려보낸다 하였으니, 그 빛
은 무엇이라 하였더냐?
11 나의 법전이라 그리하였느니라.
12 그러니 너희가 나의 법전을 읽는 그
순간에 반석 위에 서서 하늘에 오르는
빛을 보게 됨이니, 곧 빛이 무엇이더
냐?
13 나의 법전이기 때문이니라.
14 그와 같은 영광과 은혜를 받은 너희가
나로부터 그 은혜 이상 더 받을 것이
없는 것을 받은 너를 따르는 제자들이
요, 나의 법전을 읽고 깨우친 백성 그
들의 마음의 자세요, 그들이 생각하는
것은 과연 어찌 살아가는가?
15 너희는 네 생명보다도 더 소중한 것을
나로부터 받았음이니, 과연 그 받음의
소중함을 아는가?
16 너희 또한 전혀 그리 알지 못하고 살
아가는 것이 아니던가?
17 그러니 그 속에서 무엇을 얻으며 무엇
을 역사할 수 있단 말이던가?
18 나의 법전에 너희를 깨우치고자 하는
그 뜻이요, 성경의 비유의 뜻을 하나
하나 내가 너희에게 깨우쳐 가르쳐
줌이니, 그를 듣고 배우는 너희는 얼
마나 무섭고 두려운가를 모르고 지금
살아감이니,
19 너희가 모두 나를 위하여 기도하고 경
배하는 것은 무엇을 얻고자 하는 기도
를 하지 말며 무엇을 구하는 기도를
하지 말라 하지 아니하였더냐?
20 너희는 나로부터 하늘에 오르는 길의
그 영광을 얻은 것으로써 더 이상 바
랄 수 없다 하였음이니라.
21 모든 종교 집단이요, 그 신도라는 백
성은 나를 찾으며 내가 존재함을 아느
니라.
22 그렇다면 너희가 나를 찾고 내가 존
재함을 아는 그와 같은 은혜를 입은
것은 세상에 더 얻을 것이 없거늘,
23 어찌하여 너희는 인간의 성공을 위해
서 승자가 되려고 너희 자신을 위해서

기도하는 그와 같은 방법으로 가는가?
24 그것이 잘못되었다 내가 수천 번 나
의 법전에 기록하여 전했거늘, 너희는
그와 같은 뜻과 의미를 모르고 있는
자들이니라.
25 이 세상의 모든 역사하는 것은 나 여
호와의 뜻이 역사하는 것이요, 너희가
인간의 삶에 역사하는 것을 위해서 기
도하는 그와 같은 어리석은 방법으로
사는 자들이니,
26 어찌하여 너희는 인간의 욕심에 의해
그것을 위하는 기도를 하며, 그것이
인간의 성공이라 말할 수 있는가?
27 육의 세상의 삶의 편안함을 성공이라
말함이니,
28 육의 세상의 삶의 편안함을 위해서 너
희가 기도하는 것이요, 나 여호와가
이루는 것, 내가 역사하고자 하는 것,
내가 행하고자 하는 것이 이루어질 수
있도록 그리 기도하며 그와 같은 생각
을 하고 살아야 하는 것이니,
29 인간 세상 속에서 사는 인간 한 사람
의 요구는 인간의 요구요,
30 나 여호와가 원하고 내가 바라는 것은
하늘의 뜻이요, 만백성을 위하는 것이
며 만백성을 위하여 역사하는 것이니,
31 과연 누구의 뜻이 이루어지는 것이 너
희가 하늘에 오르는 역사의 길이던가?
32 내가 너희에게 하늘에 오르는 길은
낙타가 바늘구멍을 통과하는 것이 하
늘에 오르는 길이라 하였음이니,
33 너희는 낙타가 바늘을 통과할 수 있는
그 길을 위하여 기도하며 그 길을 역
사하며 그와 같은 은혜를 내려 달라
기도하고 매달리는 것이니라.
34 그렇거늘 어찌하여 내가 명하고 가르
치는 것을 이루기 위하여 기도하는 것
이 아니라, 인간의 너희 욕심이요, 인
간의 너희 생각을 위하여 너희가 무
엇을 얻고자 기도함인가?
35 이게 나와는 관계없는 백성이라 내가
그리 말하였음이니, 이게 얼마나 잘못
살아가는 것인가를 아는가?
36 이 세상의 모두는 나 여호와가 내린
것이 승자가 되는 것이요,
37 너희가 승자가 되어서는 아니 될 것이
니, 내 뜻을 위하여 기도하는 것이니
라.
38 너희 개인의 뜻이요, 개인의 욕구요,
개인의 충족을 위해서 기도하는 것이
아니거늘,
39 너희가 개구리처럼 울부짖는 그 눈물
의 기도라는 것이 너희를 위해서 인
간의 승자요, 인간의 승리를 위해서
기도하는 것이지, 나 여호와가 역사하
는 것을 승리하기 위하여 이 세상에
뿌리를 내리기 위해서 기도하는 자들
이 없음이니,
40 이것이 너희가 잘못되었다 함이며, 너
희가 지금 나의 뜻을 전혀 모르는 자
라 함이니 그리 알라.

6,511 번째 하나님 말씀

2003년 6월 24일 11시 33분

1 사랑하는 나의 아들아!
2 "네, 아버님! 말씀하옵소서."
3 나의 성전을 찾아왔다 떠나가는 자,
떠나갔다 다시 돌아오는 자, 그와 같
은 변화에 대하여 너희는 신경 쓸 것

이 없으며 생각하지 말라.
4 너는 이와 같이 너의 강론을 들으며
나의 법전을 읽고 깨우친 백성 그중에
단 한 사람의 의인이 세상에 나온다
하면 그것으로써 모든 역사는 다 이루
어지는 기쁨이라 내가 그리 너희에게
말하지 아니하였더냐?
5 그들이 왔다가 가는 것 그 모두는 저
자신이 관리하는 것이며 제 뜻에 의
해 제가 행하는 것이기에, 너희는 그
를 시시비비하지 말라.
6 나의 아들 네가 그들의 영혼을 구원해
주는 것이 아니요,
7 그들의 영혼을 구원할 수 있는 그 길
을 가르쳐 주며, 제가 노력해서 구원
을 받을 수 있는 그 길을 가르치는 것
으로써 네 책임을 다하는 것이며,
8 나의 강론을 듣고 법전을 읽고 깨우친
너의 제자들 또한 그러하니라.
9 너의 제자들이 그들을 구원해 주며 그
들을 하늘에 올려 보내는 것이 아니요,
10 그들이 하늘에 오르는 길을 볼 수 있
도록 너희가 안내하며 깨우쳐 주는
그것뿐이니라.
11 그들이 그를 듣고 구원의 길을 오고
오지 아니하는 것은 제 몫이며 저에
관계되는 것이지, 너희가 관계되는 것
이 아니니, 너희는 가슴 아파하지 말
며 애타게 생각하지 말라.
12 모든 것은 저 자신에게 달렸음이니라.
13 너 또한 만백성을 네가 구원하여 하늘
에 오르고 못 오르게 하는 것이 아니
요,
14 너는 그 길과 방법을 가르쳐 주는 것
으로써 네 소임을 다함이니, 왔다 가
는 자를 보며 가슴 아파하지 말며, 왔
다 나오지 않고 등 돌리는 그 백성에
대해 마음 아파하지 말라.
15 너는 그 길을 안내했으면 충분히 네
직분을 다한 것이며,
16 너의 제자들이 법전을 전했으니, 그들
과 더불어 한 길을 같이 가자 하며 이
는 나 여호와의 뜻이라 한번 권고했다
면, 너희 직분의 책임은 다한 것이니
라.
17 그를 듣고 안 듣고, 따르고 안 따르는
것도, 구원을 받고 못 받는 것도 저 자
신에게 달렸듯이, 너희가 할 수 있는
그 책무는 다했음이니,
18 왔다 가는 자를 보며 가슴 아파하지
말라.
19 너희가 할 일만 하면 되는 것이니 그
리 알라.
20 구원을 받는 것이 너희가 직접 나에
게 오르게 할 수 있으며 너희가 구원
할 수 있으며 그 권한이 있다 하면,
21 너희가 그를 구원하기 위하여 애타는
노력을 더 경주하며 그들에게 무엇인
가를 깨우쳐 주고자 할 수 있으나, 그
것은 그들에게 달렸으니,
22 너희는 구원자가 아니요, 구원의 길을
중간에서 안내하는 자요, 인도하는 자
니,
23 너희의 한계요, 너희의 책무에 한계가
있다는 것을 알라.
24 구원을 받고 못 받는 것은 자기 자신
이요, 그들에게 달렸음이니,
25 이제는 왔다가 가는 자, 왔다 떠나는
자, 비방하는 자, 그들을 보며 가슴 아
파하지 말라.

26 한 명이면 한 명이요, 열 명이면 열 명
이요, 너는 강론하며 나의 뜻을 그들
에게 전해 주며 나의 법전을 전해 줄
때,
27 그 속에서 너희가 예기치 않은 의인
이 나올 수 있으며 깨달음을 얻는 자
가 있으며 너를 대신하여 또한 역사할
수 있는 너의 제자들이 탄생하게 될
것이며,
28 너와 더불어 받침목을 하면서 갈 수
있는 자가 나올 것이며,
29 각자의 책무와 임무를 가진 자들이 모
여들어 자기 자신의 자리를 지킬 것이
니,
30 너는 왔다가 가는 자들에 대해 가슴
아파하지 말며 너의 제자 또한 그를
슬퍼하지 말라 그리 전하라.

6,512 번째 하나님 말씀

2003년 6월 24일 17시 26분

1 사랑하는 나의 아들아!
2 "네, 아버님! 말씀하옵소서."
3 위로는 나 여호와의 성령을 태워 내려
보내는 그 모두를 받아 네가 160권의
법전을 만들어 만백성을 구원하는 대
명을 지금 받들어 일하고 있음이니,
4 이는 모든 백성의 축복이요, 영광이요,
5 아래로는 나의 법전을 읽고 깨우친 백
성, 그리고 너를 통하여 내리는 나의
강론의 가르침을 듣고 변화되는 그 백
성이야말로 얼마나 영광되며 축복받
은 백성인지 아는가?
6 그들이 그를 알아야 할 것이니라.
7 나로부터 나의 성령을 태워 내려보내
는 그 모두를 직접 읽고 들으며 직접
깨우침을 받아 변화되는 삶을 살아가
는 너희는 모든 백성과 차별화가 되
어야 하며,
8 살아가는 모습이 변하여야 하며, 아름
다워야 할 것이니라.
9 너희가 말하는 도를 닦는 사람이요,
무엇을 깨닫고자 하여 깊은 산 속에
짐 보따리 싸 들고 토굴에 앉아 무엇
인가 진리를 깨달으며, 자연의 이치
요, 우주 만물의 변화를 알고 하늘의
뜻을 알며, 죽고 살고 나는 그 모두를
알고자 하는 백성이,
10 그 산속에서 깨달음을 얻고자 하다가
힘들고 어려울 때, 그리운 친구들이
보고 싶다 하여 거기서 뛰쳐나와 친
구들과 담소를 하며 즐기다 또 올라가
며,
11 알코올이 마시고 싶다 하여 그가 기
도하고 경배하다 말고 내려와 또 제가
깨달음의 침묵 속에서 하루 이틀 지내
다 모든 사람의 세속에 나와 알코올을
퍼마시고 또 들어가 그 길을 간다 하
면 그는 무엇이던가?
12 제 사랑하는 처자요, 이웃의 형제요,
그 모두를 보고자 하여 내려왔다 올라
갔다 수없이 그리한다면 그는 무엇이
던가?
13 모든 사람을 기만하며, 저 자신의 신
상을 볶는 것이며, 저 자신의 괴로움
만 남는 것이지, 그게 무슨 깨달음이
있으며, 거기에 무슨 변화가 있으며,
14 너희가 말하는 대로 도를 닦으며 하
늘의 이치를 깨닫는다는 그 길을 가
는 자던가?

15 그는 모든 생활을 현실 도피하는 자
요, 깨달음을 위한 길이 아니지 않은
가?
16 그 모두를 다스리며 그 모두의 화를
누르며 북받쳐 오는 그 설움이요, 그
모두를 다스릴 수 있는 그와 같은 마
음의 자세가 필요하지 않은가?
17 내가 너희에게 뭐라 말하였느냐?
18 마음을 다스리는 훈련을 하며 욕심을
버리는 훈련을 하라 했음이니,
19 그와 같이 가는 길이 힘들고 어렵다
해도 그 모두를 다스리고 가며 인내하
는 그와 같은 변화의 삶이 중요한 것
이니,
20 그를 버리지 못했다 하면 너희는 아
무것도 깨달음이 없는 것이니라.
21 나의 법전을 받아 기록하는 너와 너를
따르는 제자, 너희가 오늘의 힘들고
어려운 길을 가다, 힘들고 어렵다 하
여 그를 모면하기 위하여 인간 세속의
다른 백성과 어울려 알코올에 취하며
희비애락의 세상에 웃고 우는 소리에
귀를 기울이며, 너희가 하고 싶은 일
을 다 역사하면서 깨달음의 길을 간다
하면,
22 너희는 깨달음의 길이 아니요, 너희는
스스로 무너지는 그 길을 가는 자며,
위선자의 길을 가는 것이라는 것을
알아야 할 것이니라.
23 나 여호와의 성령을 직접 받고 들어
그 선택된 너희가 위선자의 생활을
한다면, 나의 피조물 만백성은 누가
구원하며 누가 그를 깨우친단 말이던
가?
24 나의 성령 모두를 받아 기록하는 나의
아들 너는 그 모두를 다스릴 수 있는
너 자신이 되어야 하며,
25 네가 그와 같이 가지 못한다 하면 너
는 깨달음이 없는 것이며 나의 뜻에
따라 행하는 것이 아니요, 만백성을
구하는 진리의 길을 가지 못하는 것이
니,
26 너를 다스리지 못하며 네가 세상사 인
간 속에 힘들고 어렵다 하여 지난날의
삶 속에 빠지고자 한다면, 그리고 거
기에 젖고자 한다면,
27 네 마음을 달래지 못하며 너 스스로
화를 달래지 못하며 가슴에 치솟아 오
르는 너의 고통스럽고 힘든 그것을 다
스리지 못한다면, 너는 깨달음이 없는
것이요,
28 나로부터 성령을 받아 기록하는 그와
같은 대명을 역사할 수 있는 자가 아
님이니라.
29 그 모두를 다스리는 것이 마음을 다스
리는 것이요, 욕심을 다스리는 것이니
라.
30 너희가 그와 같은 마음을 가지고 그와
같은 생각을 한다는 자체는 마음을
다스리지 못한 것이요, 두 번째는 욕
심을 다스리지 못한 것이니, 아무런
변화가 없는 것이니라.
31 너희는 그와 같이 변화된 삶을 살아
야 하는 것이며 그와 같은 길을 가야
한다는 것을 잊어서는 안 될 것이니
라.
32 그 모두를 달래며, 나의 기도로써, 나
에게 경배하는 기도로써, 나의 성령을
받아 법전을 만드는 그 시간으로써 모
두를 달래며,

33 그 시간으로써 가장 행복이요, 그 시
간이 가장 즐거움이라는 것으로, 너는
오로지 그와 같은 시간으로써 네 모두
를 살아가는 하루의 삶을 그리 살아가
야 할 것이며,
34 너의 제자들 또한 나의 법전을 읽고
정독하며 그를 하나하나 깨우쳐 하루
하루 생활하면서 그대로 따라가며 그
대로 행하며 변화되는 삶을 살아가는
데 행복이요, 즐거움으로 그리 알아야
할 것이며,
35 너희가 인간 세속의 지난날의 형제의
우애요, 인간 사이의 우애요, 그리고
너희가 즐겨 했던 모든 오락이요, 육
의 즐거움을 지금도 잊지 못하여 그
속에 빠져들어 가는 그와 같은 삶을
살고자 한다면,
36 너희는 산속에서 도를 닦는다면서 친
구가 그리울 때 뛰쳐 내려와 친구와
담소하며 밤을 새우며, 알코올이 그립
다 하여 고주망태가 되어 마시고 또
돌아서서 다시 올라와 기도한다고 앉
아 있는 그와 같은 모습과 무엇이 다
르던가?
37 그것이 너희가 차별화되며 다르다는
것을 잊지 말라.
38 그와 같은 깨달음의 길로써 너희가
간다 하면 아무것도 아니며, 만백성을
구하는 지도자요, 전사로서 설 수 없
음이니, 나 여호와의 슬픈 마음을 너
희가 알겠는가?
39 그러니 스스로 다스리고 깨우쳐 너희
자신을 다스리라. 오늘의 너희에게 일
어나는 불같은 인간 세속에 젖어 보
고 싶은 마음, 오늘의 힘들고 고통스
러운 길이 너무나도 힘들어 주저앉고
싶은 마음을 모두 법전을 만들며 법전
을 읽으며 나로부터 명을 받으며 그와
같은 역사로써 너는 그리 달래고 가야
할 것이며,
40 너의 제자들 또한 그것으로써 모든 축
복이요, 영광임을 알아야 할 것이니라.
41 이 세상에 내가 내리는 나의 성령이
요, 하늘에 오르는 참진리의 길을 너
희 마음대로 손에 접하며 가슴에 접하
며 눈으로 읽고 들을 수 있는 그와 같
은 축복이요, 영광된 백성이 너희밖에
없음이니,
42 너희가 무엇이 그리우며, 무엇을 얻고
자 오늘의 그 불같은 마음을 달래지
못하여 흔들린다 하면 그는 내가 용서
할 수 없을 것이며, 너희 스스로 용서
받을 수 없다는 것을 알아야 할 것이
니 그리 알라.

6,513 번째 하나님 말씀

2003년 6월 24일 17시 31분

1 사랑하는 나의 아들아!
2 나의 사랑하는 만백성, 너를 따르는
너의 제자들, 나의 법전을 읽은 백성
너희는 나 여호와의 이 애절한 마음을
알아야 할 것이니라.
3 인자가 세상에 내려오며, 인자가 오는
것은 무엇이라 말하였느냐?
4 나의 명을 받아 인자로서 세상에 대명
을 받아 가지고 간 예수요, 지금 나의
아들 너 또한 어떠하던가?
5 너희는 섬김을 받으려 하여 내가 세상
에 내려보냈다 하였던가?

6 내가 너희에게 나의 피조물 만백성으
로부터 섬김을 받으라 명한 적이 있는
가?
7 나 여호와는 너희에게 섬김을 받으라
명한 적이 없음이니라.
8 나의 아들로서 만백성을 구하는 대명
을 받고 간 예수와 너 또한 모든 백성
의 종이요, 위로는 하늘의 나의 아들
이요, 종이라 그리하였음이니, 너희보
다 더 낮은 자가 없다 그리 말하였으
며,
9 너희가 그들을 섬기며 살아가는 그와
같은 삶을 살라 내가 너희에게 그리
가르쳤지 않는가?
10 내가 너희에게 명해 준 것이 그것이
니라.
11 나의 명을 받고 간 목자요, 나의 아들
너희는 인간에게 섬김을 받으려 하지
아니하며 너희가 그들을 섬기라 하여
내가 너희에게 내려보냈음이니라.
12 나의 피조물 만백성을 섬기며 그들로
하여금 하늘의 이치를 깨닫게 하며
하늘에 오르는 길이 무엇이며 진정한
삶이 무엇인가를 그들에게 깨 깨우치
는 역사를 이루라 하였음이니,
13 너희에게 섬김을 받으라 하지 아니하
였음이니라.
14 너희는 나의 피조물 만백성 너희의
형제를 섬기는 마음으로 그리 가라 하
였음이니라.
15 하늘의 이치를 알며 나의 뜻을 알기
때문이라 내가 그리 말하지 아니하였
던가?
16 그러나 지금 나의 피조물 만백성을 구
원한다는 종교, 종파의 지도자요, 그
모두 그들은 과연 어찌 가는가?
17 만백성을 섬기며 그들이 가는가?
18 그들이 섬김을 받으며 가는가?
19 그들은 섬김을 받고자 존재하며, 섬김
을 받는 것이 지금의 종교 집단이요,
지도자이니라.
20 인간의 섬김이 아니요, 제왕적인 섬김
을 받고 있음이니,
21 그것부터 그들이 나와는 관계없는 자
며, 나와는 관계없는 이단의 집단이라
내가 그리 말하는 뜻이 여기에 있음이
니라.
22 일하지 아니하면 먹지 말라 하였으며
땀 흘리지 않으면 먹지 못하며, 땀 흘
리며 너희가 무엇인가 거둬 역사해
먹고살라 나 여호와가 그리 말하지
아니하였던가?
23 이 세상의 종교 집단이요, 지도자 너
희만이 일하지 아니하며 섬김을 받는
자들이며, 땀 흘리지 아니하여 거둬들
이고 섬김을 받으며 제왕적인 생활을
하고 있음이니,
24 너희야말로 나의 뜻을 정면으로 거역
하는 자요,
25 행함이 무엇이요, 내가 이루고자 하는
것이 무엇인가를 알지도 못하며 너희
가 지금 어떠한 짓을 하고 있는지 그
자체도 분간하지 못하니,
26 내가 그들을 바로 세우고자 하는 길이
너무나도 어렵고 힘듦이니라.
27 나를 욕되게 하며 나를 능멸하며 나를
비방하며 내 뜻을 거역하는 그와 같은
지도자들, 나의 평범하고 불쌍한 백성
까지 지옥으로 이끌어 가는 그와 같은
자,

28 그들을 바로잡기가 이리도 힘들고 어
려운 그 사악한 뿌리들이 너무나 깊고
깊이 뿌리내려져 있음이니라.
29 나 여호와의 뜻에 의한 지도자요, 진
정한 참진리요, 나 여호와의 뜻을 아
는 자는 너희처럼 섬김을 받고자 하
는 것이 아니요,
30 위로는 나 여호와의 종이요, 아래로는
만백성의 종으로서 낮은 자세로 너희
를 모두 깨우치고 전하는 그와 같은
역사를 이루는 것이 나로부터 선택된
백성이요, 나의 아들이 가야 할 길이
라는 것을 너희는 잊지 말며 그리 행
하고 가도록 하라.
31 그리하여 그들이 눈으로 봐 차별화되
며 그 모든 백성이 너희 앞에 왔을 때
너희가 차별화된 삶을 사는 것,
32 네가 차별화된 삶이요, 너의 제자들이
차별화된 삶을 살아 진정한 지도자요,
진정한 안내자요, 진정한 나 여호와의
아들이라 길이 남을 수 있도록 그와
같은 아름다운 삶을 살라, 나의 아들
아!
33 섬김을 받는 것이 아니요, 섬기는 삶
을 살도록 그리하라.

6,514 번째 하나님 말씀

2003년 6월 24일 17시 41분

1 사랑하는 나의 아들아!
2 "네, 아버님! 말씀하옵소서."
3 빚을 진 종에게 주인이 그 종의 빚을
탕감해 주었던 그와 같은 기록이 있듯
이,
4 너희가 지은 그 모든 죄를 나의 아들
예수의 그 죽음의 보혈로써 다 탕감받
았다 너희는 그리 말하며, 그리 탕감
받은 것처럼 생각하고 사느니라.
5 너희가 지은 사악한 죄요, 너희의 사
악한 모든 악취요, 그리고 너희가 가
지고 있는 잘못된 삶이요, 허물이 그
득한 삶이요, 과실의 삶이요, 그 모두
를 다 용서해 주었으며, 그리하여 너
희는 모두를 다 탕감받은 자라 그리
말하고 있느니라.
6 그렇다면 너희가 지금까지 지은 죄요,
과실이요, 허물 그 모두를 나의 아들
의 보혈로써 탕감을 받았다 하면, 용
서를 받은 백성 너희는 과연 어찌 살
아가야 하겠는가?
7 주인으로부터 빚을 탕감받은 그 종이
또다시 빚을 지고 또 진다면, 과연 주
인은 그 종의 빚을 계속 탕감해 주겠
는가?
8 너희 인간 세상에서 그와 같은 짓을
계속하는 종이 있다면, 그 주인은 그
종에게 탕감해 준 것까지 다 돌려받으
려 하는 그와 같은 마음의 울화가 치
밀 것이니라.
9 그리고 그를 용서하는 마음이 아니라,
그를 미워하는 마음이요, 그를 절대
전처럼 용서하는 그와 같은 마음이 없
을 것이니라.
10 이것이 인간 세상에서 너희가 탕감해
주는 빚에 대한 그 역사도 그렇지 않
던가?
11 종이 진 빚을 주인이 탕감해 주며 그
리고 바르고 곧게 살라 하여 그 주인
이 살아가는 모습을 보고 배우는 것이
아니요,

12 또 나가서 제가 빚을 지고 방탕한 짓
을 하고 산다면, 과연 그 주인은 그 빚
을 또 갚아 주겠는가?
13 너희는 이와 같은 인간 세상의 이치를
한번 생각해 보도록 그리하라.
14 나의 아들 예수가 보혈로써 너희 모든
죄를 사해 줬다 함은, 너희가 그 예수
의 삶을 본받아 두 번 다시 죄를 짓지
않는 삶을 살게 하기 위하여 너희를
가르치는 그와 같은 교훈으로써 그 역
사가 이루어졌다는 것을 알아야 할
것이니라.
15 너희가 나의 아들 예수의 보혈로써 그
추하고 더러운 죄, 사악한 죄를 모두
탕감받았다 하면, 과연 탕감을 받은
백성이 어찌 살아가야 하는가?
16 너희가 어찌 행하며 살아가야 하는가?
17 모든 것에 대해 탕감을 받았으며 또
용서를 받았으니, 그리하여 나와 또
죄를 짓고 사악한 짓을 한다 하면,
18 그 죄에 대한 것을 나의 아들이 또 탕
감해 주며 나 여호와가 모두를 또 탕
감해 준다 그리 생각하는 것이 지금
너희가 살아가는 기틀이 아니던가?
19 너희가 그와 같이 종교 집단이요, 지
도자가 잘못 가르치고 있기에 너희가
죄를 짓고도 죄인 줄을 모르며 죄를
지으면서도 그 죄의 두려움을 모르는
것이니라.
20 다만, 세월이 지나고 시간이 지나면
다 탕감을 받으며 어떠한 짓을 하든
너희는 탕감을 받으니, 나에게 올라와
구원을 받고 안 받는 것은 아무런 관
계도 없다 그리 말함이니,
21 이게 어디서 나온 너희의 진리며, 정
녕 너희가 만든 악습의 폐단이라는
것을 너희는 모르는가?
22 너희가 그리 사악하고 간악한 자들이
니라.
23 나의 피조물 만백성 너희에게 나의
아들 예수의 보혈로써 너희가 죄를
탕감받는 방법을 가르쳐 준 것이요,
너희 죄를 탕감해 준 것이 아니라는
것을 어찌하여 너희는 모르는가?
24 그리하여 나의 아들 예수의 보혈로써
탕감을 받았으며 너희 자신도 모든 죄
를 다 탕감 받았으며 너희 후손도 대
대손손 그리 탕감을 받으니, 죄를 짓
는 것은 아무런 관계가 없다 그리 가
르침으로 그것이 모든 죄의 뿌리요,
온상이 되었다는 것을 알아야 할 것이
니라.
25 너희가 탕감받았다 생각하며 또 죄를
짓는 자, 그 길을 가는 자는 절대 구원
을 받을 수 없음을 알라.
26 너희가 구원을 받는 것은 그만두더라
도, 그와 같은 사기극을 벌이는 자, 속
이는 자, 그 사악한 사탄의 뿌리들에
게, 사탄의 자식들에게 현혹되어 너희
의 그 소중한 삶을 버리는 그와 같은
어리석은 삶을 살지 않도록 그리하라.
27 그를 깨우쳐 내가 너희를 바로잡는
것은 나의 법전이요, 160권으로 기록
한 나의 뜻이요, 새로운 성경으로써만
이 너희를 다스리고 바로 세울 수 있
기에,
28 오늘 나의 아들을 통하여 이리 내려보
내는 그 소중한 보물을 너희가 함부
로 찢어 버리며 태워 버리며 사탄의
것이라 함부로 욕하지 말라.

29 그를 가슴에 안고 정독하는 그 길만이
너희가 모두를 탕감받는 길을 알며 탕
감받는 방법을 알며 하늘에 오르는 길
을 안다는 것을 잊지 말라, 사랑하는
나의 아들딸들아!

6,515 번째 하나님 말씀

2003년 6월 24일 17시 54분

1 사랑하는 나의 아들아!
2 "네, 아버님! 말씀하옵소서."
3 너희가 어떠한 행위를 하든 진정한
믿음의 길을 가는 백성은 계산된 믿음
으로 가서는 아니 된다 내가 그리 말
하였음이니라.
4 너희가 기도하며 경배하며 울고불고
하는 모든 행위요, 행사를 하는 것, 또
한 너희의 기도 자체도 계산된 마음
에서 기도를 드린다 하면 그 기도는
너희 뜻을 이루는 것이 아니요,
5 너희의 죄만 더 가중되는 것이라 내가
너희에게 일깨워 주었음이니라.
6 기도란 무엇이던가?
7 나 여호와의 뜻을 이루도록 너희가
원하는 것이요,
8 너희 뜻을 이루고자 기도하는 것은 욕
심이니라.
9 나로부터 은혜요, 영광의 생명을 받아
세상에 태어난 너희는 그 무엇과도
바꿀 수 없는 은혜와 축복을 입었거늘,
10 나로부터 세상에 더 받을 수 없는 축
복과 영광을 얻은 너희가 나 여호와
가 이루고자 하는 뜻의 승리를 위하
여, 너희가 내가 이루고자 하는 그 뜻
의 역사를 위해 기도하고 경배하는 것
이 너희 마음이요, 너희의 기도하는
자세이거늘,
11 어찌하여 무엇을 이루고자, 더 갖고자
너희를 위하여 기도하는가?
12 너희가 승자가 되고자 하며 너희의
답을 구하기 위하여 기도하는 것은 그
것이 계산된 기도라 함이니, 너희는
어찌하여 그리 인간으로서 본연의 자
세요, 인간 본질의 인성이 다 무너지
는 짓을 하는가?
13 너희가 생명을 받아 이 세상에 나와
살 수 있도록 자연의 그 모든 아름다
움으로써 내가 너희에게 지배하고 관
리하도록 주었으며,
14 노력하는 자는 다 거두며 살 수 있도
록 한 가지 이상의 특성을 다 주었으
며 장기를 주었으며 너희가 살아갈
수 있는 모든 것을 다 주었음이니,
15 나로부터 생명을 받아 영혼을 받아 세
상에 나가 숨을 쉬며 자연의 아름다움
을 바라보고 살아가는 그것보다 더 큰
영광과 은혜가 없거늘,
16 너희가 큰 은혜와 영광을 받았다 하면
나 여호와가 역사하는 것, 나 여호와
가 이루고자 하는 것이 승리로써 끝날
수 있도록 너희는 나에 대해 모든 초
점을 맞추며, 내가 역사하는 것을 바
라보며, 내가 이루고자 하는 그 뜻 속
에서 모든 것을 희생하며 감내하며 그
길을 맞춰 가기 위하여 최선을 다하여
야 될 것이니라.
17 내가 앞에 있는 동산을 동으로 옮기고
자 한다면, 너희는 그 앞에 있는 동산
을 동으로 옮기는 데 너희의 모든 것
을 다 바쳐야 할 것이며, 너희가 모든

것을 다 역사해야 할 것이며,
18 너희 생활이요, 너희 계획이요, 너희
삶이요, 너희가 취하고자 하는 그 모
든 것을 다 뒤로 접어 두고,
19 그 동산을 옮기는 데 부름을 받은 자
라면 거기에 모든 것을 다하는 것이
너희가 기도하는 방법이요,
20 그 역사가 이루어지도록 경배하는 것
이 너희가 가야 할 길이며, 너희가 기
도하는 방법이요, 살아가야 할 길이거
늘,
21 어찌하여 너희는 이 세상을 통제하며
주관하는 나 여호와의 뜻이 세상에 승
리하며 승자의 역사를 이루도록 기도
하고 그 길을 위해서 모든 것을 던지
고 사는 삶을 사는 것이 아니요,
22 너희 자신을 위하여 너희를 위하여
너희 인간의 삶의 승자가 되기 위하여
그와 같은 마음을 가지고 사는가?
23 그리하여 너희가 기도하고 경배하는
것이 무엇이던가?
24 너희 욕심에 의한 것이요, 너희 계산
에 의한 것이니, 나와는 관계가 없다
하였음이니라.
25 너희는 '이웃을 네 몸같이 사랑하라'
는 것을 성경에 기록하여 내가 그리
가르쳤건만,
26 너희는 이웃을 사랑하며 이웃과 대화
하는 것도 계산을 한 자리 깔고 계산
된 쪽에서 사랑을 나눈다면 그건 진정
한 사랑이 아니요, 너희의 죄만 가중
된다는 것을 알아야 할 것이니라.
27 사랑하는 마음이요, 용서하는 마음이
요, 그 모두가 진실하지 못하다면, 너
희는 살아가면서 사랑을 베푼다는 그
것이 너희에게 죄가 되어 나에게 와
심판을 받을 때 그 무게는 너희가 상
상할 수 없을 것이니,
28 죄를 가중시키는 그와 같은 삶을 살아
서는 아니 된다는 것이니라.
29 그리해서는 아니 된다 내가 수없이 나
의 법전에 기록하여 나의 아들을 통하
여 너희에게 강론하고 깨우쳐 주고 일
깨워 주었건만,
30 지금의 믿음의 집단의 속성이요, 그
백성은 과연 어찌하는가?
31 너희가 행동으로써 진심으로 용서하
는 마음을 갖고 사는가?
32 종교 집단의 그 우두머리들이요, 그
밑에서 지도하는 종교 지도자들이요,
나의 아들 예수의 보혈로써 구원을 받
았다 하며 제자리를 모르는 그 백성,
33 너희가 정녕 삶에서 살아가는 삶의
행동에서 진심으로 사랑을 나누며 베
풀며 사는가?
34 내가 내려다보는 너희는 입으로만 용
서하며 입으로만 모두를 다 다스리며
입으로만 사랑을 베푸는 그와 같은 위
장된 삶을 살아가는 것이니라.
35 진실한 마음으로 용서하는 것을 모르
며 사랑하는 것을 모르며 살아가는 것
이 너희이니라.
36 너희가 남으로부터 용서받지 못하며
억울한 일을 당했을 때, 너희가 분개
할 일을 당했을 때,
37 너희는 그를 용서하며 사랑으로 다스
리는 마음을 갖는 것이 아니라, 너희
가슴속에는 그를 갚으려는 그 마음의
빚을 차곡차곡 쌓아 가고 있으며, 그
빚에 대해 어떠한 형태로든지 갚겠다

는 그와 같은 마음으로 지금 다스려져
있는 것이 지금의 종교 집단이요, 지
도자요, 모든 믿음의 길을 가는 자들
이 아닌가?
38 그리하여 남이 가는 종교 집단을 비방
하며, 남의 새로운 신흥 종교가 세상
에 나왔을 때, 나의 진리요, 나의 참뜻
이요, 나의 법전이 세상에 나온 이 모
든 것을 질투하고 시기하는 것이 바로
무엇이던가?
39 너희는 용서받지 못할 일을, 분개할
일을 당했을 때 용서하고 사랑하는 것
이 아니라,
40 그 빚을 갚기 위하여 마음속에 차곡차
곡 다져 놓으며 기회를 노리는 것이
너희이니라.
41 양을 잡기 위하여 이리들이 노리는 그
와 같은 방법으로써 너희가 호시탐탐
그들을 노리며 고삐를 늦추지 아니하
는 것이 너희의 오늘의 삶이니,
42 내가 보는 너희 삶이 그리 추악하며
사악한 것이니, 너희가 어찌 나에게
오르는 백성이라 그리 말하는가?
43 그러니 너희는 용서의 뿌리를 하나도
버리지 못하였음이니라.
44 너희가 그 용서의 뿌리를 버리지 못하
였기에 너희는 그 욕심이 또한 그득
한 것이니라.
45 너희는 겉으로는 용서하느니라.
46 그 사악한 웃음으로써 너희는 용서하
느니라.
47 너희는 양의 탈을 쓴 이리라 하였으
니, 양의 탈을 쓴 이리보다도 더 무서
운 방법으로써 너희는 겉으로는 용서
하느니라.
48 그러나 속으로는 용서하지 아니하며,
남들이 잘못된 것, 남들의 허물을 말
하기를 즐기며 같이 웃고 즐기는 그
자체가 벌써 속과 겉이 다른 자라는
것을 너희는 알아야 할 것이니라.
49 겉으로는 남의 허물을 덮어 주는 듯
하며 용서하는 것처럼, 그리고 사랑하
는 것처럼 말하나,
50 너희의 속마음은 당한 것만큼 복수하
겠다는 복수의 칼을 항상 갈고 있으며,
51 그 기회를 봤을 때 가차없이 그를 공
격하는 그와 같은 마음으로써 지금 살
아가는 것이 너희이니,
52 이를 보는 나 여호와의 마음이 어떻겠
으며, 그러한 너희에게 내가 어찌 천
국의 문을 열 수 있는 그 열쇠를 줄 수
있단 말이던가?
53 너희가 마음의 자세를 바로잡으라.
54 진실한 마음으로써 용서하며 진실로
써 사랑하는 것, 모두를 손에서 놓는
마음으로 살아가는 그것만이 너희가
나에게 오를 수 있는 백성이요, 진정
한 사랑이라는 것을 알아야 할 것이
니라.
55 내가 그리 말함이니, 너희는 나를 사
탄이라 그리 말할 것이니라.
56 종교 집단이요, 지도자의 가르침을 받
고 나의 아들 예수의 보혈로써 구원을
받았다 말하는 너희는 진심으로 사랑
하며 진심으로 욕심을 버린 자라 그리
말할 것이니라.
57 그러나 너희는 인간과 인간을 보는
것이 부정적이며, 인간이 인간을 의심
하며 너희 스스로 교회라는 곳, 성전
이라는 곳에서 이해관계를 따지고 시

시비비하며 언성을 높이는 그와 같은
행위를 정녕 아니 하고 사는가?
58 그것 하나를 보더라도 너희가 어떠한
자라는 것을 알 수 있느니라.
59 언성을 높이며 시시비비하며 이해관
계를 따지는 자가 있다면, 그는 언제
든지 복수할 수 있는 마음이요, 그를
무너트릴 마음이요, 그를 제 발아래
놓고자 하는 그와 같은 욕심을 버리지
못한 자라는 것을 알라.
60 과연 너희는 한 형제라 하며 나의 전
당이라 하면서 손으로 지은 교회라는
곳이요, 성당이요, 성전이요, 성막에
서 너희가 언성을 높이지 아니하며,
서로 시기하는 얘기를 하지 아니하며,
남을 음해하는 이야기를 하지 아니하
며, 남의 흉을 보지 아니하며 과연 그
와 같이 살아가는가?
61 그와 같은 행위가 한 번이 있다 해도,
너희 만 명 중에 한 사람이라도 그런
생각이 있는 자, 그와 같은 소리를 듣
는 자, 그와 같은 것으로써 생기는 교
회요, 성당의 집단이 있다면 그건 바
로 무엇인 줄 알겠는가?
62 너희가 진심을 모르는 자며, 다 위선
자며, 가식으로써 사는 사악한 백성이
라는 것을 잊지 말라.
63 양의 탈을 쓴 이리요, 웃음을 던지면
서 속으로는 복수의 칼을 갈며, 언젠
가는 넘어트리며 발아래 굴복시키겠
다는 그 쾌감을 위해서 항상 그를 호
시탐탐 노리고 사는 너희의 그 사악한
마음의 심리를 나는 다 알고 있음이
니, 너희는 그리 알라.

6,516 번째 하나님 말씀

2003년 6월 24일 18시 12분

1 사랑하는 나의 아들아!
2 "네, 아버님! 말씀하옵소서."
3 너희가 정녕 용서할 수 없는 일을 당
했을 때, 정녕 그를 용서할 수 없을
때, 그리고 너희가 참을 수 없을 때,
인내할 수 없을 때, 너희들이 인간으
로서 그 벽을 어찌 넘어야 하는가를
너의 제자들은 고통스러워하며 또 괴
로워하느니라.
4 너희는 보통의 삶에 있어서 어떠한
벽이든 넘을 수 있으나, 인간이기에
정녕 용서할 수 없을 때, 인내할 수 없
을 때, 그리고 행할 수 없을 때, 실천
할 수 없을 때 그 벽을 넘지 못하는 것
을 너희는 괴로워하며 또한 몸부림치
느니라.
5 그리하여 어떠한 상황에서 부딪치는
벽이라도 넘으려고 인간으로서 최선
의 노력을 다해 보고자 하여 너희가
나의 법전을 읽고 정독하며 나의 아들
의 강론을 경청하고 오늘의 어렵고 힘
든 길을 가지 않는가?
6 그러나 모든 종교 집단이요, 믿음의
길을 가고 있는 그 백성은 뭐라 말하
는가?
7 너희가 넘지 못하고 용서하지 못할
때, 넘지 못하는 그 벽에 부딪혔을 때,
그를 넘으려고 몸부림치는 너희와 달
리,
8 그들은 아예 부딪치지 않으려 하며 용
서하지 아니하려 함이니라.
9 그래서 그들은 거기서 부딪쳤을 때 그

자리에 서며, 인간은 넘을 수 없다고
그리 포기하느니라.
10 그리하여 인간은 한계가 있으며 인간
은 완벽해질 수 없으며 인간은 그 벽
을 넘을 수 없다고 그들이 그리 말하
고 그리 가르치고 있지 않은가?
11 그러나 너희는 들어야 할 것이니라.
12 너희가 용서할 수 없으며 인내할 수
없는 것이 백 가지가 있을 때, 너희가
노력하고 부딪쳐 그것을 50이요, 60
을 너희 스스로 넘었다 하면,
13 하나에서부터 부딪쳤을 때 넘을 수 있
다는 그 백성과,
14 하나에 부딪쳤을 때 거기서 좌절하고
포기하는 백성, 그리고 돌아가는 백성,
15 과연 나 여호와는 누구를 내 가슴에
안으며 누구의 손을 당겨 주겠는가?
16 이와 같은 이치를 너희가 깨닫는다
하면, 도저히 인간이 넘지 못하는 벽
이 있으며 그 넘지 못하는 그 벽에 부
딪혔을 때, 인간은 한계가 있어 주저
하며 돌아갈 수밖에 없다고 너희가
그리 말해서는 아니 되는 것이니라.
17 지금의 모든 종교 집단이 그와 같은
어렵고 힘듦을 피해 가는 방법으로써,
사악한 방법으로써 나의 피조물 만백
성에게 그건 넘을 수 없는 벽이 있기
에 돌아서 가면 되며, 그 대신 너희는
나의 아들 예수의 이름이요, 나를 봄
으로써 그를 넘겨 줄 수 있다고 그리
가르치고 있음이니라.
18 그러하기에 인간 너희가 죄를 짓고
사는 것을 당연한 것처럼 그리 생각하
며,
19 죄가 죄라는 것을 모르며 무감각한 그
와 같은 형국으로 살며, 어렵고 힘든
그 길을 가려 하지 아니하며 말로써
모두를 다 해결할 수 있는 편안한 길
을 가고자 하는 것이 너희의 오늘의
상태가 아니던가?
20 나의 백성을 변질시켰으며 변화시켰
으며 무능력하게 만들었으며 그들이
변화의 길마저도 볼 수 없게 한 것이
너희이니라.
21 용기마저도 다 빼앗아 갔으며 그 모든
희망마저도 빼앗아가며 그들이 견디
고 인내하는 그 인내심마저도 다 말살
시킨 것이 오늘의 사탄의 앞잡이요,
사탄의 종으로서 역사하는 잘못된 종
교 집단이요, 지도자요,
22 그 선생들로 하여금 나의 사랑하는 백
성이 그리 다 무너져 가고 있음이니라.
23 무너질 대로 무너졌으며 변질될 대로
변질된 그 백성을 어찌 바로 세울 수
있단 말이던가?
24 무너트리고자 하는 그 지도자는 세상
을 덮고 있으며, 그곳에서 배워 썩어
져 간 백성이 세상을 덮고 있으며,
25 새로운 길이요, 새로운 역사의 변화의
기치를 든 백성은 세상에 없음이니,
26 그들이 보고 배우려 해도, 그들이 길
을 알고 따르려 해도, 진정한 길이요,
진정한 믿음의 길을 가르쳐 주는 자가
없으며 그를 볼 수가 없음이니 그들이
오늘 가는 길이 당연한 것이며,
27 앞에 가는 자를 보고 따라가는 짐승처
럼 그 길을 이탈하면 저희가 정녕 죽
는 것처럼 앞에서 올무가 기다려도 그
길만을 가는 그 짐승의 어리석음보다
도 더 우매하고 불쌍한 너희가 지옥

불로 가며 지옥 불로 떨어지는 당연한
것을 보지 못하고 그리 달려감이니,
28 하늘에서 내려다보는 나 여호와의 마
음이 얼마나 아프겠는가?
29 수천수만의 나의 백성이 그저 지옥
불로 계속 떨어져 가는 그 모습을 볼
때,
30 너희가 떨어져 갈 때, 그 발길을 잠깐
멈춰 세상의 자유로움이요, 위대함이
요, 이 역사의 오묘함을 깨달으며, 그
를 누가 만들었으며,
31 이 자연이 곧 나의 성전이요, 내가 만
든 너희 집이라는 것을 깨닫는다면,
32 그리고 너희가 새로운 역사를 위해
새로운 법전이 세상에 내려감이니, 그
법전이 '하늘에 오르는 길'이요, 하나
님의 말씀이요, '하나님! 말씀하옵소
서'라는 이 책의 뚜껑을 열어 너희가
몇 줄만 읽는다 해도 깨달음을 얻을
수 있으며, 나에게 와 심판을 받을 수
있는 그와 같은 은혜와 영광을 얻는
것이거늘,
33 어찌하여 너희는 그를 보지 아니하려
하며 그를 행하지 아니하려 하는가?
34 너희와 모든 종교 집단에서 지금 나의
백성이 가고자 하는 그 길과 얼마나
차별화되어 있는가?
35 나의 법전을 읽고 깨우친 백성, 나의
아들을 따르는 그 제자들, 멀고도 먼
길을 오지 아니하였음이니라.
36 짧은 시간이라 할지라도 그들은 인간
이 넘을 수 없는 벽이 없기에, 최선을
다했을 때 나 여호와가 너희를 넘겨
줄 것이라 그리 말하고 그리 가느니라.
37 수천 년의 역사가 흘러오며 관습에 젖
어 있는 지금의 모든 종교 집단 지도
자 너희는 부딪치며 넘으려 생각하지
말라, 인간은 아무리 넘으려 해도 넘
을 수가 없음이니, 나 여호와만이 넘
겨 주나니, 넘을 수 있는 때를 기다리
라 그리 말함이니라.
38 내가 넘겨 주기 전에 너희 스스로 넘
고 넘어 나에게 왔을 때,
39 너희는 나의 수고로움을 덜어 주는 것
이며, 당연히 그것이 너희가 해야 할
길이니라.
40 너희가 넘을 수 없는 그 벽을 넘고 또
넘어 지쳐 쓰러졌을 때 내가 너희를
가슴에 안음이니,
41 너희가 왕성했을 때 너희가 넘을 수
있을 때, 행할 수 있을 때 내가 너희를
가슴에 안지 아니함이니 이 이치를 알
라.
42 이 무서운 하늘의 비밀을 너희에게 깨
우쳐 줌이니,
43 이를 알고 깨닫는 백성은 하늘에 오를
것이며, 그렇지 못하는 백성은 벽 하
나도 넘지 못하며 스스로 너희가 지옥
불로 떨어진다는 것을 잊지 말라.

6,517 번째 하나님 말씀

2003년 6월 24일 18시 23분

1 사랑하는 나의 아들아!
2 "네, 아버님! 말씀하옵소서."
3 종교 집단이요, 지도자 그 모두는 다
나의 피조물 만백성을 어찌 이끌어 가
는가?
4 저희는 유창한 말장난으로써 나의 피
조물 만백성을 현혹하며 끌어감이니

라.
5 그 말장난으로써 세상 모두를 다 이루
어 주며 다 다스리는 것처럼, 그리고
나의 피조물 만백성을 구원의 길로
다 역사하며 인도하는 것처럼 유창한
말로써 그리 기도를 하며 경배하느니
라.
6 그리고 저희는 세계 평화를 위해 기
도를 함으로써, 저희가 사는 작은 나
라요, 저희가 속해 있는 모든 집단의
그 모든 것도 다 저희가 유창한 말로
써 기도함으로써 그 모두가 이루어지
며,
7 심지어는 한 집단을 이끌어 가는 위정
자들에 대한 그 이름까지도 거론하며
그들을 위하여 기도함이니,
8 저희가 다 이루어 주며 저희 손에 이
루어지지 않는 것이 없는 것처럼 그들
은 유창한 말로써 그리 기도함이니,
9 그것이 다 허황된 짓이며 나 여호와
와 관계없는 것이라 내가 그리 말하였
음이니라.
10 말로써 모두를 다 이루느니라.
11 나라요, 또 세상의 평화요, 위로는 하
늘에서 이루는 것까지 다 이루어지는
것처럼,
12 아래로는 저희 신도들이요, 만백성의
편안함을 위해서, 또 아래로는 지도자
들을 위해서, 그들을 위하여 그들이
바로 서기를 바라는 기도요, 그들이
바로 가는 역사를 이루어 달라는 기도
까지 저희가 드리고 있음이니,
13 저희와 아무런 관계도 없는 소리까지
유창하게 그들이 꾸며 대고 있으니,
그는 할 말이 없기에 그와 같이 둘러
대는 것임을 알라.
14 그건 기도도 아니며, 제 푸념이라는
것을 너희는 알아야 할 것이니, 그 속
에서 무엇이 이루어진다 그리하는가?
15 헌금을 많이 내는 이를 위하여 저희는
각별한 기도를 하며, 그 모든 종교 집
단이요, 지도자들은 저희 스스로 남을
위하여, 세상을 위하여 유창한 말로써
기도를 드리는 것이니,
16 다 이해관계에 있는 자들의 이름을 부
르면서 그들이 그와 같은 짓을 하는
것이니라.
17 그들은 또 어찌하는가?
18 나의 피조물 만백성 신도들의 죄를 다
용서해 주는 것처럼, 저희가 빌면 모
두를 용서해 주는 것처럼, 저희가 바
로 이끌어 갈 수 있으며 바로 설 수 있
으며 저희를 따라가는 것이 하늘에
오르는 길이라 그와 같은 말로써 유창
하게 그리 이루고 있음이니,
19 그들은 변화를 모르는 자며, 회개를
모르는 자며,
20 기도를 어찌 드려야 하며 기도를 어
찌해야 하는지 그것마저도 모르는 자
며 알지 못하는 자들이니라.
21 그리하여 그들이 드리는 기도는 무엇
이던가?
22 어디를 두드리며 어찌하여야만 하늘
의 문이 열리는 것이며, 어떠한 열쇠
를 맞춰야만 그 하늘의 문이 열리는
것인가 그 자체도 모르는 자들이 지금
하늘의 문이 열릴 것이라고 두드리는
것이니,
23 하늘의 문을 두드리고 노크해야만 그
안에서 열어 줄 수 있고 내다볼 수 있

으나, 그 장소를 모르며 여는 곳을 모
르니 그러면서 마구잡이로 두드리는
어리석은 자들이니라.
24 아무리 두드리면 무엇하느냐?
25 열리는 곳을 알지 못하고 두드린다 하
여 그 문이 열리는가?
26 천국의 문의 열쇠가 맞지 않을 때, 그
문이 열린단 말이더냐?
27 지금의 믿음의 길을 가는 모든 종교
집단이요, 지도자 그들은 하늘의 문이
열리는 곳을 모름이니라.
28 문이 열리는 곳을 모르는 자들이 지금
두드려 대는 것은 무엇이더냐?
29 너희 속된 말로 말하기를, 계란으로
바위를 깨는 것보다도 더 어리석고 우
매한 자들이니라.
30 완전히 열어지지 않는 하나의 큰 암벽
앞에 가서 거기를 두드리면 열릴 것이
요, 하늘에 오르는 길일 것이라 두드
리고 소리 지르며 모든 짓을 다 하여,
31 말로써 나의 피조물 만백성의 육이 죽
어 갈 때, 그들을 맹종맹신시키며 그
들의 재물을 거둬들이며 편안하게 살
아가는 육의 삶을 위하여 모두를 다
역사하는 그들에게 너희는 속고 또
속아 살아가는 것이 오늘의 형국이니
라.
32 모든 종교 집단의 지도자에게 말하라.
33 과연 너희는 하늘의 문이 열릴 수 있
는 그 문을 두드리는 것인가, 그 열린
문을 너희는 보았는가, 그 열린 문은
어찌 열리는가 그들에게 물어보라.
34 그들은 아무것도 모르는 자들이니라.
35 그리하여 내가 나의 법전을 세상에 전
하여 누구나 다 읽고 깨우치도록 하는
것이 무엇인 줄 알겠는가?
36 나의 법전을 그저 제자리에서, 가정에
서, 직장에서, 일터에서 읽고 또 읽어
그를 정독해서 들여다보면, 너희가 하
늘의 문이 열리는 곳이 어디며 두드릴
곳이 어디라는 것을 알게 됨이니라.
37 그보다 더 큰 영광과 영화요, 은혜가
어디에 있더냐?
38 너희에게 찬란하게 비춰 주는 전깃불
이라는 것도 하나의 스위치라는 것을
누름으로써 밝혀지지 않더냐?
39 그와 같이 너희가 켤 수 있는 것, 밝힐
수 있는 것, 너희가 열릴 수 있는 그곳
을 열지 아니하면 아니 되느니라.
40 너희가 사용하는 모든 기계도 작동하
는 곳이 있지 않더냐?
41 작동하는 곳에 맞는 열쇠로써 그를 작
동하며, 그 열쇠를 움직이려 할 때, 그
열쇠는 그 능력을 발휘하며 그 기계는
거기에 따라서 움직이며 또 행하지 아
니하던가?
42 그와 같이 너희가 정확한 곳을 모른
다면 아니 됨이니라.
43 모든 종교 집단, 지도자요, 지금 구원
을 받았다며 울고불고하는 모든 백성
너희가 하늘에 오르고자 하면 하늘에
오르는 길을 알아야 할 것이며, 두드
리면 열리는 곳을 알아야 할 것이니,
44 가는 길을 모르며 열리지 않는 곳에
가서 아무리 두드린다 해도 열리지 아
니함이니라.
45 나의 법전을 읽고 깨우쳐 정독하는 자
는 하늘에 오르는 길을 알며 반석 위
에 서서 하늘의 빛을 보니 그 빛을 따
라가면 구원을 받을 것이며,

46 그 빛을 따라가는 것은 바로 정도의
길이기에 그곳에 가면 너희가 두드리
면 문이 열리는 하늘의 문이 거기에
있는 곳을 알게 됨이니,
47 나의 법전을 읽고 정독하여 너희가
그 길을 잃지 말도록 그리 전하라, 사
랑하는 나의 아들딸들아!

6,518 번째 하나님 말씀

2003년 6월 24일 18시 38분

1 사랑하는 나의 아들아!
2 "네, 아버님! 말씀하옵소서."
3 너를 따르는 제자들이요, 그리고 오늘
에 내리는 이 법전을 기록해 5부의 법
전까지 읽어 온 백성, 너희는 진정한
기도의 의미를 알아야 할 것이며, 하
늘에 기도드리는 그 기도의 길과 방법
을 알아야 할 것이며 그 뜻과 의미를
알 때가 이제는 되었기에,
4 내가 나의 법전에 기록하여 너희에게
귀를 열어 주며 눈을 뜨게 하는 것이
며 하늘의 뜻을 알게 하고자 함이니라.
5 이것이 내가 너희에게 내리는 상이니
라.
6 나의 아들을 따르는 제자들이요, 법전
을 읽고 깨우친 너희에게 내가 뭐라
말하였느냐?
7 너희가 울고불고 기도드리는 것, 그
모든 행사요, 열광적인 찬송이요, 그
와 같이 하는 행위는 여름밤에 개구리
가 우는소리만큼도 나와 관계가 없으
며 내가 듣지 아니한다 하였으며,
8 너희는 그와 같은 나와 관계도 없는
먼 길을 가고 있는 자라 그리 말하였
음이니라.
9 몰아닥치는 바다의 파도 소리만큼도
나에게 들리지 않는 것이 너희가 지금
드리는 기도요, 소원하는 것이라는 것
을 내가 일찍이 깨우쳐 주었음이니,
10 너희가 기도하는 방법과 기도의 뜻과
기도의 원하는 정녕 기도하는 길이 무
엇인가를 너희는 알아야 할 것이니라.
11 내가 일찍이 나의 아들에게 깨우쳐 주
었음이니라.
12 '여호와 하나님! 저의 죄를 용서하여
주시옵시고, 하나님 뜻대로 살아갈 수
있도록 저에게 용기를 주옵소서.' 그
리 기도하라 하였음이니,
13 그것이 얼마나 위대한 기도요, 얼마나
소중한 기도인가를 알겠는가?
14 나와 관계없는 한 나 여호와의 뜻을
너희는 이제 알 때가 되었음이니라.
15 너희는 기도의 뜻이요, 의미를 전혀
모르며 관계없는 짓을 하고 있음이니,
그를 보는 나 여호와가 어찌 생각하겠
으며,
16 그리하여 내가 너희는 나와 관계없는
자식이라 그리 말하였음이니라.
17 너희는 너희의 뜻을 이루기 위하여,
너희가 소원하고 원하는 것을 관철하
고자 하여, 그 뜻을 쟁취하고자 모든
기도를 하느니라.
18 재물을 더 얻기 위하여, 성공의 비밀
을 알기 위하여, 성공의 길을 알기 위
하여, 더 이루고자, 더 갖고자 그리하
여 너희 자신만을 위하여 드리는 것이
기도며,
19 나 여호와는 베풀어 주는 것이며 너희
에게 역사해 주는 것이며 너희 소원

을 들어주는 하나님이라 그리 생각하
며 지금까지 기도하는 것이 너희이니
라.
20 그러나 너희는 이제는 알아야 할 것
이니라.
21 기도는 너희 뜻을 이루기 위하여, 너
희의 소원을 성취하고자, 너희가 무엇
을 얻고자 하는 그와 같은 기도를 드
리는 것이 아님이니라.
22 내가 일찍이 나의 아들에게 전하였듯
이 너희는 세상에 태어난 그 은혜 한
가지로써 갚을 것이 없음이니, 너희는
나 여호와가 역사하는 것, 내가 이루
고자 하는 것, 내가 천 년에 걸쳐서 하
늘에서 이루어진 것같이 이 지상의
낙원을 이루고자 하는 것, 이 세상이
나 여호와가 내리는 성전이라는 것을
아는 것, 새로운 세상을 건설하는 것,
그와 같은 뜻이 역사할 수 있도록 너
희 자신 모두를 다 바쳐, '아버님의 뜻
에 따라 가겠사옵나이다. 아버님의 뜻
이요, 아버님이 원하는 것이요, 아버
님이 생각하시고 바라시는 그 모든 뜻
이, 하늘의 뜻이 이 땅에 이루어질 수
있도록 저를 쓰시기를 바라며, 저를
거두어 주십시오.
23 그리고 제가 할 수 있는 길이요, 그 모
든 것을 역사할 수 있는 길을 저에게
가르쳐 주옵소서.
24 모두를 바쳐 아버님의 뜻이 이루기를
기원하며 그 길을 위하여 살아가겠사
옵나이다.' 너희가 그와 같은 마음으
로 기도하는 것이 너희의 뜻이니라.
25 하늘에 있는 나 여호와가 이루는 큰
역사와 너희 인간이 바라는 작은 소
원이요, 소망을 위해서 기도하는 것
과, 과연 어떠한 것이 큰 역사며 어떠
한 것이 큰 기도인가?
26 두말할 것 없이 나 여호와 창조주가
이루고자 하는 만백성을 위하여 역사
하는 그것을 위하여 너희가 소원하는
기도보다 더 소중하고 큰 기도가 없으
며 더 위대한 역사를 이루는 기도가
없음이니라.
27 그러나 너희는 그와 같은 기도를 저버
리고, 너희가 배부르고 등 따뜻하며
너희 육의 삶을 위하여, 너희 육의 행
복을 위하여 너희가 모두를 바치며
소원하는 기도이니,
28 그게 나로부터 은혜를 받은 자요, 나
로부터 생명을 받아 나가 그 소중한
너희 생명을 이어 지금 지상의 육에서
살아가는 너희가 그 길에 보답하는 길
이라 생각하는가?
29 너희는 하늘의 뜻이요, 창조주의 뜻에
의해 이 땅에서 이루어지도록 너희 모
두를 다 바치겠다는 그 약속 외에는
어떠한 기도도 해서는 아니 됨을 알라.
30 나 여호와가 지상에서 이루고자 하는
것, 나 여호와가 역사하고자 하는 것,
그를 위하여 너희가 기도하는 것 이
외에는 어떠한 기도도 해서는 아니 될
것이며,
31 너희가 잘못 살아온 그 죄에 대한 용
서를 빌며,
32 깨끗한 자가 되어 나의 명을 받을 수
있는 그와 같은 백성으로 거듭나는 길
을 위하여 너희가 노력하겠다는 약속
의 기도 외에는 너희는 절대로 어떠
한 것도 기도해서는 아니 됨이니라.

33 감히 이루어 달라 소원하는 그와 같은
기도를 할 수 없는 것이니라.
34 나의 뜻에 따라 너희가 행할 수 있도
록 노력하겠다는 그것만이 너희가 나
에게 바칠 수 있는 기도며 너희가 할
수 있는 기도라는 것을 알라.
35 너희가 기도하여 성공하는 자, 뜻을
이루는 것이 아니요, 너희가 역사하는
것이 아님을 알라.
36 그 기도는 내가 듣지 아니하며 그와
같은 것은 있을 수도 없음이니라.
37 너희는 기도해서 은혜를 받고 축복을
받았으며 은사를 받았다는 소리를 다
거두라.
38 그는 너희에게 정해진 순서에 의해
너희가 이루어질 그 역사 외에 너희
가 얻어지는 것이며 거둬지는 모두는
나의 주관하에 이루어짐이니라.
39 너희가 기도해서, 너희가 나에게 매달
려서, 너희가 소원해서, 너희가 울고
불고 이루어 달라 매달려서, 너희의
그 간곡한 말로써 내가 이루어 주는
것이 아님을 알라.
40 너희의 그와 같은 기도는 의미가 없음
이니 그리 알라.
41 너희 뜻을 이루고 너희 뜻을 이루고
자 하는 것이 아니라,
42 나의 뜻을 먼저 이루도록 너희가 기
도하는 것, 그리고 너희 뜻을 이루고
자 기도하지 아니하는 것, 기도할 수
없다는 것을 너희는 알아야 할 것이
니라.
43 그러나 너희는 무엇을 말하는가?
44 너희 뜻을 이루고자 하는 그와 같은
기도만 드리니 그 기도는 아니 됨이니
라.
45 나의 아들 예수가 그 어렵고 힘든 길
을 갈 때, 그는 자신이 인간의 육을 가
졌으며 인간 세상에 육으로 세상에 나
왔음이니라.
46 그는 십자가에 못 박혀 죽는 그 고통
스럽고 어렵고 힘든 길을 인간으로서
알고 있었음이니라.
47 그리하여 그는 그 길을 갈 수 있는 용
기가 없으며 그를 실천할 수 있는 마
음의 준비가 되지 아니하였으며 그는
흔들렸음이니라.
48 사탄이 유혹하며 흔들 때, 그 고통을
제 스스로 견디고 인내하여 나의 뜻에
따라 역사를 할 것인가 그는 불안해
하였으며, 저 자신을 믿지 못하였음이
니라.
49 그리하여 흔들리는 마음이요, 믿지 못
하는 그 마음을 나 여호와에게 '아버
님의 뜻대로 이루도록 하옵소서.
50 아버님의 뜻대로 이루도록 하옵소서.
51 그리고 이 미약한 자식에게 용기와 힘
을 주어 아버님의 뜻에 제가 거역하지
아니하며 웃음으로써 받아들이며, 저
를 죽이는 자를 용서할 수 있는 말을
할 수 있도록 그와 같이 저를 다스리
고 제가 그리될 수 있도록, 거듭날 수
있도록 하여 주옵소서.' 하여 피눈물
보다 진한 기도를 드렸음이니,
52 그 기도가 바로 너희가 할 수 있는 기
도며, 너희가 해야 하는 기도라는 것
을 알라.
53 그 외의 어떠한 기도도 나는 듣지 아
니하며, 너희가 할 자격이 없다는 것
을 알라.

54 나의 뜻에 성공할 수 있는 용기를 얻
고자 구하는 기도를 나의 아들 예수는
그리 드렸음이니, 너희는 그 형상을
생각해 보며,
55 그 처참한 마음이요, 그 고통스러운
마음이요, 그 순종하고자 하는 마음을
너희가 들여다봐야 할 것이며,
56 그 고통스러운 것을 알면서도 용기가
없어 쓰러질까 봐, 그리 실천하여 나
여호와의 뜻이 이루어지지 못할까 봐,
저를 다스려 주고 용기를 달라 그리
기도하며,
57 나 여호와가 이루고자 하는 뜻, 내 뜻
대로 이루고자 하는 그것을 위하여
그는 모두를 다 바쳐 던졌음이니라.
58 저 자신이 편안하고자, 저 자신이 고
통을 면하고자, 저 자신이 그와 같은
길을 가지 아니하고 새로운 길을 얻고
자 하여 기도드린 것이 아님이니,
59 나 여호와가 역사하는 것이 이루어질
수 있도록, 나 여호와의 뜻이 성공할
수 있도록 바라는 기도 외에는 너희
가 해서는 아니 됨을 알아야 할 것이
니라.
60 예수는 더 많은 역사를 이루고자 나에
게 시간을 얻고자 하였으며 그 역사를
그는 하고자 하였음이니라.
61 그러나 정해진 그 모두를 나는 허용하
지 아니하였으며,
62 허용되지 않을 때 예수는 두려움 없이
그 길을 갈 수 있도록, 역사할 수 있도
록 해 달라 하여 그가 피보다도 더 진
한 눈물의 기도를 드렸다는 것을 알라.
63 그와 같은 어렵고 무서운 그 길을 갈
때, 예수는 두렵고 무서워 주저할까
봐, 그리고 나의 뜻대로 모두가 이루
어지지 아니하여 만백성에게 나를 욕
되게 할까 봐, 그는 그와 같은 용기를
얻기 위해서, 실수하지 않도록 하기
위해서 나에게 그 모든 소원의 기도를
드렸음이니라.
64 그는 그 용기를 얻기 위하여 기도하였
음을 너희는 알라.
65 너희의 기도는 과연 무엇이던가?
66 너희를 위한 축복이요, 너희를 위한
은혜요, 너희를 위한 영광을 얻기 위
해 기도함이니라.
67 그리하여 너희는 기도하면 그 모두가
이루어진다고 그리함이니라.
68 이제 그 착각에서 깨어나라.
69 그와 같은 기도는 너희가 드릴 자격
도 없으며 할 자격도 없으며 나와 관
계도 없다는 것,
70 그 기도를 듣고 내가 역사해 주지 아
니한다는 것,
71 그러한 너희의 기도를 내가 들어주어
너희의 소원을 역사하지 않는다는 것
을 오늘 너희는 확실히 알고 넘어가
야 할 것이니라.
72 내가 뭐라 말하였느냐?
73 전지전능한 아버지라 한다 하면, 너희
가 소원하며 이루어 달라는 기도를 하
는 것은 전지전능한 나 여호와라 너희
가 믿지 아니하며 나를 그리 생각하지
아니하기 때문에, 달라고 원하는 기도
를 하지 말라 하였음이니라.
74 다 알고 있는 나 여호와요, 다 그를 이
해하는 여호와요, 그를 바라보는 여호
와이기 때문에 내가 알아서 준다 그리
하였음이니,

75 너희는 오로지 나 여호와의 뜻이 성
공할 수 있는 그와 같은 마음의 기도
요, 그와 같은 행동의 기도요, 그와 같
은 마음으로써 너희가 기도하고 경배
하는 것이 내가 너희를 기억하게 하
는 것이며,
76 나의 뜻에 따라 살아갈 수 있는 백성
이요, 나 여호와에게 기쁨을 주는 백
성이요,
77 내가 모두를 다 이룰 수 있는 그 기틀
에 용기를 갖는 것이요, 너희가 순교
자와 같은 마음으로써 나의 뜻만을 따
라가겠다는 너희의 굳은 결의이니,
78 그와 같은 마음으로 기도하고 경배해
도 너희가 유사시에 나에게 등을 돌
리며 나의 아들에게 등을 돌릴 수 있
는 것이니라.
79 나의 아들 예수의 제자들도 그러하였
느니라.
80 구세주요, 나의 아들이라는 것을 약속
한 그들도 죽고 사는 기로에 섰을 때
등을 돌렸음이니,
81 너희가 나를 위하여 모두를 다 바치며
나의 뜻대로, 나의 계획대로 역사하여
'저를 바쳐 그 뜻을 이루는 데 쓰도록
하여 주옵소서.' 그 기도만을 드리고
드려서 너희가 다져지고 또 다져졌을
때,
82 너희는 유사시에 예수의 제자들처럼
등 돌리는 그와 같은 백성이 나오지
아니할 것이니,
83 스스로 훈련에 훈련을 거듭하여, 너희
가 마지막 시대요, 꼭 필요한 시대요,
결정적인 시대에 너희 자신이 두렵고
무서워 등 돌리는 자가 되지 말라.
84 나의 아들 예수의 피땀 흘린 그 기도
내용은 무엇인가?
85 나 여호와에게 '아버님의 뜻대로 하옵
시며, 그 뜻을 이루기 위하여 제가 일
익을 담당하는 아들로서, 거기에 무너
지지 아니하며 두려워하지 아니하며
도망가지 아니하며 피하지 아니하며
사탄의 유혹에 넘어가지 않는 아들이
되게 하여 주옵소서.' 하고 간곡히 눈
물의 기도를 드렸음이니,
86 그 기도의 의미를 너희는 오늘 가슴
깊이 새기며, 나의 아들의 눈물의 기
도를 한번 생각해 보라.
87 그러면서 너희가 감히 어찌 예수의
보혈로써 구원을 받았다 하며, 그것으
로써 너희가 죄를 짓고 사악한 짓을
해도 하늘에 오를 수 있다는 그 망발
을 할 수 있겠는가?

6,519 번째 하나님 말씀

2003년 6월 24일 23시 51분

1 사랑하는 나의 아들아!
2 "네, 아버님! 말씀하옵소서."
3 너희가 역사하며 사는 삶의 생활은 정
녕 나 여호와가 원하는 삶의 길에서
사는 것인가를 항상 잘 생각하고 연구
하고 다스려 가며 살아가야 할 것이
니라.
4 너희 인간사에 말하기를, '단단한 돌
다리도 두드려 보고 건너라.' 하는 말
이 있듯이,
5 나의 아들을 따르는 제자들이요, 나의
법전을 읽고 따르는 백성이요, 그리고
나에게 오르고자 하는 백성이요, 나의

아들 강론을 듣고 살아가는 백성 너희는,

6 이제 깨달음이 있으며 지금의 법전을 듣고 강론을 들어 나의 법전에서 내가 원하는 의미요, 뜻을 아는 백성 너희는,

7 너희 임의대로 무엇이든 행동해서는 아니 된다는 것을 알아야 할 것이니라.

8 모든 행동을 함에 있어서 돌다리도 두드려 보고 건너가는 것처럼, 너희는 두드려 보고 또 생각하고 생각해서 그와 같은 역사의 일을 해야 할 것이니라.

9 나의 아들이 넘어져 상처가 났다 하여 함부로 그 피를 씻으려 대드는 것이 너희 인간 세상에 있을 수 있는 일이며, 그와 같이 역사할 수 있는 것이니라.

10 그는 너희가 행할 수 있는 것이니라.

11 나 여호와가 나의 아들을 통하여 그 피를 흘림으로써, 그 피를 봄으로써 어떠한 변화의 역사를 이루고자 내가 생각했을 때,

12 너희가 그 피를 씻으며 닦는다면 내가 계획하고 연구한 것을, 내가 이루고자 하는 것을 이루지 못하도록 하는 행위가 될 수 있다는 것이 하늘의 뜻이요, 나의 아들을 따르는 제자들이요, 나의 법전을 읽고 깨우친 백성이 해야 할 길이니라.

13 너희가 나의 아들이 배가 고프다 하여, 춥고 어렵다 하여 너희가 임의대로 무엇인가 보호해 주며 그를 역사하도록 하는 것,

14 그것 또한 너희가 함부로 하는 것이 아니니라.

15 나의 아들을 따르는 제자요, 나 여호와의 뜻을 깨우쳐 가는 너희는 그를 알 수가 없음이니,

16 나의 아들에게 답을 물어 너희가 그 뜻에 따라 움직이며 행해야 할 것이니라.

17 내가 나의 아들에게 추운 고통을 주며 내가 그에게 배고픔을 준다 할 때,

18 이는 나 여호와의 뜻이요, 내가 역사하는 것이니, 너희가 이를 거역하며 이를 거부하는 행위를 할 수 있으며 내 뜻을 너희가 순종치 아니하는 행위를 할 수 있음이니, 너희는 무엇인지 알겠는가?

19 내가 나의 아들을 거둬들이고자 할 때, 너희가 그를 거둬들이는 고통과 시련을 인내하며 또는 그를 치료하여 역사할 수 있도록 그 고통에서 벗어나게 하는 그와 같은 행동, 그것 또한 너희가 인간 세상에서 인간으로서는 할 수 있음이니라.

20 그러나 그것이 너희 생각이요, 너희 주관이요, 너희 판단에 의해서 하는 것이니,

21 나 여호와가 그를 추움의 고통이요, 더움의 고통이요, 그리고 그에게 끼니를 거르게 하는 고통이요, 그 모든 역사하는 것을 너희가 임의대로 해결하며 너희 맘대로 그를 다스려 나가서는 아니 되는 것이 하늘의 뜻이니라.

22 하물며 그러하니 모두는 나 여호와의 뜻이 무엇인가를 나의 아들에게 너희가 묻고 물어, 그가 원하는 대로 그가

말하는 것을 따르고 행하는 것이 너희
가 가야 할 길이니라.
23 그러니 너희는 얼마나 조심스러우며
얼마나 생각하고 행동을 해야 하는가?
24 돌다리를 두드려 보는 것보다도 더
신중한 행동을 해야 할 것이니,
25 나의 아들이요, 나의 아들이 가는 길,
나의 법전을 만들어 역사하는 것, 오
늘을 이끌어 감에 있어서 인간인 너희
생각으로써 그를 공박하며 너희 뜻을
반영시키기를 원하며 너희가 지금 주
관하고 생각하는 것을 그대로 실천하
기를 바란다면,
26 너희는 나의 아들의 뜻을 거역하는
것이 아니요, 창조주 나 여호와요, 내
가 역사하고자 하는 것을 거부하며 너
희 뜻을 존중하기를 바라며 너희 뜻
을 행하고자 하면, 그 모두가 너희의
오만이요, 잘못된 욕심이요, 너희는
나의 뜻을 거역하는 자라는 것을 이제
알아야 할 것이니라.
27 이제 나의 법전을 읽을 만큼 읽었으며
깨달을 만큼 깨달았으며 강론을 들을
만큼 들은 백성 너희는 그를 알아야
할 것이니라.
28 나의 아들이 물속에 빠져 죽을 때, 나
의 아들이 밧줄을 달라 하지 아니할
때 너희가 던지는 것은 나의 뜻을 거
역한다는 것을 알겠는가?
29 이와 같은 하늘의 뜻이요, 이치를 너
희가 알아야 할 것이니라.
30 나의 아들이 물에 빠져 그가 숨을 거
두도록 그와 같이 내가 계획했으며 그
리 가야 하는 길을, 너희가 그를 살리
기 위해서 밧줄을 던지며 그를 구원하
고자 뛰어든다 하면 이는 무엇이던가?
31 나의 뜻을 거역하는 것이며 내가 역사
하는 것을 방해하는 것이요,
32 너희 생각이요, 너희 판단에 의해서
행하는 것이며, 육의 판단이요, 육의
행동으로 하는 것이니라.
33 나의 아들에게 물어봐 너희에게 밧줄
을 던져 달라 할 때 던질 수 있는 그와
같은 길을 가는 것이 너희 제자들이
가야 할 길이며,
34 이제 너희는 하늘의 길에 오르는 자
들이요, 나 여호와의 뜻을 행하는 백
성이 취해야 할 행동이며 너희가 알
고 가야 할 길이니라.
35 하물며 너희가 나의 아들이 명하며 나
의 아들이 역사하는 것에 갑론을박하
며 너희 생각을 거기에 주입시킨다면,
36 너희가 나의 아들의 뜻을 무시하는 것
이 아니요, 나의 뜻을 거역하는 것이
며 내가 역사하고자 하는 것 위에 군
림하고자 하는 자며,
37 너희의 불같은 성격이요, 너희 욕심
이요, 계산된 마음이요, 이해타산의
계산이 앞을 가려 욕심의 근원을 버리
지 못하고 너희가 하는 말임이니,
38 너희가 함부로 하는 말이 얼마나 무서
운 것이며, 그 말로 하여금 얼마나 오
차를 만들며,
39 나의 아들의 마음이 동요하며, 그에게
갈등을 갖게 하며, 그가 기도하는 길
을 막게 하며 그가 판단하는 것을 흐
리게 하는 것인가?
40 너희는 그와 같은 행위를 해서는 아
니 되는 것이니,
41 내가 너희의 죄지음을 다스려 주기

위하여 하늘의 뜻을 깨우쳐 나의 법전
에 기록하여 전함이니,
42 이를 명심하고 또 명심해야 할 것이
니라.
43 나의 아들이 죽어 간다 해도 그가 너
희에게 구원의 손길을 원하지 아니할
때, 너희가 그를 구원하고자 하는 것
은 다 부질없는 것이며, 너희가 구원
할 수도 없는 것이며,
44 그 모두는 너희의 계산이요, 너희의
욕심이요, 너희의 생각에서 이루어지
는 행동이요, 그 무서움의 이치를 너
희가 알아야 할 것이니라.
45 이는 하늘의 뜻이요, 나 여호와의 길
을 오는 자, 하늘에 오르고자 공부하
고 깨우치는 백성, 참진리의 길을 오
는 자, 나의 뜻을 받아 새로운 시대를
열어 가는 대명을 받은 너희는 이와
같은 하늘의 이치를 알아야 할 것이
니라.
46 내가 너희에게 뭐라 말하였느냐?
47 지금까지 살아온 너희 삶을 정반대로
살아야 하며 반대로 보는 깨달음을
얻어야 한다고 하였음이니라.
48 그러니 하나의 물건을 놓고, 하나의
사건을 놓고, 하나의 사물을 놓고, 하
나의 시빗거리를 놓고 너희가 생각할
때,
49 생각하고 또 생각하다 보면 거기에는
반드시 정답이 있으니,
50 그 정답은 앞에 보이는 길에만 있는
것이 아니요, 보이지 않는 뒷면에 정
답이 기록되어 있는 그를 너희가 깨
닫고 볼 줄 아는 현명한 삶을 살아야
함을 잊지 말라, 사랑하는 나의 아들
딸들아!

6,520 번째 하나님 말씀

2003년 6월 25일 0시 03분

1 사랑하는 나의 아들아!
2 "네, 아버님! 말씀하옵소서."
3 사랑하는 나의 피조물 만백성 너희는
나로부터 이 세상에 생명이 나감이니,
4 너희가 모두를 관리하며 통제하며 자
유로움 속에서 자유를 누리며 살아갈
수 있도록 그 모두를 다 내가 너희에
게 내려보내 주었거늘,
5 어찌하여 너희는 내가 불로 직접 써
내린 친필인 십계명이요, 율법을 지키
고 살 수 없다고 그리 말하는가?
6 그리고 내가 제3의 시대를 열어 너희
를 심판하며 마지막 나의 성령을 태워
너희가 구원받을 수 있는 그 모두를
상세히 기록하여 160권의 법전으로
역사하여 너희에게 내려보내거늘,
7 어찌하여 너희는 이대로 지키고 살
수 없다고 그리 말하는가?
8 너희는 과연 살아가는 삶의 목적이 어
디에 있는가?
9 너희는 목숨을 바쳐서라도 구원의 길
이요, 영원히 사는 하늘에 오르는 길
을 볼 수 있다 하면 그 모두를 다 바칠
수 있으며 던질 수 있다고 그리 말하
느니라.
10 그러나 너희는 과연 어찌 살아가는가?
11 너희가 정도의 길이요, 바른길이요,
세상을 보는 그 관점이 바른 자세에서
모두를 보고 그리 깨닫고 살아간다 하
면, 너희가 나의 계명이요, 나의 법전

을 지키고 살 수 없다는 말을 할 수 없
음을 알아야 할 것이니라.
12 그러나 너희가 정도의 길이요, 바른
자세로써 세상사의 모든 것을 바라보
지 못하기 때문이니라.
13 너희가 과연 죽음 직전에 죽음의 순간
에 그때도 이 세상을 바라보는 그 관
점을 너희 임의대로 생각하며, 사악한
생각을 하고 그를 보며,
14 너희가 숨이 넘어가기 전까지 그 순간
에도 정도요, 바른 자세로써 세상을
바르게 보지 못하고 너희 임의대로
사악한 쪽으로 생각하고 세상을 보는
가?
15 너희는 죽음의 그 순간만큼은 정확한
관점으로써 세상을 보고자 하며, 한마
디도 헛된 소리를 세상에 남기고자 하
는 자는 없을 것이니라.
16 그러니 너희가 죽음을 맞이하는 그와
같은 마음으로써 모두를 정도로써, 정
의로움으로써 한 점의 부끄러움이 없
는 그와 같은 대화를 할 수 있으며 그
를 남기고자 하는 것이 너희 뜻이라
하면,
17 너희는 죽음으로써 나의 계명이요, 나
의 법전을 지키고 산다 하는 말만 하
지 말며, 행동에 옮길 수 있는 그와 같
은 자세로 살아간다면,
18 너희가 감히 나의 계명이요, 나의 법
전을 지키지 못하고 살 수 없으며 인
간은 이를 절대 지키고 살 수 없다고
과연 그리 말할 수 있는가?
19 너희가 바라보는 그 자세가 얼마나 바
르고 곧으냐에 따라서 너희가 역사하
고 역사하지 못하는 그와 같은 변화를
스스로 생각하고 선택한 삶에서 결론
이 나며 결과가 이루어진다는 것을 잊
어서는 아니 될 것이니라.
20 너희는 바른 관점으로써 세상을 보지
않느니라.
21 너희는 똑바른 자세에서, 정의로운 자
세에서, 정도의 길에서 세상을 보지
않고 살아가기 때문에 너희가 그 모
두를 지킬 수 없다고 감히 불순종하는
말을 할 수 있는 것이니라.
22 죽음 직전에 세상을 보는 그 순간처럼
너희가 세상사 모든 것을 바라보고
살아간다 하면, 과연 너희가 그와 같
이 나의 계명이요, 나의 법전을 지키
고 살 수 없다고 말할 수 있는가?
23 너희는 인생의 삶을 뭐라 생각하는가?
24 여행하는 자가 스쳐 가는 것처럼 너희
인생의 살아가는 것은 제자리에 존재
하는 것이 없으며 두 번 다시 돌아오
는 시간이 없는 것이 너희 삶이니라.
25 너희가 순간순간의 그 삶 속에서 순
간순간 부딪치는 그 모두를 옳은 관점
에서 보고 정의롭게 판단하고 행하고
살아간다면, 너희는 나의 계명을 지키
며 나의 법전을 지키는 것이 아무것도
아님이니,
26 인간은 그와 같은 말을 할 수 없는 것
을 알아야 할 것이니라.
27 너희 삶이 무엇인 줄 알겠는가?
28 너희 삶이라는 것은 나에게 올라오는
것이요, 내 품에 오르는 것이요,
29 천국에 와 영원히 존재할 수 있는, 너
희가 나로부터 명받아 세상에 내려간
그 자리로 너희가 올라오는 것이 가장
소중하고 귀한 것이라는 것을 어찌 모

르는가?
30 이를 너희는 깊이 깨달아야 할 것이
니라.
31 여행하는 자의 삶과 같은 것이 인생의
삶이요, 너희가 살아가는 것이요,
32 여행하는 자가 한번 스쳐 간 그 자리
를 지나가면 다시 오지 않듯, 너희가
그와 같은 형국에 살아가는 것이 바로
너희의 삶임을 알아야 할 것이니라.
33 지나간 것은 너희에게 다시 오는 시
간이 없음이니라.
34 그와 같은 이치를 깨닫고 산다면, 너
희는 다시 돌아오지 않는 오늘의 순간
순간의 삶을 어찌 살아가야 할 것인가
를 알아야 할 것이니라.
35 스쳐 간 그 시간은 두 번 다시 오지 아
니함이니,
36 너희가 그 시간을 잘못 살며 그 시간
을 선과 악에서 너희가 선을 놓아 버
리고 악을 잡는다면, 너희는 두 번 다
시 돌아올 수 없는 그 시간의 삶에 두
번 다시 그를 회개하며 역사하며 바로
잡을 수 있는 시간이 없다 함이니,
37 너희가 여행자의 흘러가는 시간처럼
다시 돌아오지 않으니, 바로 살며 그
순간순간에 너희가 바로 역사하는 그
와 같은 굳은 각오의 삶으로써 살지
아니하면 구원의 길을 볼 수 없다는
것을 알아야 할 것이니라.
38 순간순간에 마음이 변화되며 마음이
흔들리는 것이 인간 너희의 마음이니
라.
39 그러니 스쳐 가는 그 시간, 두 번 다시
오지 않는 그 시간, 변화되는 마음을
바로잡아야 하며 흔들리는 마음을 바
로잡고 다스려 너희가 나 여호와를
향하여 오르는 아름답고 사랑하는 마
음으로써 너희 자신이 변화되며,
40 계속 전진하고 또 전진하며 계속 변화
되고 변화되는 그와 같은 삶을 살지
아니하면,
41 너희가 그리도 원하던 나에게 올라올
수 있는 길은 영영 바라볼 수 없는 자
가 된다는 것을 잊어서는 아니 될 것
이니 그리 알라.

6,521 번째 하나님 말씀

2003년 6월 25일 0시 11분

1 사랑하는 나의 아들아!
2 "네, 아버님! 말씀하옵소서."
3 수천 년 동안 흘러가는 그 세월 속에
서 헤아릴 수 없는 많은 백성이 이 세
상에 나와 육으로 죽어 가는 그와 같
은 삶을 사는 백성 중에서 오늘 나의
법전을 접하며 나의 아들을 통하여 내
가 내리는 강론을 듣는 너희는 나로
부터 선택된 백성이요, 새로운 역사를
이루고자 하는 그 대업을 이루는 백성
이니라.
4 그리하여 나에게 부름을 받은 너희이
니라.
5 나로부터 선택된 백성 너희는 육이
쇠진해 가며 늙어 가며 육이 변화되는
그와 같은 것에 두려워하지 말며 한탄
하지 말며, 겁을 먹어서는 아니 됨을
알아야 할 것이니라.
6 나로부터 선택된 백성 너희는 육의
늙어 가는 그 앞에 너희 자신이 용기
를 잃으며 주저앉으며 그리고 너희가

나의 뜻을 역사함에 너희의 늙은 그
자세에 두려워하지 말며 후회하지 말
라.
7 나의 역사를 이루었던 모세는 80이라
는 나이에 역사하기 시작하였으며 그
모든 기적을 이루지 아니하였던가?
8 지금의 나의 아들은 어찌하는가?
9 너희가 말하는 60이라는 나이에 그가
두려워하지 아니하며 겁먹지 아니하
며 새로운 이 새 시대를 열어 가는 역
사를 지금 이루지 않는가?
10 그들은 알고 있음이니라.
11 너희 육은 늙어 가며 육은 변화되어
간다 해도, 너희를 통제하는 나로부터
받은 영혼이요, 너희의 마음은 변화되
지 않는다는 것을 모세는 알고 있었으
며, 나의 아들 또한 그를 알고 있었으
며,
12 그들은 영혼의 젊음을 알고 있기에,
두려움이 없으며 주저함이 없으며,
13 나의 명에 따라 그들은 육체가 늙어진
것을 의식지 아니하며, 젊은 영혼의
마음을 가지고 역사한다는 것을 잊어
서는 아니 될 것이니,
14 나로부터 선택된 백성 너희도 마음과
영혼의 젊음이 있다는 것을 알아야 할
것이니라.
15 너희는 육이 변화되는 것이요, 육의
늙어짐에 역사함을 주저하지 말라.
16 너희가 영혼의 젊음을 들여다볼 것이
며 그 영혼의 젊음을 안다 할 때, 나
여호와로부터 같이 연계되어 내가 너
희와 항상 같이하고 있다는 것을 느
낄 수 있음을 알라.
17 너희는 그 육신의 늙어지는 것에 의하
여 두려워 겁먹어서, 나의 법전을 만
들며 나의 법전을 가지고 만백성에게
전하는 그 대업을 역사함에 주저하지
말라.
18 너희가 젊어질 수 있는 한, 너희가 끌
고 갈 수 있는 한 나의 법전을 너희가
끌고 젊어져 만백성을 구하는 데 주저
해서는 아니 될 것이니 그리 알라.
19 나의 법전을 젊어져 만백성을 구함에
있어서 너희가 주저해서는 아니 된다
는 것을 명심하여 살아가도록 하라.
20 나이요, 변하는 육신의 늙어지는 모습
에 겁먹지 말고 두려워하지 말며 주저
하지 말라.
21 그는 아무것도 아님이니라.
22 아무것도 중단시킬 수가 없음이니라.
23 너희가 나의 법전을 가지고 역사하는
데 큰 지장이 되는 것이 아니요, 단점
이 아니요, 너희가 능력이 없는 것이
아니라는 것을 알라.
24 너희가 법전을 정독하고, 강론을 경청
하여 너희 형제를 구하는 데, 너희가
강론을 들은 대로 강론을 다시 하며,
나의 법전을 정독하여 읽고 깨우친 대
로 너희가 나의 피조물 만백성을 구원
한다면, 그들로부터 나이와 너희의 주
름진 얼굴 모습은 관계없다는 것을 알
라.
25 이제 주저하지 말라.
26 이제 나로부터 선택된 백성 너희는
너희 자신을 돌이켜 봐야 할 것이니라.
27 나의 법전을 기록하여 만들며 나의 법
전을 전하며 지금 나의 아들을 따라
내가 새로운 시대를 역사하고자 하는,
하늘의 천국을 지상에서 이루고자 하

는 대명을 이루는 그 기초를 다져 가
는 너희가,
28 너희 자신의 가슴에 손을 얹고 과연
이 일 말고 이 세상에 더 귀하고 소중
한 일이 있다 하면, 너희가 나의 아들
앞에서 등을 돌리고 떠나며 나의 법전
을 놓고 나의 이 성전을 나간다 해도
내가 더 이상 말하지 아니할 것이니라.
29 그러나 선택된 백성 너희는 이보다
더 위대하며 이보다 더 역사할 일이
없을 것이니,
30 너희는 어떠한 것도 이보다 더한 일이
없다는 것을 알게 될 것이니라.
31 그러니 너희는 오로지 나의 법전을
만들어 세상에 전하는 이 길, 내가 이
루고자 하는 새로운 역사요, 천 년 후
에 이 세상의 아름다운 나의 백성만
이, 천사와 같은 백성만이 존재하는,
32 악의 뿌리를 뽑아 버리고 태우며 다
버려 오로지 천사와 같은 진정한 나의
백성만이 살다 하늘에 바로 올라올
수 있는 그 역사를 이룸이니,
33 곧 이게 하늘에서 이루어진 것같이
지상에서 이루어짐이니,
34 곧 하늘의 천국이 지상에 이루어지며,
천사들이 하늘에 삶이니, 지상에도 천
사들이 살아 너희가 하늘과 땅의 천
사들이 서로 통하며 서로 교류하며,
35 너희 육의 삶이 흙으로 돌아갈 때, 너
희 영혼은 천사가 되어 나에게 바로
올 수 있는 그와 같은 삶의 시대를 열
고자 하는 것에 너희는 주저하거나
두려워하지 말며,
36 감히 거기에 나 여호와가 부른 육체의
늙어짐을, 육체가 힘들고 병들어 가는
것을 너희는 두려워하지 말며 겁먹지
말라.
37 너희는 자신 있게 일어나 역사하라.
38 그리하면 너희가 역사할 것이며 모두
를 다 이길 수 있는 승자가 된다는 것
을 잊지 말라.

6,522 번째 하나님 말씀

2003년 6월 25일 0시 18분

1 사랑하는 나의 아들아!
2 "네, 아버님! 말씀하옵소서."
3 수천 년 동안 흘러온 종교 집단이요,
지도자 그들이 지금 가고 있는 그 형
태로써 벗어나지 못한다면,
4 그들이 예배를 보는 형태요, 그들이
경배하는 형태요, 각종 행사를 치르고
저희가 역사하는 그와 같은 형태를 버
리지 못하고 계속 그대로 지속한다 하
면,
5 그 지도자요, 신도 그 백성은 절대 자
유로울 수가 없으며, 진리가 무엇인가
를 알 수가 없는 것이니라.
6 자유가 없는 자는 세상의 아름다움을
모르느니라.
7 속박받는 자, 제한된 속에서 사는 자,
자유가 없는 백성, 그가 무엇을 알며
무엇을 깨달으며 무엇을 얻겠는가?
8 자유로움 속에서 살아가는 백성이 세
상 것을 다 볼 수 있으며, 많은 것을
접하며 많은 것을 깨달을 수 있지 않
은가?
9 지금 수천 년 동안 흘러오는 너희가
예배 보는 형태요, 경배하는 형태요,
그와 같은 것을 깨지 못하고,

10 온갖 계획된 행사요, 너희가 역사한
것을 변화하지 못하며 그와 같은 행위
를 그대로 지속하여 흘러간다면, 너희
는 절대 자유로운 나의 백성이 될 수
가 없으니,
11 자유롭지 못한 그 백성이 나 여호와의
뜻이요, 하늘의 뜻을 알 수 없으며 자
연의 위대함을 알 수 없는 것이니라.
12 그러하기에 모든 종교 집단이요, 예배
를 보며 각종 행사를 하는 너희는 많
은 사람을 긁어모으며 그를 끌어모으
기에 여념이 없으며,
13 그들을 긁어모았을 때, 그들을 또 계
속 끌고 가고자 그리고 너희가 이끈다
하여 그들을 영원히 죽을 때까지 끌고
다니는 그와 같은 형국을 벗어나지 못
하며 거기서 탈피하지 못하는 백성은
진정한 참진리를 모르니,
14 지금의 이 형태로써는 아무것도 이루
어질 수 없음을 너희는 알아야 할 것
이니라.
15 너희는 많은 사람을 모아 놓으며 그
를 이끌고 다니는 것이 너희의 본업
이니라.
16 그는 무엇이던가?
17 너희는 나의 사랑하는 백성으로부터
재물을 거둬들이고자 하며, 그 재물을
거둬들이기 위하여 갖은 감언이설로
써 나의 피조물 만백성이 참진리요,
하늘에 오르는 길이 무엇인가를 보지
못하고 너희가 끄는 대로 끌려가는
이와 같은 처참한 형국이 되었음이니
라.
18 그러나 너희는 나의 피조물 만백성을
끌어모으며 그들로부터 재물을 거둬
들이고 너희가 각종 그들로부터 사악
한 짓을 다 하고 있으며,
19 너희가 제왕적인 행동을 하며 나의 피
조물 만백성을 어리석은 자라 그리
생각할 것이니라.
20 그러나 여기서 잘못한 것을 모르는 것
이 종교 집단이요, 지도자임을 알라.
21 너희가 금전을 모으기 위하여 발버둥
치는 것은 나 여호와의 백성이 아니
요, 나의 뜻을 전하는 백성이 아니요,
금전의 노예로서 전락한 자며,
22 너희가 신도들을 끌어모으기 위해 갖
은 방법으로써 행하는 것은 신도들의
노예가 되는 것이요,
23 너희가 명예를 얻고자 그와 같은 행위
를 함이니, 너희는 명예의 노예요,
24 너희가 권력을 얻기 위하여 갖은 방법
을 다 쓰고 있음이니, 그 또한 너희가
권력의 노예라는 것이 바로 종교 집단
이요, 지도자이니,
25 너희처럼 불행하고 불쌍한 백성이 없
음이니라.
26 너희의 감언이설에 현혹되어 세상 이
치를 모르고 끌려가는 그 백성보다
더 너희가 각종 역사하는 것, 취하고
자 노력하는 것, 얻고자 노력하는 것,
그것들의 노예가 되어 있으며,
27 그것들의 노예로서 전락했다는 것을
너희는 알지 못하니, 너희보다 불행한
백성이 없음을 알아야 할 것이니라.
28 그리하여 너희가 지금 바른길을 보지
못하며 바른 역사함을 보지 못하느니
라.
29 그와 같은 곳에서 교육받으며 그곳에
세뇌된 백성이 너를 찾으며 나의 성전

에 오며 나의 법전을 읽고 깨우쳤다
하여 너에게 와 눈물을 흘리며 너희에
게 감사하나,
30 그들은 원래 세뇌된 그것을 버리지 못
하여 변화될 줄을 모르며 변화가 무엇
인가를 모르니,
31 또한 너에게 왔다가 고개를 돌리고 떠
나는 백성이 수없이 있을 것이니라.
32 그들이 깨우치지 못하고 가는 것은 자
신의 구원의 문제며 그 자신이 구원의
그 영광의 문턱에 왔다가 지옥으로 추
락하는 그와 같은 것이니,
33 너희의 책임이 아니며, 나의 아들 네
가 져야 할 책임이 아니며,
34 그로 인하여 너희가 가슴 아파하지
말며, 너 또한 마음속으로 울지 말라.
35 그 모두는 그들 스스로 이루는 것이
요, 그들 스스로 선택하는 것이니, 너
스스로 자책해 울지 말며 고통스러워
하지 말라.
36 그 모두는 변화될 줄 모르는 백성이
요, 변화가 무엇인 줄 모르는 백성이
요, 그저 돈의 노예가 된 자요, 신도의
노예가 된 자요, 명예의 노예가 된 자
요, 권력의 노예가 된 자요,
37 그와 같은 종교 지도자 밑에 세뇌된
백성이 얼마나 불쌍한 것인가를 너희
는 곧 알게 될 것이니라.
38 또한, 그들이 얼마나 어리석은가를 알
날이 머지않았으며,
39 너희가 죽기 전에 그 모든 역사가 어
리석었으며, 어떠한 길이 선택된 길이
며 바른길인지를 다 알게 될 것이라
내가 명했듯이,
40 내가 예언하고 약속한 것은 그대로 실
천될 것이니 그날이 머지않았음을 알
라.

6,523 번째 하나님 말씀

2003년 6월 25일 07시 59분

1 사랑하는 나의 아들아!
2 "네, 아버님! 말씀하옵소서."
3 너희가 나에게 오르고자, 하늘에 오르
고자 나의 뜻에 따라 세상에 사는 것
이 너희가 살아야 하는 길이며 너희
가 사는 본분이라 말을 그리하느니라.
4 그러면서 너희는 내가 친필로 써 내
린 십계명이요, 율법이요, 그리고 나
의 법전을 지키고 살 수 없다고 그리
말하며, 나의 아들 예수가 살아왔던
그와 같은 삶을 살 수 없다고 말함이
니,
5 너희는 당연히 그와 같이 말을 할 것
이며 그렇게밖에 할 수 없는 것이니
라.
6 그러나 너희가 한 발짝 나가 들여다
본다면, 그 모두는 다 지킬 수 있으며
행할 수 있는 것이니라.
7 너희가 나의 뜻에 의해 살아갈 수 있
다 하면, 너희가 내 뜻에 의하여, 십계
명에 의하여, 율법에 의하여, 지금 마
지막 심판이라 내리는 나의 법전을 너
희가 목숨을 바쳐 지키고 행하면 할
수 있도록 갈 수 있으며 행할 수 있는
것이니라.
8 그러나 너희는 어찌하는가?
9 그를 위하여 살아가는 것이 아니니라.
10 너희가 목숨을 걸고 살아가는 것은 나
의 십계명이요, 율법이요, 지금 제3의

시대에 마지막 나의 성령을 태워 내리
는 나의 법전을 지키고 살고자 하는
것이 아니라,
11 그를 거역하는 것, 내 뜻을 순종치 않
는 것에 목숨을 걸고 목숨을 바치고
살아가는 것이 너희가 아니던가?
12 너희는 자신의 명예와 부귀영화요, 육
의 삶에 의하여 이웃을 속이기를 그저
두려운 줄 모르며, 남을 넘어트려 너
희가 일어서는 것을 부끄러운 줄 모
르고 행함이니라.
13 너희가 선함을 행하는 것에 목숨을 걸
고 사는 것이 아니요, 악행 하는 것,
나의 뜻을 거역하는 삶에 목숨을 걸고
사니, 어찌 너희가 나의 계명대로 살
수 있단 말이던가?
14 나의 계명이요, 나의 율법이요, 나의
법전에 너희가 반대의 입장에서 그를
거역하며 그를 따르지 아니하며 그리
고 거기에 위배되는 그와 같은 삶을
살기 위해서 목숨을 걸고 살지 않는가?
15 믿음을 위하여 사는 것이 아니요,
16 재물을 거둬들이기 위해서, 너희의 명
예를 위해서, 너희의 잘못된 관습에
의해서 목숨을 걸고 살아가고자 몸부
림치니, 그곳에는 최선을 다하나,
17 진정한 믿음이요, 진정한 깨달음을 위
해서 목숨을 바치고 사는 자는 과연
있는가?
18 나 여호와가 원하는 길, 내가 가고자
하는 길, 너희에게 오라는 그 길의 반
대되는 삶을 너희가 목숨을 바치며 모
두를 다 바치며 그리 살아가는 자들이
니라.
19 그러면서 너희가 어찌하여 나의 율법
을 지키며 나의 십계명을 지키며 나의
법전을 지키고 살아갈 수 있단 말이던
가?
20 너희는 그를 지키고자 생각지도 않으
며, 거기에 목숨을 바쳐 행하려 하지
아니하려는 것이니라.
21 너희는 어떠한 수단과 방법을 가리지
아니하고 나의 계명을 속이고 또 그를
위배한다 해도 육의 부귀영화요, 육의
삶의 향락을 위해서는 목숨을 바쳐 투
쟁하는 자보다 더 무섭게 살아감이니,
22 이게 바로 너희가 오늘을 살아가는
그와 같은 형국이 되었음이니라.
23 모든 종교 집단, 지도자요, 또한 신도
라는 자, 그 백성이 어찌하는가?
24 너희가 나에게 경배하고 기도하여 하
늘에 오르겠다 하며, 나의 아들 예수
의 이름을 찾으며 구원을 받는다 하
며, 나의 아들 예수가 행하고자 했던
그 사랑의 길을 위하여 목숨을 바쳐
행한다면 율법이요, 십계명이요, 그것
이 아무것도 아니거늘,
25 너희는 사랑을 위배하는 것, 사랑을
거역하는 것, 베풂을 거절하는 것, 베
푸는 것을 행하지 않는 삶에 대해서는
목숨을 걸고 죽기 아니면 살기로 물고
늘어지며 노력을 하느니라.
26 그러니 이게 어찌 있을 수 있단 말이
던가?
27 하늘을 향해서 오르는 길을 위해 목숨
을 바치는 것이 아니요, 하늘에 오르
는 그 반대의 길에 목숨을 바치고 싸
우고 살아감이니, 이를 어찌하는가?
28 이와 같은 형국이 너희이니라.
29 그들을 바로잡아야 할 것이니라.

30 그들이 하늘에 오르는 길이요, 나의
율법이요, 계명을 따르고 지키는 것,
이제는 제3의 시대에 마지막 내리는
나의 법전을 읽고 깨우쳐 하늘에 올라
야 하는 것을,
31 너희는 이 세 가지를 거역하는 일에
목숨을 바치며, 이를 지키고자 목숨을
바치지 아니함이니,
32 이를 지키고 살고자 하여 너희가 목
숨을 바치고 살아간다 해도 살까 말까
하며 그 길을 갈까 말까 하는 그 어렵
고 힘든 길을, 반대의 길로 목숨 걸고
내닫고 달려가고 있음이니,
33 그러면서 어찌하여 너희가 계명이요,
율법이요, 나의 십계명을 지켜 하늘에
오를 수 있단 말이던가?
34 모든 종교 집단이요, 지도자요, 구원
을 받았다는 백성 너희가 살아가는
모습이 그러하니라.
35 내가 이리 말하면 너희는 나를 사탄
이요, 사악한 자요, 너희는 그리 살지
아니한다고 그리 말하나,
36 너희가 하는 그 행위를 하나하나 들
여다보도록 그리하라.
37 내가 오죽하면 너희가 이단이요, 사이
비라는 그 종교 집단이요, 지도자들이
잘못한 것보다 너희가 천배 만배 더
악한 짓을 저지르고 산다고 그리 말
하였겠는지, 너희 스스로 가슴에 안고
생각해 보라.
38 너희가 재물이요, 모두를 거둬들이는
그와 같은 짓을 하니,
39 나는 베풀고 살며 나눔이라 그리하였
느니라.
40 그러니 너희가 과연 그 뜻을 따르며
살고 있는가?
41 너희가 한번 행하는 걸 보라.
42 행하는 것이 하늘에 오르는 길이라 하
였거늘, 행하는 것은 필요 없으며 그
저 믿음이라는 것을 말로 부르짖으면
된다고 그리 말하고 있음이니,
43 그 모두가 너희가 나의 뜻에 따라서
오는 것이 아니요, 나의 뜻을 거역하
는 것에 목숨을 바치며 가는 이와 같
은 웃지 못할 형국이 되어 있음이니,
44 그러니 지금 내 뜻을 거역하며 그와
같은 믿음 속에서 구원을 받았다고 평
생 몸부림치고 가는 백성은 하나도 구
원받은 자가 없으며 의인이 없으며 하
늘에 오르는 백성이 없다 하였음이니
라.
45 이제 너희는 알아야 할 것이니라.
46 너희가 나로부터 선택된 백성으로 살
고자 하면 내가 직접 불로 써 내린 친
필인 십계명을 지키는 데 목숨을 바치
라.
47 그를 거역하는 것, 그를 위배하는 것
에 목숨을 바치고 사는 것이 너희라
내가 일깨워 주었음이니,
48 이제는 너희 자신을 돌아다봐 그를 지
키는 삶으로 살 것이며,
49 너희가 그를 지키고 살다 보면 나의
법전을 보았을 때, 내가 원하는 뜻을
알게 될 것이니,
50 나의 법전이요, 지금 제3의 시대에 마
지막 심판의 기준인 법전이요, 십계명
이요, 율법을 너희가 목숨을 바쳐 지
키고자 살아가라.
51 지금의 삶은 모두를 거역하고 반대를
위해 너희가 살아왔다는 것을 잊지

말라.
52 이 무서운 삶 속에서 어찌 너희가 구원을 받는단 말이더냐?
53 너희가 평범히 살아가는 것도 아니요,
54 지옥으로 가는 죄를 가슴에 안고 걸머지면서 심판을 받아 하늘에 올 수 있다고 그리 생각함이니,
55 선행을 하며 나의 뜻에 의해 살며 아름답게 살아도 너희가 올까 말까 하는 그 어렵고 힘든 길에,
56 죄의 죄목만을 위하여 살아가며 그 죄를 가슴에 안는 행위만을 하고 살아가면서 어찌 구원을 받을 수 있단 말인가?
57 너희가 하늘에 오르는 것이 아니요, 땅속으로 들어가는 짓만 하고 있음이 오늘의 믿음이요, 모든 종교 집단, 지도자가 하는 행위라는 것을 잊지 말라.

6,524 번째 하나님 말씀

2003년 6월 25일 08시 06분

1 사랑하는 나의 아들아!
2 모든 종교 집단에서 지도자라 하는 자, 그리고 모든 종교에서 만백성을 깨우치고자 하는 자, 그와 같은 백성은 과연 그들이 해야 할 일이 무엇이며 그들이 역사하는 것이 무엇인 줄 알겠는가?
3 나의 피조물 만백성, 사랑하는 백성을 깨우쳐 하늘에 오르고자 그 역사를 이끈다는 그 종교 지도자들은 과연 무엇이던가?
4 내가 성서에 기록하여 너희에게 일찌이 깨우쳐 주었음이니라.
5 나 여호와는 하늘의 신랑이요, 나의 사랑하는 백성 모두는 신부와 같은 그와 같은 관계라 하였으니,
6 너희 종교 지도자는 바로 사랑하는 나의 피조물 만백성과 나 여호와와 중매 역할을 하는, 그 중신하는 사람과 같음이니라.
7 중매 역할을 하는 자들이 지금의 종교요, 교회요, 모든 목사요,
8 종교 집단의 지도자 그들이 해야 할 일이 그것이니라.
9 그러나 너희는 과연 중매 역할을 제대로 하고 있다 생각하는가?
10 내가 내려다보는 너희는 얼마나 사악한 행위를 하고 있는가?
11 중매쟁이로서의 역할을 다해야 할 너희는 나 여호와와 사랑하는 나의 백성과의 그 중매 역할을 하면 되는 것이며 중매자의 임무이니라.
12 그러나 중매자의 임무를 맡았다는 종교 집단의 지도자 너희가 하는 행위는 무엇이던가?
13 중매쟁이로서 선을 보도록 만들며 자리를 만들어 그를 역사하도록 해 주면 되는 것이거늘,
14 중매쟁이가 그 신부와 신랑을 중매하기 위하여 신부를 보니, 신부가 너무나 예쁘고 곱고 아름다워 신부를 가로채어 데리고 사는 그와 같은 형국이 오늘의 너희가 그러하니라.
15 신랑인 나에게 너희가 신부를 소개한다 하여 그들을 불러내어 만나 보니 그 자태가 아름다우므로 너희가 그들을 데리고 사는 그와 같은 사악한 행

위를 하는 것이 오늘의 종교 집단의
지도자 너희가 하는 짓이라는 것을
알아야 할 것이니라.
16 나의 백성이 나를 알게 하며 나에게
보여야 할 신부들을 너희가 거느리고
그들을 데리고 살며, 각종 사악한 행
위를 너희가 하고 있음이니라.
17 그리하여 너희가 그 신부들을 납치하
여 신부를 가로채어 너희가 하고 있
는 추한 행위는 그를 볼 수 없는 형국
에 있음이니라.
18 그리하여 너희는 그와 같은 나의 신
부를 가로채어 그 신부로부터 노동력
과 재물과 금화를 모으는 데 모두를
동원하여 쓰고 있는 것이 너희의 행
위라면 과연 너희는 이를 어찌 평가
하는가?
19 나 여호와가 너희를 보기는 그와 같
은 중매쟁이로서 신부를 납치하는 자
들이니라.
20 그러니 나의 백성이요, 나의 신부인
그들을 너희가 납치하여 데리고 살고
있는 중매쟁이와 같으니, 그 중매쟁이
가 얼마나 사악하고 잘못된 자이더냐?
21 지금 그와 같은 행위를 하는 것이 너
희이니라.
22 이제 남의 신부를 가로챈 중매쟁이,
그곳에서 얽매어 사는 신부, 너희는
무엇이 잘못되었으며 무엇이 잘되었
으며, 너희가 가야 할 길이 무엇이며
너희가 맞이해야 할 신랑이 누구인가
를 깨달아 하늘의 뜻을 깨닫지 못한다
면, 너희는 정녕 구원을 받을 수 없는
이와 같은 형국이니라.
23 내가 너희에게 단적으로 표현해서 가
르쳐 줌이니,
24 바로 중매쟁이인 종교 집단의 지도자
인 너희가 지금 예쁘고 고운 그 신부
를 사악한 방법으로 납치하여, 신부를
데리고 너희의 신부로 만들어 사는 사
악한 행위를 하고 있는 것이 지금의
종교 집단의 지도자들이 하는 길이라
함이니,
25 여기에 너희가 살을 붙이고 뼈를 붙여
어떠한 의미요, 어떠한 뜻인가 알아야
할 것이니 그리 알라.

6,525 번째 하나님 말씀

2003년 6월 25일 08시 14분

1 사랑하는 나의 아들아!
2 "네, 아버님! 말씀하옵소서."
3 모든 종교 집단의 지도자는 남녀가 서
로 만나는 역할을 하는 중매쟁이라 내
가 그리 말하였음이니라.
4 그러나 중매쟁이가 중매하다 보니 신
부가 아주 아름답고 예쁘고 고와 머
리를 굴리고 또 굴려 나의 신부를 저
희가 가로챈 자라 하였으며,
5 제 신부로 만들어 데리고 사는 자들이
지금의 종교 지도자라 내가 그리 말하
였음이니라.
6 그러니 그들의 죄가 얼마나 두려우며
얼마나 무서운지를 아는가?
7 그들이 얼마나 사악한 행위를 하고 있
는지 그 자신은 모르느니라.
8 그러면서 신부들을 저 자신의 신랑을
만나지 못하도록 하며, 그리하여 그들
에게 갖은 현혹하는 방법으로써 그들
을 속이고 사는 것이 지금 도둑과 같

은 자들이니라.
9 그리하여 그 신부들로 하여금 제정신
을 차리지 못하며, 진작에 제게 정해
진 신랑이 있었다는 것을 알지 못하도
록 그들을 너희가 묶어 놓고 끌고 감
이니라.
10 그리하여 그들에게 노동력과 금화요,
은화요, 모든 재산을 다 갈취하며, 그
들로 하여금 맹종맹신하도록 만들어
가는 것이 너희가 아니던가?
11 그리하여 노동력으로써 더 많은 금화
와 은화를 거둬들여 더 많이 바치는
자, 맹신하고 맹종하는 자를 너희는
사랑한다 그리 말하며,
12 신부를 놓고 이 사람에게 이 말을 하
며 저 사람에게 저 말을 하는 그와 같
은 사악한 자의 형태로써 살아감이니,
13 너희는 곧 나의 신부를 가로채 납치해
간 도둑이요, 사악한 자이니라.
14 이제는 나의 법전으로써 정녕 그를 읽
고 깨우침으로써 모든 신부요, 도둑에
게 잘못 넘어간 그 신부들이요,
15 정녕 아름답고 선한 신랑인 나에게 오
를 수 있는 것이 아니요, 잘못된 자들
에 의해 도둑에게 납치되었으며 도둑
의 간교한 방법으로 잘못된 도둑에게
시집을 갔다는 것을 알며 그 아내가
되었으며 그 신부가 되었다는 것을 깨
우쳐,
16 정신을 차리며 너희의 바른 신랑이 따
로 있음을 보여 주고자 하는 것이 내
가 너희에게 법전을 내리는 그 의미
요, 뜻이니라.
17 그러나 너희가 나의 법전을 읽고 깨우
쳐서, 정녕 새로운 신랑이요, 선택된
신랑이 있었다는 것,
18 너희가 지금 살고 있는 그 신랑은 사
악한 자요, 도둑이라는 것을 알았을
때, 그를 단죄할 수 있는 여인이 되어
야 할 것이며,
19 그를 단죄하는 여인만이 그래도 절개
를 지키는 여인이라 내가 말할 수 있
음이니라.
20 그러나 절개를 지키는 여인이 아니라,
그 도둑이요, 사악한 삶이 영광이요,
축복이요, 행복이라 그리 생각하여 이
미 넘어진 길, 이미 엎질러진 물, 그릇
에 담을 수 없다 하여 그와 같이 사는
자는 절개를 지키지 못하는 자요,
21 진정한 정해진 신랑을 보지 못하는 자
요, 신랑과의 은혜를 소홀히 생각하는
자라 내가 그리 말한다면 너희는 어
찌하겠는가?
22 그와 같은 신부는 모른다고 나도 그리
말할 것이니라.
23 이제 160권의 세상에 내려가는 법전
을 보고 너희가 도둑의 감언이설에
정녕 신랑을 보지 못하며 사악한 중매
쟁이로부터 너희가 그 도둑과 같은 자
들에게 너희 인생을 망쳤다 생각하면,
24 지금이라도 너희가 그를 다스리며 단
죄하는 그와 같은 용기 있는 여인이
되어야 할 것이니 그리 알라.
25 그와 같은 용기 없는 자, 그와 같은 용
기 있는 자신의 행동을 하지 못하고
그저 끌려가는 자,
26 너희는 정녕 진정한 신랑 나 여호와를
볼 수 없음이니, 너희는 그리 알아야
할 것이니,
27 내가 이를 비유하여 너희에게 깨우쳐

주고자 하는 그 뜻을 너희는 알겠는
가?
28 너희는 도둑의 신부가 되어 도둑의 아
내가 되어 지금 살아감이니, 도둑의
아내가 결국 갈 곳이 어디이던가?
29 지옥 불이니라.
30 지금이라도 너희가 나의 법전을 읽고
깨우쳐 너희에게 진정 정해진 나 여
호와 신랑이 있음을 알며,
31 나를 향하여 너희가 마지막 모두를
다 바치겠다는 변화된 마음이요, 절개
를 지키는 여인이요, 그와 같은 마음
으로 돌아설 때, 너희는 하늘에 오르
는 길을 보며 내 품에 올 수 있다는 것
을 잊지 말라.
32 이제 너 자신을 훔쳐 간 그 사악한 도
둑에게서 너희가 힘차게 뛰쳐나오는
용기와 자신감을 가지며, 그 길을 깨
우치고자 내가 법전을 내려보내니, 이
를 읽고 너희가 정독해서 깨우치라.
33 그러면 너희가 신부로서 잘못된 것을
알며, 너희 인생을 망치며 너희를 망
친 그 도둑을 단죄할 수 있는 용기가
있을 것이니,
34 그를 단죄하는 자만이 내가 너희를
거두어들이며 받아들임을 잊지 말라.
35 너희의 과오를 용서해 줄 것이니라.

6,526 번째 하나님 말씀

2003년 6월 25일 08시 20분

1 사랑하는 나의 아들아!
2 "네, 아버님! 말씀하옵소서."
3 너희가 육의 세상에서 살아가는 것,
육의 향락에 젖어 사후 세계요, 나에
게 오를 수 있는 그 길을 오지 못하며
그 빛을 보지도 못하고 지옥으로 가는
그와 같은 삶을 사는 너희 모습이 어
떤 줄 알겠는가?
4 곧 바닥나 끝나는 그와 같은 꿀이 한
방울씩 떨어짐이니,
5 너희의 육의 삶은 곧 바닥나는 한 방
울씩 떨어지는 그 꿀을 받아먹는 재미
로써 너희가 사는 것이며,
6 그 재미가 인생 전부라 그리 착각하고
있음이니,
7 곧 머지않아 바닥난다는 것을 알지 못
하며 그를 잊지 못하고 떨어지는 그
꿀 방울에 모두를 다 바치고 살아가는
그와 같은 어리석은 삶을 사는 것이
너희이니라.
8 이제 현명한 백성이요, 깨달은 백성이
요, 나로부터 지혜를 받은 백성이라
면, 곧 바닥날 한 방울씩 떨어지는 그
꿀을 받아먹는 것이 영원히 지속될
것이라며 그를 위해 살아가는 그와 같
은 어리석은 삶에서 벗어나도록 그리
해야 할 것이니라.
9 인생이란 무엇이던가?
10 바닥이 곧 날 수 있는 그 꿀을 받아먹
고 산다는 것은 한계가 있음이니, 그
꿀이 떨어진다는 그 한계를 모르고 사
는 것이 너희이니라.
11 너희의 육의 죽음이 그와 같이 역사
하며 온다는 그 자체, 그리고 그 후에
는 너희 영혼이 어찌 살아가는 것인지,
12 영원히 살아가는 그 세상이 있음이니,
하늘에 오르면 너희는 천국에서 영원
히 사는 것이요, 너희가 지옥으로 가
면 그 대가를 치르며 지옥 불에서 영

원히 암흑의 세계에서 존재한다는 것
을 너희는 어찌 모르는가?
13 그 꿀을 받아먹는 재미로 사는 것이
너희이니, 거기에서 벗어나며, 다음의
세상이 있으며,
14 꿀이 떨어졌을 때 너희가 그를 어찌
대비해야 할 것인가, 그와 같은 현명
한 삶을 사는 백성으로 살아가야 할
것이며,
15 그를 대비하지 아니하는 백성, 너희는
다음에 꿀이 떨어졌을 때 이미 어찌할
바를 모를 것이며,
16 너희 앞에 가 있는 너희 형제를 따라
갈 수 없으며 그들을 따라잡을 수 없
는 것이니라.
17 그러니 이제 사후 세계요, 다음 세상
의 삶을 준비하는 그와 같은 현명한
백성이 되어야 함을 잊지 말라.
18 너희가 다음 세상을 위해 꿀이 떨어졌
을 때를 대비할 수 있는 그 준비된 삶
을 살지 않는 자는 그 꿀이 떨어졌을
때 살아가는 방법을 모르며 지탱할
능력이 없게 됨이니,
19 그때는 이미 너희가 무엇을 배워서
무엇을 깨달아서 새로운 방법을 찾기
가 너무 늦었음이니,
20 너희는 이미 꿀을 받아먹다 보니 쇠
진해 있으며 지쳐 있으며 그 습관에
젖어 있으며 그 습성에 젖어 있으니,
21 그 꿀이 떨어지기만 바라보다 너희가
죽어 가는 그와 같은 백성의 형국으로
될 것이니라.
22 이제 너희는 내가 극단적인 표현으로
써 너희에게 막 깨우치고자 함이니라.
23 이와 같은 나의 성령을 기록하여 너희
에게 전하는 뜻을 깊이 알아, 너희는
시간이 없으며 너희를 기다려 주는
시간이 없는 이 무서운 현실 속에서,
24 너희가 나의 법전을 읽고 깨우쳐 사후
의 세계, 미래의 삶을 대비하는 그와
같은 현명한 나의 백성으로서 거듭나
는 역사를 얻도록 그리하라, 사랑하는
나의 아들딸들아!
25 그를 저버리며 그를 보지 못하면 너희
는 나에게 올 수 없음이니,
26 지금은 나에게 오르는 길이 어떤 길이
요, 나에게 오르는 것이 어떤 영광인
지 내가 그림으로 보여 줄 수 없으며,
너희 머리로써, 너희 눈으로써 보여
주지 못함이니, 너희가 이 위대함을
모르는 것이니라.
27 그리고 지옥이 어떠한 것인가를 너희
가 보지 아니하여 볼 수 없기 때문에,
그 무서움과 두려움이 어떤 것인가를
모름이니, 그 심판의 날이 머지않았음
이니 그리 알라.
28 내가 선하고 아름답게 사는 것이 하늘
에 오르는 길이라 하였음이니,
29 인간은 한계가 있어 육으로써 사는 것
은 아무리 선하고 선한 일을 해도 심
판을 받는 것은 관계없다는 사악한 자
들의 말에 현혹되지 말고, 너희를 지
옥으로 이끄는 자들을 단죄할 것이며,
30 그들의 말에 현혹되지 말고 너희가
나의 법전을 읽고 깨우쳐 하늘에 오르
는 그 영광을 얻도록 그리하라.
31 그리하지 아니하는 자, 너희는 지옥
불로 감을 잊지 말라.

6,527 번째 하나님 말씀

2003년 6월 25일 08시 25분

1 사랑하는 나의 아들아!
2 "네, 아버님! 말씀하옵소서."
3 너희가 인간 세속에 전하여 흘러오는
말 중에 '작심삼일'이라는 말이 있음
이니,
4 육의 생각이요, 육의 속성으로써 너희
는 그 모든 각오를 3일을 넘지 못한다
고 그리 말하고 가르침이니라.
5 그리하여 종교 지도자들이 뭐라 말하
는가?
6 인간의 노력으로는 인간의 속성을 다
스릴 수 없으며 바로잡을 수 없기에,
그 모두는 나 여호와가 너희에게 임
하여 이루어 줘야 한다고 그리 말함
이니라.
7 그러나 나의 법전을 읽고 깨우친 백성
이요, 나의 아들을 따르는 백성 너희
는 알아야 할 것이니라.
8 '작심삼일'이요, 3일도 못 간다는 너희
육의 속성을 제거하는 그와 같은 노력
이 필요하며,
9 너희는 영원히 지속할 수 있는 그와
같은 마음의 변화를 이루어 나로부터
영광을 받으며 영광을 얻으라 하는 것
이 나 여호와의 뜻임이니라.
10 그러니 너희 인간이 아무리 노력하고
생각해도 너희가 가지는 마음이요, 습
관을 버리는 데 3일을 넘기지 못하고
반복하는 그와 같은 삶을 산다 하니,
11 너희는 '작심삼일'이라는 것, 인간은 3
일도 못 간다는 그와 같은 인간의 속
성을 제거받는 영광을 얻는 삶을 살도
록 그리하라.
12 너희가 그리하여 인간이 노력하는 것
을 저지하며 인간이 노력하는 데 게을
리하며 인간이 변하고자 하는 데 그들
에게 변할 수 없다는 그와 같은 나약
한 백성으로서 너희가 심어 줌이니,
13 그게 곧 사탄이요, 사악한 자들이 나
의 피조물 만백성을 현혹하는 말이니
라.
14 그리하여 저희가 무너지는 것은 타당
하며, 그 습성을 고치지 못하며 악습
을 고치지 못하는 것, 너희가 선하게
살고자 하나 또한 그것을 고치지 못하
는 것이 당연하며, 그게 죄가 됨을 모
르고 살아가도록 나의 피조물 만백성
을 너희가 그리 가르쳐 주고 있음이니
라.
15 그러나 인간의 노력이라는 것은 무서
우며 인간의 노력은 한계가 없을 정도
로 너희에게 노력하는 힘과 용기를 나
여호와가 부어 줌을 너희는 알아야
할 것이니라.
16 그리하여 너희가 최선의 노력을 다하
는 자는 내가 모든 영광을 내려 줌이
라 말하였지 않던가?
17 말로써 모든 것을 행하는 자, 말로써
역사하는 자는 믿음을 구할 수 없으며
내가 그들을 기억하지 아니한다 하였
음이니라.
18 이제 '작심삼일'이라는 그 인간의 속
성의 마음의 뜻이요, 생각을 모두 제
거하며 변화된 삶으로 살아야 할 것이
며,
19 인간은 영원히 지킬 수 있으며 영원히
변할 수 있다는 그와 같은 가르침으로

써 나의 피조물 만백성이 눈을 뜨도록
하며 그들의 귀를 열어 줘,
20 인간은 3일도 못 간다는 그 속성의 변
화를 너희가 뿌리째 뽑아내는 그와
같은 가르침이요, 그와 같은 훈련을
나의 피조물 만백성에게 시켜야 할
것이니 이를 깊이 명심하여 행하도록
할 것이며,
21 너희 자신부터 3일도 못 간다는 인간
의 그 속성을 제거하고 뿌리부터 뽑아
버려, 너희가 나로부터 영광을 얻는
그와 같은 은혜를 받도록 그리하라,
사랑하는 나의 아들딸들아!

6,528 번째 하나님 말씀

2003년 6월 25일 11시 23분

1 "너는 나 외에는 다른 신들을 네게 있
게 말지니라.
2 너를 위하여 새긴 우상을 만들지 말
고, 또 위로 하늘에 있는 것이나 아래
로 땅에 있는 것이나 땅 아래 물속에
있는 것의 아무 형상이든지 만들지 말
며, 그것들에게 절하지 말며 그것들을
섬기지 말라.
3 너는 너의 하나님 여호와의 이름을 망
령되이 일컫지 말라.
4 안식일을 기억하여 거룩히 지키라.
5 네 부모를 공경하라.
6 살인하지 말지니라.
7 간음하지 말지니라.
8 도적질하지 말지니라.
9 네 이웃에 대하여 거짓 증거하지 말지
니라.
10 네 이웃의 집을 탐내지 말지니라.
11 나 여호와가 존재함을 믿는 그 자체가
구원의 길에 들어서는 기본이요, 근본
이며, 나의 법전을 가슴에 안고 정독
하는 자, 반석 위에 서서 하늘에 오르
는 찬란한 빛을 보게 되는 영광을 얻
게 됨이니라."
12 사랑하는 나의 아들아!
13 "네, 아버님! 말씀하옵소서."
14 너의 사랑하는 제자들이요, 나의 피조
물 만백성 중에 나의 법전을 읽은 백
성 너희는 알고 깨우쳐야 할 것이니
라.
15 십계명을 내가 직접 써 내린 나의 친
필이라 하였음이니,
16 지금 4천 년의 역사가 흘러오며 2천
년의 역사요, 모두 6천 년의 역사가
흘러온 이 시점에서,
17 내가 직접 불로 써 내린 그 계명을 암
송하며 기도하며 경배하며 나의 뜻을
받아 기록하는 백성이 과연 어디에
있는가?
18 그 많은 종교 집단이요, 지도자요, 그
많은 물질이요, 그 많은 숫자를 가지
고 있는 너희는 오만하고 방자하며,
19 이해관계요, 그저 달고 달콤한 것, 그
리고 너희에게 즐거움을 주는 그와 같
은 것을 암송하며 그와 같은 구절만을
가지고 나의 피조물 만백성을 가르치
고 깨우치느니라.
20 내가 직접 불로 쓴 나의 친필이요, 나
의 계명을 지키고 사는 것이 가장 중
요하고 소중한 것이라 내가 그리 말하
였으며, 나의 십계명을 암송하지 아니
하며 이를 지키지 아니하는 자는 영혼
의 양식을 구원할 수 없다고 그리 말

하였음이니라.
21 그러니 나의 아들은 내가 친필로 써
내린 십계명을 암송하고 또 암송하니,
나의 아들보다 십계명을 많이 암송하
는 자 있는가 너희는 한번 가슴에 손
을 얹고 생각해 보라 전하라.
22 너희는 달콤한 꿀을 찾아 설교하며 재
물을 모으고자, 금화와 은화를 거둬들
이기 위하여, 구원을 받겠다 찾아간
나의 백성으로부터 재산을 긁어모으
기 위하여 달콤한 말로써 가르치고 설
교하며 그를 암송하고 연구하여,
23 나의 피조물 만백성의 손에 낀 반지
요, 그들의 지갑 속에 있는 지전까지
도 다 긁어내는 것만 연구하는 자들이
요,
24 나의 아들은 내가 직접 써 내린 친필
이요, 그 십계명을 암송하고 암송하며
그를 지키고자 몸부림치며, 또한 그
제자들에게 그를 지키라 명하며 살아
가는 자니,
25 과연 너희는 어느 누가 진정한 나의
아들이요, 나의 뜻을 위하여 살아간다
생각하는가?
26 너희는 이를 하나 보고도 깨우침을
얻어야 할 것이거늘, 어찌하여 너희는
불쌍하고 어리석은 삶을 사는가?
27 이제 내가 나의 아들을 따르는 제자
요, 구원을 받았다는 백성 너희에게
물어보고자 하노라.
28 너희는 과연 이 세상을 살아가면서
얼마나 사랑하며 얼마나 마음을 비우
고 살며 욕심을 버리고 살며 나 여호
와의 뜻에 따라 살아간다 생각하는가?
29 너희가 살아가는 생활 속에 너희 육
이요, 너희 육의 행복과 육의 향락을
위해서 노력하고 사는 것은 죽기 아니
면 살기로 하나,
30 너희가 믿음이요, 나에게 오르는 길이
요, 나의 뜻을 지키고 살아가는 길을
가라는 것은 과연 얼마만큼 정성과 그
모두를 다 바치며 그 뜻을 지키고 살
아가는가?
31 너희는 나의 뜻을 거역하는 것이요,
나의 뜻을 역행하는 것에 목숨을 바쳐
행하고 실천하고자 하면서 나에게 오
를 수 있는 백성이라 그리 부르짖고
있음이니,
32 너희가 과연 나의 뜻에 따라 얼마나
실천하고 사는가?
33 그리고 너희의 마음이 과연 얼마나
비워졌으며 얼마나 마음이 아름다워
졌는가?
34 너희 자신을 돌이켜 보며 한번 생각해
보도록 그리하여야 할 것이니라.
35 너희는 무엇을 위해서 살며 무엇을 위
해 발버둥치는가?
36 너희는 나에게 오르고자 하는 길이요,
하늘에 오르고자 하는 그 역사의 깨달
음을 위하여, 참진리를 위하여, 내가
불로 써 내린 너희 영혼의 양식인 십
계명을 지키기 위하여 목숨을 걸고 살
아가는 그와 같은 삶을 사는가?
37 그와 같은 길에 너희가 목숨을 바치
며 참진리를 알아 하늘의 뜻을 알며
내가 너희에게 내려 준 생명의 은혜
요, 그 모든 은혜에 감사하는 마음으
로써 노력하고 살아가도 하늘에 오를
까 말까 하다 내가 그리 말하였거늘,
38 너희는 나의 뜻을 거역하는 삶에 모두

를 바치며 그 길을 위하여 달려가는
그와 같은 삶을 살고 있다 하면 믿겠
는가?
39 너희가 뒤로 돌아서 달려가는 것이
나에게 오르는 길이거늘, 너희는 앞만
보고 두 주먹을 쥐고 뛰어가고 있음이
니,
40 진정 너희는 나와 멀어지는 그와 같
은 삶을 산다 하면 믿겠는가?
41 그것이 오늘의 종교 집단이요, 지도자
가 이끌고 가는 방법이니라.
42 이제 사랑하는 백성 너희는 달려가는
그 발길을 멈춰야 할 것이니라.
43 그리고 내가 나의 아들을 통하여 내리
는 나의 법전을 접하여 그 내용을 너
희가 알고 깨우쳐야 할 것이니,
44 이 법전에만이 너희가 하늘에 오르는
길이 거기에 다 있으며, 너희가 하늘
에 오르는 길의 이치가 거기에 있으
며, 길잡이가 거기서 기다리고 있다는
것을 잊어서는 아니 될 것이니 그리
알라.
45 이제 너희가 과연 가슴속에 있는 욕
심을 얼마나 비웠으며, 너희 삶을 위
하여 나를 위한 삶이요, 나의 뜻에 의
한 삶이요, 나 여호와의 영광을 돌리
고자 사는 삶으로 얼마나 살아가는가?
46 너희 자신을 두드려 보고 점수를 매겨
보라.
47 과연 너희가 구원을 받았다 말할 수
있는 백성의 삶을 오늘에 사는가?
48 아무것도 변한 것이 없으며 버린 것
이 없다는 것을 너희는 알아야 할 것
이니,
49 너희 스스로 변했다는 것을 느끼며
너희가 변한 것을 안다는 것은 너희
가 위급한 상황이요, 급한 상황에서
정도의 길을 가는 것이 바로 깨달은
자이니라.
50 나의 아들 예수를 따르는 그 제자들이
어떠했는가?
51 그가 죽어 갈 때 그들은 당황하여 다
도망갔으며 등을 돌리고 달려갔으며,
52 그들은 제자리를 몰랐으며 저희가 해
야 할 일을 몰랐으며 저희가 어찌해
야 할 것인가를 몰랐느니라.
53 그저 당황하고 황급하여 저희의 육신
을 위하여 당연히 도망가고 피하는 그
와 같은 행위를 하였으니,
54 너희가 그와 같이 유사시에 어려운
상황에 부딪혔을 때, 너희가 나를 버
리지 아니하며 나를 믿고 의연히 기다
리는 그와 같은 믿음의 마음을 가지고
가야만 될 것이니라.
55 너희 앞에 총칼을 대며 너희 목숨이
당장 죽어 가는 그와 같은 실정에 있
다 하여도,
56 내 뜻을 믿으며 내가 명한 것을 믿으
며, 내가 구원해 준다 하면 너희에게
총칼이 날아오고 칼이 너희 몸을 비집
고 온다 하여도 너희는 내가 구원해
준다는 그와 같은 믿음이요, 신념을
지니고 가는 자가 구원을 받을 수 있
음이니,
57 너희는 어떠한 믿음을 가지고 가는가
스스로 한번 다스려 보고 깨우쳐 봐야
할 것이니, 이제는 너희를 달구고 나
갈 때가 되었느니라.
58 이제 내가 너희에게 초등 학문을 가
르치는 그와 같은 수준이 넘었으며,

이제는 고등 학문의 하늘의 진리를 가
르쳐야 할 때가 되었음이니,
59 너희가 그와 같은 굳은 마음으로써 나
의 법전을 접하고 행동하지 아니하면,
너희는 고등 학문을 배울 자격이 없으
며 그 수준에 들어올 수가 없다는 것
을 알아야 할 것이니 그리 알라, 사랑
하는 나의 아들딸들아!

6,529 번째 하나님 말씀

2003년 6월 25일 11시 32분

1 사랑하는 나의 아들아!
2 "네, 아버님! 말씀하옵소서."
3 나의 피조물 만백성 그들에게 전하라.
4 내 사랑하는 아들 예수의 죽음은 과연
무엇을 위함이요, 무엇을 위해 그는
어렵고 힘든 그 길을 갔는가?
5 너희는 정녕 그를 돌이켜 보며 진심으
로 생각해 보며 연구해 보는가?
6 나 여호와가 권능이 없으며 내 아들을
살릴 만한 능력이 없으며 나의 아들
예수를 보호할 수 있는 그와 같은 힘
이 없기에, 나의 아들 예수를 그리 죽
어 가게 했다 너희가 그리 생각하고
가고 있는가?
7 그를 구원할 수 있으며 구원할 능력이
있으며 권능이 있는 나 여호와가 나의
아들의 죽어 감을 바라보며 그를 구원
하지 않은 그 뜻이 과연 어디에 있는
가?
8 너희는 애절한 나의 뜻이요, 그 마음
을 생각해 봤는가?
9 그것이 무엇으로 하여금 그리 이루어
졌던가?
10 모든 능력과 권능을 가진 나 여호와
가 나의 아들 예수를 왜 그리 죽게 하
였는가?
11 너희는 그를 생각해 보고 깨닫는 백성
이 과연 얼마나 있는가?
12 너희는 그 의미를 어찌 생각하며, 너
희는 그 애절한 마음의 나의 뜻을 생
각하는 자가 어디에 있는가?
13 나의 아들의 죽음의 그 아픔의 고통을
감내하는 내가, 모든 능력을 가지고
있으며 그를 구할 수 있는 나 여호와
가,
14 내 자식이 죽어 가는 것을 바라보면서
그를 구원하지 아니한 나 여호와의 뜻
을 생각하며, 그 뜻을 음미하며, 그 뜻
에 감사하며, 그 뜻에 따라 살고자 하
는 백성이 과연 얼마나 있으며 얼마나
깨달음이 있는가?
15 그러면 왜 그를 그 고통의 길을 가게
했는가 너희는 알아야 할 것이니라.
16 너희는 지금 뭐라 말하고 있느냐?
17 진리를 부르짖었던 그를 죽게 했던 자
를 그가 사랑하는 그 사랑의 베풂을
실천하고 행하는 것을 너희에게 가르
쳐 주고자 그리했거늘,
18 너희는 그가 살아왔던 삶이요, 그 고
통스러운 길을 간 의미를, 그 뜻을 어
찌 받아들이며 어찌 깨닫고 있는가?
19 너희가 수없이 짓고 지은 죄, 사악하
고 추악하게 살아온 너희가 안고 있
는 죄를 모두 다 용서해 주며 그를 탕
감해 주려고 나의 아들이 죽었다고
그리 말함이니,
20 너희가 얼마나 나를 모욕하며 나를 욕
되게 하며 나를 능멸하는 행위인지 알

겠는가?
21 너희가 나의 아들이 어찌 살아갔으며,
어찌 사랑을 베풀며, 나 여호와가 너
희에게 사랑이 무엇인가를 내가 베푸
는 그 사랑을 나의 아들을 통하여 너
희에게 전하여 그리 살아 나에게 오르
라 하였건만,
22 모든 종교 집단이요, 지도자들은 뭐라
말하느냐?
23 너희가 추하고 더럽게 짓고 지은 그
수많은 죄를 나의 아들이 용서해 주며
탕감해 주며, 그를 대신하여 죽음의
길로 갔다고 그리 말함이니, 이를 보
는 나 여호와의 찢어지는 아픈 가슴을
너희는 알겠는가?
24 나 여호와가 눈을 감을 수밖에 없으
며, 내가 눈을 뜨고 세상을 볼 수 없는
이 지경에 이르렀음이니, 나 여호와의
아픈 마음을 아는가?
25 그 죽음의 길을 가는 나의 아들을 바
라보면서 내가 왜 눈을 감았는가?
26 나의 백성 너희를 사랑하기 때문이니
라.
27 너희 죄를 속죄하여 대신 짊어지고
오는 그와 같은 나의 아들 예수를 위
해서가 아니라,
28 너희가 나의 아들처럼 사랑을 베풀며
사는 삶이 무엇이며 바르게 오는 길이
무엇인가 그를 깨우쳐 주기 위하여 나
는 나의 아들의 그 고통스러운 죽음을
눈을 감고 보지 아니하였으며, 고개를
돌렸으며, 손을 놓은 나 여호와이니,
이 마음을 너희는 과연 알겠는가?
29 이제 너희의 모든 죄를 탕감하며, 너
희가 짓고 지은 추하고 더러운 죄를
대속하기 위하여 죽었다는 말을 하지
말라.
30 그와 같은 말을 하는 자는 죽어 내 앞
에 와 그것이 얼마나 무서운 것인가를
알 것이니,
31 이제는 나의 아들 예수가 죽으면서 너
희에게 사랑을 베풀어 바른 삶이요,
옳은 삶을 살아 나 여호와에게 오를
수 있는 본보기로 가르치고자 했던 그
와 같은 복음을 전해야 할 것이며 그
리 깨우쳐야 함을 너희는 잊지 말아
야 할 것이니라.
32 너희가 정녕 나의 아들의 죽음을 생
각하며 나의 고통스러움을 안다면, 반
성하고 회개하며 그와 같은 구원의 길
을 보도록 살아가는 것이 너희가 행해
야 할 길이며 나의 은혜에 보답하는
길이거늘,
33 어찌하여 너희가 죄지은 것을 사함을
받았다 하며, 나의 아들이 베풀고 죽
어 갔던 그 사랑의 의미요, 숭고한 아
름다움을 들여다보지 아니하며 보려
하지 아니하고, 너희 편한 대로 너희
죄를 용서해 주었다 그러니 너희는
죄가 없다 하며,
34 나의 아들 예수가 죄를 대속했음이니,
험한 일, 사악한 일을 하고 죄를 지어
도 그는 용서되며, 죄의 온상인 그 성
전에 와서 빌고 재물을 바치고, 기도
하고 광란의 짓을 하면 그는 다 용서
를 받는다고 그리 말하고 있음이니,
35 어찌하여 내가 이를 보고 그대로 더
이상 참을 수 있다고 너희는 생각하는
가?
36 나 여호와가 언제까지 참기를 바라며,

내가 너희 앞에 인내하기를 바라며,
너희의 그 만행을 용서해 주기를 바란
단 말이던가?
37 너희는 예수의 죽음의 위대함을 본받
아 그리 살아야 할 것이며, 그리 살고
자 노력해야 하는 것이 너희가 나에
게 보답하는 길이거늘,
38 너희는 그와 같은 삶을 살지 않으며,
안락한 방법이요, 너희는 불신앙의 마
음으로써 이 세상을 덮고 있으며, 나
의 뜻을 거역하는 그와 같은 삶으로
써 이 세상이 점철되어 있음이니,
39 이를 보는 나 여호와에게 더 무엇을
참으라 하며, 너희에게 더 이상 사랑
을 베풀며 더 이상 무엇을 용서하라
하는가?
40 그러나 내가 너희를 사랑하기에 나의
160권의 법전을 세상에 내려보내 너
희가 이를 보고 깨우쳐 하늘에 오르는
길을 오를 수 있도록 한 번의 마지막
기회를 더 줌은 내가 너희를 얼마나
사랑하는지 알 것이니라.
41 내가 너희를 사랑하듯이 너희는 나의
뜻을 따라 나를 따르며 나를 경배하며
나 여호와를 사랑하며 나에게 기쁨을
안겨 줄 수는 없단 말이던가?
42 이제는 더 이상 할 말이 없으며 더 이
상 너희에게 가르칠 것이 없으며 더
이상 내릴 것이 없음이니라.
43 곧 하늘의 뜻을 내가 160권에 기록하
여 내려감이니, 차후에 이와 같은 역
사가 없을 것이며, 다른 선지자가 없
으며 나의 아들이 더 이상 내려갈 수
가 없다는 것을, 그 누구도 너희의 목
자가 없다는 것을 너희는 오늘 깊이
깨우쳐,
44 나의 법전이요, 이 길을 위하여 모두
를 다 바치는 삶을 살아야 함을 잊지
말라.
45 나의 아들 예수의 그 고통스러운 죽음
이 무엇인가, 그 의미가 무엇인가?
46 너희는 정녕 이를 들여다보고 연구하
고 생각해 봐야 할 것이니라.
47 능력이 있으며 권능이 있으며 모두를
다 역사할 수 있는 나 여호와가 죽어
가는 나의 아들의 모습에 눈을 감았으
며 그에게 손을 놓았다는 나 여호와의
아픈 마음을 왜 그랬겠는가, 왜 그리
했겠는가 그 의미를 깨달으면,
48 내가 너희를 사랑하는 것을 알며, 나
의 많은 자식이 하늘에 올라와 나의
품에 안기기를 바라는 그 애절한 나
여호와의 마음이라는 것을 너희가 알
게 될 것이니,
49 내 마음을 너희가 먼저 헤아려야 할
것이니라.
50 너희가 아무리 부모에게 효성을 한다
하여도 그 부모의 사랑의 마음을 모른
다 하였음이니,
51 내가 사랑하는 그 마음을 너희가 알고
깨우친다 하면 어찌 이와 같이 삶을
살겠는가?
52 이제 '네 부모를 공경하라.' 함은 너희
가 부모를 공경하는 마음이 나 여호
와를 공경하는 큰 마음을 이룰 수 있
으며,
53 부모가 자식을 사랑하는 마음을 너희
가 깨달을 때 나 여호와가 너희를 가
슴에 안고 사랑하는 나 여호와의 사랑
의 큰 뜻을 알 것이니,

54 네가 부모 된 자의 심정을 알며, 네가
부모가 되어 그 자식을 사랑하는 마음
보다 바로 천배 만배 더한 것이 나 여
호와의 뜻이니라.
55 이제는 자식을 낳아서 기르며 자식을
키우며 부모가 된 너희까지도 내가
너희를 사랑하는 그 마음을 모른다면
과연 누가 알겠는가?
56 사랑하는 나의 백성이요, 나의 아들을
따르는 제자 너희는 들으라.
57 너희가 자식을 사랑하는 마음이 내가
너희를 사랑하는 마음이요, 천배 만배
더 사랑하는 마음이니,
58 그렇다면 자식을 둔 너희라도 바로
서야 할 것이며 자식을 길러 본 너희
라도 바로 서야 하지 아니하던가?
59 너희가 바로 서지 못하면 너희 자식들
이 바로 설 수 없으며, 자식을 낳아 보
지 않은 자는 자식이 부모의 마음을
모르며, 자식을 길러 보지 않으면 자
식이 부모의 마음을 모름이니,
60 이제 자식을 낳고 깨달은 너희는 내
마음을 알아야 할 것이니,
61 너희가 자식을 사랑하는 것보다 천배
만배 더한 것이 내가 너희를 사랑하
기에 오늘의 이 분노를 참고 있음을
잊지 말라.

6,530 번째 하나님 말씀

2003년 6월 25일 11시 38분

1 사랑하는 나의 아들아!
2 "네, 아버님! 말씀하옵소서."
3 이 세상에 모든 미물이요, 생명을 가
진 동식물이요, 이 세상에 존재하는
그 모두는 다 나 여호와에 의해 이루
어지지 않은 것이 없다 그리하였음이
니,
4 내가 이 세상의 모두를 다 만들어 냈
다 함이니 이는 얼마나 소중하고 귀한
것이더냐?
5 그리하여 내가 너희에게 깨우쳐 전하
기를 뭐라 말하였던가?
6 이 세상에 생명을 가지고 존재하는
것, 또 생명이 없이 존재하는 것, 그
모두는 다 '우리'라는 마음속에서, '우
리'는 한 형제라는 마음속에서 그와
같은 생각을 하고 더불어 사는 삶을
살라 그리 말하지 아니하였던가?
7 내가 너희에게 모두를 취하고 다스리
며 관리하고 살라 하였어도, 너희가
그를 잘 관리하며 다스리면 그 씨가
마르지 아니하며 그 종족이 마르지 아
니하는 것이거늘,
8 그리하여 너희가 잘 다스리고 더불어
살아가되 모두는 다 나 여호와의 은혜
속에 이루어지는 하나의 '우리'라는
생각을 하고 살라 내가 그리하지 아
니하였던가?
9 그리하여 더불어 삶을 사는 그 생각을
하고 살라 내가 너희에게 그리하였거
늘, 너희는 지금 어찌 살아가는가?
10 나의 아들 예수가 너희에게 사랑을 베
풀며 하늘에 오르는 길을 오라 하였을
때, 모든 종교 집단이요, 그 믿음의 길
을 가던 백성의 제사장들이 나의 아
들을 죽게 함으로 그 순간에 너희가
첫 단추를 잘못 끼웠음이니라.
11 그 순간부터 너희는 단추를 잘못 끼
운 옷을 입고 지금 행보하고 살아가는

그와 같은 형국이 되어, 첫 단추를 잘 못 낌으로 하여 지금의 나의 백성이 이와 같이 사악한 형국으로 변해 있음이니라.
12 '우리'라는 마음을 가지고 사는 것이 아니요, 극단적인 개인주의로 지금 변화되었으며,
13 '나'밖에 모르며 '나' 외에는 아무것도 돌아다보지 않으며 생각해 보지 않는 백성으로 너희가 가르쳤으며,
14 너희는 모든 것이 변화되는 것을 실질주의요, 실리주의요, 이해관계에 따라서 너희 마음이 동요되며 변화되는 그와 같은 나의 백성으로 전락하게 하였음이니라.
15 여기에는 사랑이 없으며 신의가 없으며 믿음이 없으며 의리라는 그 모두를 찾아볼 수 없는 그와 같은 세상으로 만든 것이며 나의 백성을 그리 세뇌시킨 것이 오늘의 종교 집단이니라.
16 과연 그들의 대표적인 사악한 죄요, 죄의 온상이란 무엇인 줄 알겠는가?
17 종교 집단에서 가르치는 자들이 '나'만 구원받으면 되며 '나 자신'만 구원받으면 된다고 그와 같이 가르쳤음이니,
18 그리하여 그들이 지금과 같이 개인주의요, 저 자신의 실리적이며 극단적인 모습으로 변하여 뒤도 돌아다보지 않으며 좌우도 보지 않으며 저와 이해관계가 있는 것 외에는 어느 것도 따져보지 않는 그와 같은 형국이 되어, 너희는 재물이요, 금화와 은화를 위하여 자식이 부모를 살해하는 그와 같은 형국이 되었으며,
19 이해관계에 의해 사람을 팔며 사람의 생명까지도 소중함을 모르는 이와 같이 험악한 개인주의의 이해관계의 세상으로 전락하였음이니,
20 그 모두는 너희가 구원을 받는 길이 '나'만 가면 된다는 것, '나'만 우선 구원을 받는다는 그와 같은 욕심의 개인주의의 속성을 길러 놨기 때문이니라.
21 그러니 '우리'라는 개념을 생각조차 하지 못하고 사는 너희이니라.
22 그리하여 내가 너희의 원초적인 그 마음이요, 이 세상에 생명이 존재함은 다 귀하고 소중하다는 것을 깨우치며,
23 너희가 다 '우리'요, 한 형제라는 마음을 가지고 살아갈 수 있도록 내가 너희를 다스리고자 지금 원심으로 돌려놓고자 하여 내가 이와 같이 법전을 세상에 내려보냄이니,
24 모든 종교 집단이 이리 돌아가고자 하는 것을 막고 있으며, 너희의 본심이요, 천사와 같은 마음으로 돌려놓고자 하는 것을 막고 있으며 그 길을 막고 있으며,
25 너희가 막고 역행하는 것만이 하늘에 오르는 길이라 그리하고 너희가 지금 그리 이끌고 가는 자들이니,
26 너희의 그와 같은 죄는 나에게 와서 알 날이 머지않았음이니 그리 알라.

6,531 번째 하나님 말씀

2003년 6월 25일 11시 46분

1 사랑하는 나의 아들아!
2 **"네, 아버님! 말씀하옵소서."**
3 많은 백성이 기도하며 경배한다며 눈

물짓고 있으며, 저희가 구원을 받고자 금식 기도라는 것을 애절하게 드리는 그와 같은 백성,
4 그들이 하는 그것이 나의 뜻이 아니요, 역행하는 행위를 하고 있다면, 과연 이들을 바로잡는 것이 너희가 해야 할 일이 아니던가?
5 그리고 그들을 깨우쳐 바른 기도요, 금식 기도의 역사를 이루도록 하여 내가 그들의 기도를 들으며 그들의 원함이요, 그들의 소원함이 무엇인가를 들어줄 수 있게 그들에게 기회를 열어주는 그것이 너희가 해야 할 일이라는 것을 잊어서는 아니 될 것이니라.
6 사랑하는 나의 아들딸들아!
7 너희의 금식 기도라는 것은 무엇이던가?
8 너희가 역사하고자 하는 것, 나의 뜻에 따라 살아가고자 하는 것, 참진리의 길을 가고자 하여 너희가 노력하며 그리고 나의 계명대로 지키고 살아가고자 하나,
9 그 행함이 따르지 못하며, 변화되는 삶을 살지 못하며, 너희가 천사와 같은 마음으로 변화되지 못할 때,
10 너희의 고통스럽고 그 나약한 마음을 바로잡으려고 나에게 기도드리는 것이 기도요, 금식 기도의 의미이니라.
11 너희는 믿음의 변화가 없을 때, 그 변화의 길을 위하여 간절함을 은밀한 장소에서 나에게 조용히 기도드리면 되며 그 기도는 내가 깊이 들어준다 하였음이니라.
12 너희는 금식 기도의 의미를 어디에 두는가?
13 너희가 며칠을 굶으며 금식을 했으며 어찌 금식을 했으며 그와 같은 것을 떠벌리며 그와 같은 것을 자랑으로 생각하며 그 기록을 위하여 지금 금식 기도를 드리는 자는 과연 없는가?
14 그것만이 너희가 나에게 바치는 정성이라 그리 생각하는 자는 없는가?
15 너희가 굶주려 정신이 혼미한 상태에서 기도하는 것, 그리고 그와 같이 정성을 바치는 것만이 금식 기도요, 내가 듣는 것이라 너희가 그리 생각하고 지금 가고 있지 아니하는가?
16 너희는 지금 금식이라는 것은 무엇인줄 아는가?
17 너희가 평생 지은 죄에 대한 후회요, 회개의 기도요, 그를 깨닫고 반성해 앞으로 바른 삶을 살고자 해도 그리 바로 가지 못할 때,
18 너희가 그 애타는 심정을 나에게 정립하여 바치며 그와 같은 너희에게 '용기와 깨달음을 주옵소서.' 하는 그 기도야말로 그것이 진정한 금식 기도요, 너희가 나에게 드리는 기도임을 알아야 할 것이니라.
19 그러니 금식 기도요, 너희가 나에게 드리는 기도는 무엇이던가?
20 회개와 반성과 못다 한 너희의 믿음이요, 따르지 못하는 너희 믿음이요, 변하지 못하는 너희 믿음이요, 악습을 버리지 못하는 너희 그 생각이요, 욕심을 지우지 못하는 그 모두를 너희가 버릴 수 있도록 하여 나 여호와를 기쁘게 할 수 있는 그 깨달음을 주며,
21 그 힘과 능력을 달라는 정성 어린 그 기도가 되어야 하는 것이 금식 기도

요, 나를 향하여 하는 기도의 근본이
며,
22 그것이 너희가 하여야 할 길이라는 것
을 어찌 모르는가?
23 그리 드리는 기도가 금식 기도요, 나
에게 드리는 모든 기도의 정석이거늘,
너희는 과연 금식이라는 그 기도 앞
에, 소원하는 기도 앞에 무엇을 하는
가?
24 너희는 나 여호와 앞에 소원하는 것을
이루어 달라는 기도를 드리며, 이루고
자 하는 너희의 그 뜻이 이루어질 수
있도록 너희의 소망을 들어 달라는
것, 그리고 그 모두를 역사해 달라는
것,
25 너희가 더 취하고자 하는 것, 더 높고
자 하는 것, 육의 고통이요, 너희 삶을
개선해 주기를 바라며 더 좋은 삶을
바라며 모든 백성 위에 군림할 수 있
는 부귀와 영화요, 그 모두를 너희에
게 이루어 달라는 그와 같은 소원의
기도로써 지금 금식 기도요, 그 모두
도 다 그와 같은 바라는 마음을 밑에
깔고 있으니, 그게 다 무엇이더냐?
26 욕심이며, 나와는 전혀 관계없는 너희
의 그 믿음이요, 금식 기도를 하는 것
이 너희이니, 그와 같은 기도를 더 이
상 드리지 말라 전하며,
27 그와 같이 저 스스로 욕심을 위하여
저 자신의 고통을 다스리는 헛된 짓이
요, 허황된 짓이요, 그와 같은 꿈속에
서 깨어나도록 그들에게 나의 법전을
전하며 이 대목을 읽도록 그리해야
할 것이니라.
28 가난하고 어려운 자는 내가 모두를 들
어줄 수 있으며 내가 역사한다 하여
기도하나,
29 그 모두는 내가 다 알고 있다 하였음
이니라.
30 내가 알고 있는 그 모두를 너희가 이
루고자 취하고자 그와 같은 기도를 드
리는 것, 그 모두는 금식 기도의 의미
를 상실하는 것이며, 너희가 기도하는
의미를 상실하는 것이며,
31 그리하여 나와 관계가 없다는 것을 알
아야 할 것이니라.
32 너희는 나의 뜻대로 지키고자, 십계명
대로 지키고자, 율법대로 지키고자,
내가 내리는 나의 법전대로 지키고자
해도 도저히 너희가 지킬 수 없을 때,
피보다 더 진한 마음으로 나에게 매달
리고 기도하는 것이 금식 기도의 의
미임을 잊지 말라 전하라, 사랑하는
나의 아들딸들아!

6,532 번째 하나님 말씀

2003년 6월 25일 11시 54분

1 사랑하는 나의 아들아!
2 "네, 아버님! 말씀하옵소서."
3 내가 제1계명에 '다른 신을 네게 두지
말라.' 한 것은 나의 백성, 사랑하는
너희가 두 마음을 가지고 가서는 아
니 되며 두 마음을 가져서는 안 된다
는 그 의미를 내가 너희에게 제1계명
으로 내려 주었음이니라.
4 너희 인간 세상에도 살아가면서 어찌
하던가?
5 종은 두 주인을 섬길 수 없으며 부림
을 당하는 자는 그 주인을 둘을 섬길

수 없다고 내가 그리 너희에게 성서
에 가르쳐 주었으며,
6 충신은 두 임금을 섬길 수 없으며 한
신하가 두 나라를 섬길 수 없는 것이
인간 세상에서 너희가 살아가는 법도
며, 너희가 이룰 수 없는 것이니라.
7 그리하여 너희가 두 가지 마음을 가
지고 가서는 아니 된다는 것이 나 여
호와의 가르침이거늘, 지금의 모든 믿
음의 길을 가는 종교 집단이요, 지도
자요, 구원을 받았다는 백성, 그들은
과연 어찌 가는가?
8 가슴속에 두 주인이 아니요, 수많은
주인을 너희가 섬기고 있다 하면, 다
른 신들을 너희가 가슴에 두고 있다
하면 과연 너희는 믿겠는가?
9 너희는 이를 믿으려 하지 아니하며 고
개를 흔들어 부정할 것이며, 그와 같
이 전하는 법전을 갈기갈기 찢어 버리
려 그리할 것이니라.
10 나의 법전을 찢어 버리는 것, 태우는
그 자체가 무엇이던가?
11 두 주인을 섬기고 있기 때문이니,
12 너희의 추하고 더러운 모습이 보이며
들추는 것이 두려워 너희는 그를 감
추려 하는 자일 것이니라.
13 두 마음을 갖지 아니하며 두 주인을
섬기지 않는다면, 두 신을 너희가 섬
기지 아니한다면 나의 법전을 태울 필
요도 없으며 찢어 버릴 것도 없으며
나의 아들을 이 세상에 존재하지 못하
도록 할 이유가 하나도 없음이니라.
14 그러나 두 마음을 가진 자, 죄를 짓는
자가 그 죄를 덮어씌우기 위하여 발악
하며,
15 모든 간교한 방법이요, 머리를 굴리고
써서 상대방을 무너트리고자 하는 그
와 같은 사악한 것이 너희이니,
16 그 근본이 바로 나의 법전을 찢어 버
리고 태우려는 너희이니라.
17 너희는 절대 그렇지 않다 하나, 너희
마음속에는 수많은 신을 가지고 있음
을 나는 알고 있느니라.
18 너희가 어찌하는가?
19 너희가 들을 수 없는 것, 너희가 이룰
수 없는 것, 그리고 역사할 수 없는
것, 그 모두를 나 여호와가 너희에게
가르치고 내려보냈다고 그리 말하는
것이 너희이니,
20 이는 정면으로 나를 부정하는 것이며
나를 인정하지 아니하며 나를 믿으려
하지 않는 것이 너희 마음이 아니던가?
21 너희가 그와 같은 마음을 가지고 있다
면 그 반대급부의 마음이 너희 가슴속
에 있음이니, 그는 바로 큰 신을 너희
가슴속에 두는 것이 아니던가?
22 그러하니 너희는 어찌 사는가?
23 너희가 아무리 다른 신을 너희 가슴
속에 두지 않고 있다 그리 말해도, 너
희는 수많은 신을 섬기고 있음이니,
24 내가 역사할 수 없다는 것을 내렸다는
그 자체가 너희는 그 반대급부의 큰
신을 너희 가슴에 두고 있으며 너희
마음속에 뿌리 뽑을 수 없으며,
25 깊이 뿌리내려져 있는 욕심이라는 그
신을 너희가 버리지 아니하고 지워
버리지 아니한 이상, 욕심이라는 그
뽑을 수 없는 뿌리를 뽑아내지 못한
너희는 또한 욕심이라는 다른 신을 모
시고 받들고 산다는 것을 잊어서는 아

니 될 것이니라.
26 그러니 너희가 얼마나 많은 신을 받
들고 있는가?
27 그것이 너희이니라.
28 마음속에 수많은 욕심의 신이요,
29 내가 역사할 수 없는 것을 내려보냈
다고 나를 거부하며 그 반대급부의 신
을 섬기고 살아가면서, 너희가 나를
섬기며 나의 뜻에 따라 살아간다는
그와 같은 허울 좋은 삶을 살아오는
것, 위장된 것, 너희 자신을 속이면서
도 속이는 것을 모르면서 살아가는 백
성, 너희는 이제 나의 법전을 읽고 깨
우쳐야 할 것이니라.
30 너희 마음속에 수많은 신을 두고 있
으며 나 여호와를 너희가 부르짖고
진정 나의 뜻에 따라 살아간다 하나,
31 너희 마음속에서는 진정 나를 받들고
나를 따르는 진정한 믿음이요, 나를
공경하는 마음은 찾아볼 수 없는 것
이 지금의 마음의 형태이니라.
32 너희는 보이지 않는 너희 속에 숨어
있는 그 마음의 신을 보라.
33 너희가 사악한 마음을 버리지 못하며
그 마음의 뿌리를 뽑지 못하고 있기
에, 너희 마음속에는 사악한 욕심의
뿌리요, 그 신들이 그득히 너희를 지
배하고 통제하고 있음이니, 너희 자신
을 들여다보도록 그리하라.
34 욕심이라는 신을 버려야 할 것이며,
너희가 나 여호와가 내린 것을 섬길
수 없으며 지킬 수 없으며 이룰 수 없
다고 말하는 것, 역사할 수 없는 것을
내렸다는 그 사악한 너희의 그 반대
급부의 신부터 가슴속에서 지워야만
너희가 두 신을 섬기지 않는 자가 된
다는 것을 잊지 말라.
35 내가 나의 법전에 기록하여 깨우쳐 주
는 이 뜻을 너희가 깊이 깨우쳐야 할
것이며,
36 이를 거부하며 사탄이요, 사악한 자가
하는 말이라 그리 부르짖으며 나의 법
전을 찢어 버리고 태워 버린다면,
37 너희가 그 무서운 죄의 대가를 머지않
아 나에게 와서 받는다는 것을 알아야
할 것이니 그리 알라.

6,533 번째 하나님 말씀

2003년 6월 25일 12시 01분

1 사랑하는 나의 아들아!
2 "네, 아버님! 말씀하옵소서."
3 이 세상에 너희 생명이 존재하며 너희
육이 존재하며 영혼이 존재하며 생각
과 지혜를 나로부터 받아 이 세상에
나가 살아감이니,
4 나로부터 받은 그 모든 높고 깊은 은
혜를 너희가 생각하고 살아간다면 과
연 너희는 어떠한 자세로 살아가야 하
는가?
5 지금의 모든 종교 집단이요, 그리고
너희가 이방인이라고 하는 백성, 이
세상에 존재하는 모든 백성이, 저희가
따르는 신을 믿으며 경배하며 우상을
섬기고 살아간다는 모든 백성, 너희는
나로부터 받은 그 은혜의 기초요, 근
본이요, 원본은 너희가 사랑할 줄 알
아야 함이니라.
6 그러나 그 감사함으로 살아간다고 말
하는 종교 집단에 속해 있는 백성 너

희가 살아가는 모습은 어떠하던가?
7 그러니 다른 백성이 어찌 나의 뜻을
따르며 하늘의 천기를 알며 하늘의 뜻
을 알 수 있겠는가?
8 나의 뜻을 받으며 나에게 감사하며 산
다는 백성 너희의 오늘을 사는 모습,
종교 집단이요, 지도자들의 형태를 바
라보는 나 여호와는 더 이상 바라볼
수 없는 그 형국에 이르렀음이니라.
9 너희는 은혜를 갖고 산다면서 하늘의
영광을 위해 사는 것이 아니요, 지상
의 영광이요, 인간의 영광을 위하여
기도하고 사는 그와 같이 타락할 대로
타락한 백성으로 전락하여 있음을 알
겠는가?
10 하늘이 무서우며 하늘의 심판을 두려
워하는 것이 아니라,
11 인간 세상의 심판을 두려워하며 인간
세상에서 작고 크게 이루어지며 지워
지는 그 모든 심판을 더 두려워하며
겁을 먹고 사는 자들이니,
12 하늘의 심판이요, 너희가 영원히 살고
못 사는 그와 같은 심판의 무서움과
두려움을 모르고 사는 자들이 오늘을
사는 너희이니라.
13 나 여호와의 참진리요, 내가 가르치는
성경의 나의 말씀이라고 말하는 나의
말이요, 나의 뜻보다도,
14 잘못된 종교 지도자들이 그 수많은 거
짓 증거로써 너희를 현혹하며 너희에
게 단 것을 주는 그와 같은 그들의 가
르침에 현혹되어 그를 더 따르고 지키
는 것이, 나의 성령이요, 나의 진정한
진리를 연구하고 가르치는 것보다 그
말에 현혹되어 그저 맹종맹신하며 따
라가는 오늘의 처지가 되어 있는 것을
바라보는 나 여호와의 마음이 어떻겠
는가?
15 더구나 그것뿐이던가?
16 모든 종교 집단이요, 지도자요, 구원
을 받았다 말하는 백성이 눈앞에 보
이는 육의 이해관계와 손익계산을 먼
저 하여 인간의 말을 더 소중히 생각
하며 그리고 능력 있는 자, 권력 있는
자의 말에 따라 더 복종하며 그를 따
름이니,
17 너희가 나 여호와의 진리를 따라 정의
로움이요, 아름다운 삶이요, 남에게
부끄러움 없는 삶을 가고자 하는 것이
아니요,
18 인간 세상의 거래 속에서 그를 더 소
중히 하며, 능력 있는 자로 하여금 이
해관계의 손익계산을 따져 그 말을 더
소중히 하며 그를 두려워하며 사는 것
이 나의 백성 너희이니,
19 이 추하고 더러운 모습을 나 여호와가
바라보고 나의 법전에 기록하여 너희
의 실상을 이리 하나하나 파헤치건만,
20 너희는 이를 욕하며 거부하며 그렇지
않은 백성이라 고개 흔들어 마지막
왕사탄이요, 이 세상을 혼란케 하는
자가 이 분란한 법전을 만들어 이 세
상을 지금 뒤집고 있다 그리 말하지
말라.
21 사탄이요, 지옥으로 이끌어 가는 대역
사의 왕사탄이 세상에 와 존재한다는
그와 같은 말로 감히 나 여호와를 비
방하지 말며 나의 아들을 비방하지 말
며 욕되게 하지 말라.
22 나 여호와의 성공을 위하여, 나의 기

뻐을 위하여 너희가 삶을 살아가며
기도하는 것을 이미 잊어버렸으며, 그
길조차 보지도 못하며 그와 같은 길을
가야 한다는 것을 너희는 뇌리 속의
생각 속에 다 지워 버린 지가 몇천 년
의 역사가 흘러왔음이니라.
23 나로부터 은혜를 받아 세상에 나간 너
희가 나 여호와가 이루고자 하는 이
지상의 목적을 성공시키며 나를 기쁘
게 하며 나를 위하여 너희가 나의 뜻
을 다 같이 하여 경배하고 기도하는
그와 같은 삶을 산다는 것은 벌써 너
희에게 이미 지워졌으며 너희 생각에
서 멀리 있음이니,
24 그것은 너희 머릿속에서, 가슴속에서
찾으려 해도 찾을 수 없는 그와 같은
형국이 되었음이니라.
25 너희는 인간의 성공을 위하여, 인간
자신의 기쁨을 위하여 사는 백성으로
전락하였으며,
26 미래의 사후 세계를 바라보지 못하며
나의 은혜와 나의 뜻에 감사하는 마음
은 묻어 버린 지가 오래된 백성이니,
27 너희의 삶을 위하여 그저 암흑 속에서
서로 물고 뜯고 치고받고 살다 나로부
터 받아 간 그 생명이 다하여 죽음이
라는 것이 닥쳐왔을 때, 그때 너희는
통곡하며 두려움과 무서움을 감당키
어려울 것이니 그리 알라.
28 그날이 머지않았음이니라.

6,534 번째 하나님 말씀

2003년 6월 25일 12시 12분

1 사랑하는 나의 아들아!
2 "네, 아버님! 말씀하옵소서."
3 나로부터 생명을 받아 나가 은혜를 받
은 나의 피조물 만백성이 뭐라 말하는
가?
4 '천국과 지옥은 과연 있을까?' 하며,
없을 것이라 말하는 자들이 더 많으니
라.
5 그리하여 믿음의 길을 가는 백성 너희
또한 죽어 보지 아니하면 어찌 천국을
알며, 죽어서 그 형국을 보지 아니한
다면 어찌 천국과 지옥이 있다 말할
수 있는가 하는 그와 같은 믿음을 가
지고 있는 것이 지금의 수천 년 동안
흘러온 백성의 의혹이요, 믿음의 한
뿌리이니라.
6 그를 버리지 못하고 너희가 믿음의
길을 간다 하면, 너희는 결코 아무것
도 이루지 못하며 볼 수가 없으며 너
희 믿음은 헛된 믿음이라는 것을 알
아야 할 것이니라.
7 그러니 나를 찾으며 하늘에 오르는 그
영광의 길을 위하여 모두를 다 바친다
며 울고불고 기도하며 경배하며 그와
같은 역사를 이루는 백성이 서로 자
신의 마음속에는 과연 천국과 지옥이
라는 것이 역사할 수 있으며, 나 여호
와가 존재할 것인가, 정녕 죽어 보지
못하면 그를 알 수 없으며,
8 너희가 죽음의 세계를 다녀오고 싶어
하는 마음을 가진 백성이 있다 하면,
9 너희가 말하는 이방인이라는 다른 일
반 백성은 얼마나 나 여호와를 의식
하며 하늘의 천국과 지옥이라는 것을
의식하고 살겠는가?
10 이 또한 믿음의 길을 가는 너희가 잘

못 살아가고 있기 때문에 그들은 더욱
이 거기에서 천국과 지옥이 있다 하여
너희가 믿음의 길을 가라 하는 것을
더 등을 돌리며 너희로부터 멀어지는
그와 같은 형국으로써 살아가는 모습
이 그러하니라.
11 그러나 너희가 죽어서 지옥 불과 천
당을 안다 하면 이미 그때는 늦어 돌
이킬 수 없는 그와 같은 삶이니,
12 오늘의 믿음의 길을 가는 백성 너희
는 이방인이라는 백성, 천국과 지옥이
라는 것을 의식하지 아니하고 모르는
백성에게 깨우쳐 주는 것은 너희가
바른 삶이요, 곧은 삶이요, 정의로운
삶을 사는 모습으로써 보여 주어야 할
것이니라.
13 어느 종파에 속해 있든 너희가 나 여
호와를 찾으며 천국과 하늘이 있다 말
하는 백성, 너희는 말로써 그리 말하
며 말로써 많은 백성을 깨우치려 하
기 전에,
14 너희 스스로 삶으로써 그들에게 모범
을 보여야 하는 것이 그들을 깨우치
는 길이라는 것을 알아야 할 것이니
라.
15 그리하여 너희는 죽기 전에 천국과
지옥을 구분할 수 있도록 내가 선택
한 백성이 아니던가?
16 너희가 나의 구약을 읽으며 신약을 읽
는 그 자체가 죽기 전에 천국과 지옥
이 구분되는 것을 알 수 있는 것이니
라.
17 그 구약과 신약의 그 모든 역사만이
이를 볼 수 있는 것이 기록되어 있음
이니,
18 너희가 나의 성서를 들고 하늘에 오르
는 길로 오겠다는 자, 그것으로써 너
희가 얼마나 큰 은혜요, 영광인 것을
알아야 할 것이거늘,
19 그 자체를 가지고 공부하며 깨우치는
자들이 나의 뜻에 따르는 것이 아니
요, 거역하는 길을 가고 있음이니,
20 이방인이라는 백성 눈에 너희가 사악
한 모습으로 보인다는 것을 잊어서는
아니 될 것이니라.
21 구약과 신약이 역사하는 것은 너희가
지옥과 천국이요, 죽음으로써 체험하
기 전에 그 모두를 볼 수 있으며 그를
넘겨다볼 수 있으며 바라볼 수 있는
그와 같은 세상의 이치를 다 내가 기
록하여 거기에 내려보냈음이니라.
22 다음의 세상을 볼 수 있도록 너희가
그를 내려다볼 수 있으며 그를 보고
깨우칠 수 있는 것, 위로는 천국을 보
며 아래로는 지옥을 내려다볼 수 있
는 그와 같은 지혜를 준 것이 나의 구
약과 신약이니라.
23 그러나 너희 조상이 이를 변질시켰으
며, 여기에 가감하여 나의 뜻이 아닌
저희 뜻대로 가르쳤으며,
24 가르치는 자가 제 취미와 기호에 맞도
록 저희의 교회라는 그 규칙에 따라
그 흐름에 의하여 그 내용을 뒤죽박
죽으로 지금 만들어 놓았음이니,
25 너희가 캄캄한 세상이요, 보이지 않는
암흑의 세상에서 허덕인다 하는 것이
니라.
26 너희가 구약과 신약을 접했다는 그 자
체, 그를 정독하며 예수와 같은 마음
으로써 성경을 열 때 너희는 그와 같

은 다음 세상을 볼 수 있다는 것을 잊
지 말라.
27 그리하여 너희가 나의 성경을 잘못
가르치며 그 뜻을 이해하지 못하며,
성경을 접하는 지도자라는 자들이 성
경을 마음대로 가감하여 설교하고 가
르침이니,
28 진리의 뜻이 아니기에 나 여호와가
160권의 새로운 성경을 내려보내는
것이 여기에 있음이니라.
29 그리하여 법전을 정독하면 너희가 죽
음의 선을 넘어 사후의 세상에 이루어
지는 그 모두를 볼 수 있으며 너희가
어찌 가야 그곳을 가며, 너희가 어찌
하여야 지옥을 벗어나 천국에 오르는
것인가 그 모두가 상세히 기록되어 있
음이니,
30 그리하여 내가 너희에게 마지막 준
기회라 하였음이니, 마지막 심판을 하
기 위한 법도요, 법이라는 것을 잊지
말라, 사랑하는 나의 아들딸들아!

6,535 번째 하나님 말씀

2003년 6월 25일 12시 20분

1 사랑하는 나의 아들아!
2 "네, 아버님! 말씀하옵소서."
3 너희 육은 살다 영혼의 집으로써 죽음
으로 한 줌의 흙으로써 돌아간다고 내
가 그리 말하였느니라.
4 너희가 나로부터 받아 나간 영혼은 영
원히 존재한다 하였음이니,
5 너희의 육은 죽어 한 줌의 흙으로 돌
아가나, 너희 영혼은 너희 스스로 죽
으려 해도 죽을 수 없으며 죽일 수도
없는 것이며 죽어질 수도 없는 것이라
는 것을 너희는 알아야 할 것이니라.
6 스스로 너희가 고통 속에서 자결하여
죽음으로써 모두를 해결하고자 하여
아무리 발버둥쳐도 영혼은 너희 맘대
로 죽을 수도 없으며 그 누구도 죽일
수가 없는 것이 영혼의 세상이며,
7 영혼을 가진 너희가 나에게 와 심판
받는 결과요, 가지고 있는 그 위대함
이니라.
8 그러니 너희가 나에게 오를 수 있는
것은 위대하며 지옥으로 가는 것은 고
통이니, 너희는 오늘 하늘의 뜻을 깊
이 깨우쳐 알아야 할 것이니라.
9 너희 육은 죽어 한 줌의 흙으로 돌아
갈 수 있는 그와 같이 피할 수 있는 길
이 있다 하나,
10 너희 영혼은 너희 스스로 죽으려야
죽을 수도 없으며 그 누구도 죽을 수
가 없으며,
11 자살하여 스스로 다스리고자 해도 끊
을 수 없는 것이 영혼의 생명이니라.
12 너희는 죽은 뒤에는 영혼의 삶으로 계
속된다는 것을, 그 삶이 어떻게 전개
되는 것인가를 과연 생각해 보고 그
깨달음을 얻고자 하는 삶을 사는가?
13 너희 스스로 자결할 수도 없는 영혼
은 어떠한 일을 겪고 치러야 하는가를
너희는 생각해 봤는가?
14 그 누구도 죽일 수 없으며 자신도 죽
을 수 없는 그 영혼이 너희 육의 집을
떠나 나에게 와 심판을 받을 때, 그는
어떠한 것을 겪으며 어떠한 환경이요,
어떠한 처지에서 살아가는가,
15 그리고 너희가 그 육의 삶을 살아오면

서 너희의 육과 영혼이 더불어 사는
이 지상의 삶을 어찌 살았느냐에 따라
서 그 대가를 지불하는 것을 너희는
생각해 봤는가?
16 과연 그 대가가 어떠한 것인가를 너
희는 생각해 봤는가?
17 너희는 그 두렵고 무서운 그 지난날의
삶을 뒤돌아보며 앞으로 너희 삶이
얼마나 천사와 같이 아름답게 살아야
하는 것인가를, 그와 같은 깨달음을
얻어야 할 것이며 생각하는 삶으로
살아야 할 것이니라.
18 너희가 죽었을 때 오늘의 삶을 어찌
살아왔느냐에 따라서 천국에서 다시
태어남이요, 지옥 속의 삶이라는 것을
직접 체험하여 보지 아니하였으며 그
를 깨달아 보지 못했다 말하나,
19 너희가 얼마나 어리석은 백성이냐?
20 나는 너희에게 천국이요, 죽음의 세상
이 어떻다는 것을 일찍이 보여 주었으
며 다 가르쳐 주었음이니라.
21 너희 육은 죽어서 한 줌의 흙으로 돌
아가며 너희의 영혼은 다시 태어남이
니,
22 그 영혼이 어찌 다시 태어나며 어찌
역사하는 것인가를 내가 너희에게 이
미 다 보여 주었으며 가르쳐 주었음이
니라.
23 나 여호와가 너희의 다음의 세상이요,
사후의 세상이요, 너희가 죽어 다시
태어나는 것, 너희가 어찌 살아야 하
는가를 너희에게 이미 다 보여 주었
음을 알아야 할 것이니라.
24 내가 나의 아들 예수를 부활시킴으로
써 너희에게 새 생명이 태어나는 것
을 보여 준 것이 무엇이더냐?
25 나의 아들 예수가 부활한 것은 무엇을
의미하는가?
26 나의 아들 예수가 부활하는 그 역사함
도 있지만,
27 너희에게 지옥과 천국의 살아가는 모
습이요, 새로 태어나는 삶이요, 새로
태어나는 역사의 거듭나는 삶의 그 증
거를 보여 주기 위해 나의 아들 예수
를 부활시켜 세상에 내려보냈음이니,
그것이 무엇이던가?
28 너희가 오늘을 바른 삶이요, 예수와
같이 살면 곧 부활함이요, 새로 태어
난다는 것을 너희에게 보여 주지 아니
하였던가?
29 너희는 천국과 지옥을 다 본 자들이
며, 새로 태어난 것을 체험한 자들이
며, 다 역사했거늘, 어찌하여 그와 같
이 무서운 이치를 깨닫지 못하는가?
30 나의 아들 예수가 부활함으로써 지옥
과 천당이 있음을 가르쳐 주었으며,
다시 태어남이요, 다시 역사하는 것을
다 너희에게 보여 주어 내가 전하게
하였음이니라.
31 모든 역사는 너희 손으로 직접 보고
만져야만 믿는단 말이던가?
32 나의 아들 예수가 세상에 태어나 나의
아들이요, 그가 나의 뜻을 가지고 역
사한 것을 믿는다면 너희는 나의 아들
예수의 부활 자체를 믿어야 할 것이니,
33 그 부활이 무엇이던가?
34 지옥과 천국이 존재하는 것을 보여 주
었으며, 다시 태어나는 것을 보여 주
었으며, 거듭나는 것을 보여 준 것이
예수의 부활이거늘,

35 너희는 나의 아들 예수의 그 부활의
위대한 역사를 어디에 맞추며 어디에
다 생각하고 사는 것인지, 나 여호와
는 너희의 어리석음을 다시 한 번 점
검하고자 함이니라.
36 이제 나의 아들을 따르는 제자들이요,
나의 법전을 깨우친 너희는 지옥과
천국을 직접 가지 아니하였어도 너희
가 직접 가서 보고 온 것이며,
37 너희가 새로 태어나는 것을, 직접 예
수를 통하여 너희가 새로 태어나고 새
로 태어날 수 없는 것을 너희에게 모
두 다 체험을 시켰음이니,
38 너희는 나 여호와가 예언한 것이요,
미래를 위하여 가르치고 깨우친 그
뜻을 알아야 할 것이니라.
39 예수의 부활로써 너희는 모두를 다
보았으며 모두를 다 체험하였음이니
라.
40 너희는 다 죽었다 깨어난 역사가 없으
며, 너희에게 다 내가 그와 같은 경험
을 시킬 수가 없으며 체험을 하게 할
수는 없지 않은가?
41 예수가 육을 갖고 삶을 사는 그 삶은
육을 가지고 사는 나의 백성이 그와
같이 살라 하여 그 지표로 내렸으며,
42 내가 나의 아들 예수를 죽은 자 가운
데서 다시 부활시킨 것은 무엇이던가?
43 부활이라는 것은 다시 태어날 수 있
다는 그 현실을 보여 준 것이며,
44 너희가 오늘의 삶을 교훈 삼아 바로
살고 정의로운 삶을 살며 천사와 같이
변하고자 하는 삶을 산다면,
45 너희는 죽지 아니하고 다시 태어나는
그 역사를 내가 나의 아들 예수의 부
활로써 모두를 증명해 주었으며 가르
쳐 주고 깨우쳐 주었으나 이를 너희가
모르느니라.
46 이제 나의 아들 너는 나의 법전을 통
하여 너의 제자들에게 가르치라.
47 예수 부활의 의미가 무엇인가를, 천국
과 지옥이 있음을 보여 준 것이며, 너
희가 거듭난다는 것, 다시 태어난다는
성경에 기록된 그 모두를 보여 준 역
사이니,
48 너희도 거기에 적용되는 삶을 살아야
만 구원을 받고 못 받는 역사를 이룬
다는 것을 가슴 깊이 새겨들어,
49 그들에게 무서움을 가르쳐 주며, 두려
움을 가르쳐 주며,
50 대충 살고자 하며 나의 아들 예수의
보혈로써 구원을 받았다는 그들의 가
슴에 경종을 울려 그들을 깨어나는 백
성으로 인도하고 안내하도록 하라, 나
의 아들딸들아!

6,536 번째 하나님 말씀

2003년 6월 25일 12시 26분

1 사랑하는 나의 아들아!
2 "네, 아버님! 말씀하옵소서."
3 내가 너를 사랑하노라.
4 내가 너를 정녕 사랑함을 알라.
5 밤과 낮을 가리지 아니하며 나의 성전
을 지켜 나의 법전을 기록하여 만백성
에게 전하고자 하는 너 또한 육을 가
진 백성이요,
6 또한 부귀영화를 알며 편안함을 아는
네가 오늘의 이 자리를 지켜 160권의
법전을 만들고 역사하고자 함이니, 너

의 그 사랑함을 나 여호와가 오늘 너
에게 전함이니라.
7 사랑하는 나의 아들아, 나의 법전이
무엇이라 생각하는가?
8 "네, 아버님! 그렇사옵나이다.
9 법전은 '하늘에 오르는 길'이라 말씀
하셨습니다.
10 우리가 건축하기 위하여, 건물을 짓기
위하여 설계도라는 것을 그리며 그 모
형을 그리옵나이다.
11 그 모형을 그리는 것이 없으면 우리는
그 집을 정확하게 지을 수 없으며 건
축을 할 수 없사옵나이다.
12 이 세상에 기계문명을 만드는 그 모두
도 설계도가 있으며 그를 작성한 자
가 있사옵나이다.
13 그를 작성한 것을 보지 아니한다면
그는 그 기계를 작동할 수 없으며 그
기계의 성능을 알 수 없으며 그 기계
가 역사할 수 없사옵나이다.
14 물속을 헤매는 그 잠수함이라는 것도
그 설계도에 의해서 이루어지며, 그
설계도를 가지고 공부하고 배운 사람
이 그를 운영하며 그를 이끌어 가고
있지 않사옵나이까?
15 그런 이치를 깨달았사옵나이다.
16 물 위에 떠 있는 그 큰 배도, 아무리
큰 배라 하여도 그를 만든 사람의 설
계도가 있어야 하며 그가 만든 그 기
능을 배워야 하며,
17 그를 배워 그 기능을 아는 자만이 그
를 운영하며 배울 수 있으며 그를 이
끌어 갈 수 있다는 것을 알고 있사옵
나이다.
18 그 모두가 고장 나고 잘못된 것도 그
를 바로잡고 수리하고자 하면 그 설
계도가 필요한 것이며,
19 그 설계도를 배운 백성이 그를 잘 모
른다면 그 설계도를 그리고 만든 자에
게 물으면 치료할 수 있으며 병을 고
칠 수 있는 그와 같은 역사의 위대함
이라는 것이 바로 설계도라 그리 깨닫
고 있사옵나이다."
20 그렇다면 너는 나의 법전이 무엇이라
말하고 싶은 것이냐?
21 "네, 아버님! 그렇사옵나이다.
22 모든 구약과 신약의 성서는 설계도이
옵나이다.
23 만백성을 구하기 위하여 그 설계도를
만드셨으며,
24 그 설계도를 설명할 수 있는 자, 그 설
계도를 가르칠 수 있는 자, 기능공을
위하여 그 모든 잠수함이요, 배요, 정
밀한 그 모든 기계를 만든 자를 대신
하여 내려보낸 것이 예수이옵나이다.
25 예수는 그 기능을 아버님으로부터 배
워 가지고 와 잠수함이 움직이는 것이
요, 그 정밀한 모든 기계를 움직일 수
있는 것이며,
26 그를 가르치는 지도자요, 선생으로서
세상에 내려왔으나, 그를 단죄하였으
며 그를 죽게 하였음이니,
27 모든 기계는 썩어졌으며 운행하지 못
했으며 역사하지 못하는 암흑의 세계
가 2천 년이 흘렀다는 그 뜻을 이제야
이 죄인은 알고 있사옵나이다."
28 그렇다면 너는 법전이 무엇이더냐?
29 "네, 아버님! 법전이 모든 설계도이옵
니다.
30 이 세상에 존재하는 그 모든 설계도가

여기에 있사옵나이다.
31 이것이 아버님의 뜻이며, 아버님이 160권의 법전을 그리 독촉하여 내리시는 것이 그 모든 기능을 다스리고 제 위치를 지킬 수 있도록 설계도를 내리시는 것임을 이제야 알았사옵나이다.
32 땅속에 살아가는 미물의 설계도가 법전에 있으며, 모든 동식물의 설계도가 이 법전에 있으며, 깊은 바닷물 속에 살아가는 모든 물고기의 설계도가 여기에 있으며,
33 우리가 하늘에 오르고 못 오르는 그 모든 설계도도 또한 이 법전에 있사옵나이다, 아버님!
34 이 법전이 모든 설계도라는 것을 이제야 알았사옵나이다.
35 설계도를 그리고 만드는 제가 얼마나 정확하게 그려야 할 것이며, 이를 기록하는 저의 제자들이 얼마나 정확하게 그려야 하는가를,
36 선을 그을 때 하나의 점을 잘못 찍음으로 엄청난 오차가 생기는 것보다도 더 무섭고 무서운 것이 이 설계도를 받아쓰고 그리는 자요,
37 아버지의 권능을 받아 기록하는 자요, 이를 받아 또 기록하는 저의 제자들이요, 이를 전하는 제자들이 어찌 관리하고 쓰는 것인가,
38 설계도를 완벽하게 그려야만 오차 없이 건물이 들어설 수 있으며 모든 복잡하고 복잡한 기계들이 존재할 수 있다는 것을, 그 설계도를 그리는 것이 제 뜻이요, 제 대명이라는 것을 이제야 알았사옵나이다, 아버님!"
39 사랑하는 나의 아들아, 울지 말라.
40 정밀하고 또 정밀하게 그리고 정확하고 또 정확하게 그려서 만백성을 구해야 하는 것이 이 설계도임을 알라.
41 크나큰 배를 만들어 나의 피조물 만백성을 태우는 그 설계도를 네가 소홀히 그리며 잘못 그려, 그를 그리고 만드는 네 제자가 잘못 만들어서 전했을 때,
42 만백성을 태우고 떠나고자, 나에게 오르고자 내가 힘차게 출발의 신호를 내렸을 때, 그 설계도가 잘못되어 그 바다에 배가 가라앉는다면 되겠는가?
43 이것이 네가 가야 할 길이며, 네가 설계도를 그리는 정확도를 잊어서는 아니 되는 것이니라.
44 내가 너를 사랑함이니라.

6,537 번째 하나님 말씀

2003년 6월 26일 08시 56분

1 사랑하는 나의 아들아!
2 "네, 아버님! 말씀하옵소서."
3 '나의 법전을 가슴에 안고 정독하는 자, 반석 위에 서서 하늘에 오르는 찬란한 빛을 보게 되는 영광을 얻게 됨이니' 이는 바로 무엇을 의미하는가?
4 너희는 너희 스스로 모두를 다 깨우쳐 너희 스스로 역사하라 함임을 알아야 할 것이니라.
5 나의 법전을 가슴에 안고 정독하는 자, 그것은 무엇을 의미하는가?
6 그는 곧 깨달음을 의미하는 것이니라.
7 너희가 나의 법전을 가슴에 안고 정독했을 때 그 속에 있는 의미를 알며,

내가 너희에게 깨우쳐 주고자 하는
것을 알며, 내가 너희에게 원하는 것
을 아는 것이니,
8 곧 이는 내가 역사하고자 하는 것을
너희가 알 수 있음이니라.
9 너희가 내가 원하는 것을 가슴에 안고
나의 법전을 정독하여 알면 무엇하는
가?
10 그를 행하고 실천하지 아니하면 지금
의 종교 집단이요, 그 백성과 다른 것
이 아무것도 없음이니라.
11 이는 곧 무엇을 의미하는가?
12 너희가 나의 법전을 읽고 깨우쳐 그대
로 행하는 자만이 나로부터 상을 받으
며 은혜를 받을 수 있다 함을 알아야
할 것이니라.
13 너희는 나의 법전을 믿는 것으로써 나
의 아들을 통해 내리는 강론이 나 여
호와의 성령의 뜻이라는 것을 알며,
마지막 이것이 너희를 심판하는 데
모두를 태워 내리는 법전이요, 책이라
는 것을 알면 무엇하는가?
14 그를 실천하고 행하지 아니하면 아무
런 의미가 없음이니,
15 나의 법전을 읽고 깨우치는 백성이요,
나의 아들을 따르는 제자 너희가 바
로 서고 바로 서지 못한다 했을 때,
16 너희에게 은혜와 상이 그저 내려지는
것 같은 착각 속에서 너희는 벗어나
야 할 것이니라.
17 나의 법전을 읽고 깨우쳐 반석 위에
일어설 수 있는 그 은혜와 영광의 길
을 가는 것은 다른 백성보다 너희가
은혜 속에서 살아감이니,
18 그 은혜와 영광을 받고 살아가는 백성
너희는 다른 백성보다 더 차별화가
되어야 할 것이며, 한 점의 부끄러움
이 없는 삶을 살아가는 길을 가야 할
것이니라.
19 지금 나의 아들을 통하여 내가 160권
의 법전을 세상에 내려보내며, 이를
받아 기록하여 전하는 너 또한 내가
너에게 어떠한 혜택이요, 은혜요, 영
광을 내림이 없음이니라.
20 나는 네가 받을 수 있는 것을 주었으
며, 네가 역사할 수 있는 것을 깨우쳐
주었으며,
21 네가 받을 수 있는 길이요, 어찌 가야
하는가를 모두 나의 아들에게 가르쳐
주었으니,
22 그 길을 가고 못 가고, 그대로 행하고
못 행하는 것은 나의 아들의 몫이며,
23 네가 그를 행하고 지키고 갈 때 나로
부터 은혜와 상을 받을 것이며, 그를
지키지 아니하면 나의 아들이라 하여
내가 특별히 어떤 은혜를 내리는 것이
없음이니,
24 나의 아들을 따르는 제자, 모든 백성
너희들 또한 그러하니라.
25 너희 스스로 받을 수 있는 만큼 진심
으로 변한 모습, 천사와 같이 변했을
때 그 모두는 받고 얻을 수 있으나,
26 너희가 아무리 법전을 정독하고 읽고
읽는다 해도 행함이 없을 때는 아무것
도 역사할 수 없음이니라.
27 그렇다면 너희가 지금 모든 죄악을
저지르며 믿음의 길을 가고 있는 그
백성이 나의 아들 예수의 이름을 부름
으로써 모든 은혜요, 영광을 받을 수
있으며 구원을 받는다는 그 욕심을 버

리지 못한 자들과 무엇이 다르던가?
28 나의 법전을 읽고 정독하여 너희가
깨우쳤다 해도, 그를 행하지 아니하면
너희가 구원받았다고 생각하지 말며
나로부터 은혜를 받았다 생각하지 말
라.
29 천 번, 만 번을 읽고 깨우치면 무엇하
는가?
30 행하지 아니하면, 행함이 없이 나의
아들 예수의 보혈로써 구원을 받았다
는 백성과,
31 나의 법전을 읽었기에 너희가 구원을
받으며 나의 아들로부터 내가 내리는
강론을 들었기에 너희가 구원을 받으
며 하늘에 오를 것이며 모든 은혜를
받았다는 생각을 하며 구원받는 표를
받았다고 생각한다면,
32 너희나 그들이나 다른 것이 없음이니
라.
33 내가 오늘 나의 아들을 통하여 명함이
니, 나의 아들도 나로부터 어떠한 은
혜와 특혜가 없음이니,
34 나의 아들을 따르는 제자들이요, 나의
법전을 읽고 깨우치고자 하는 백성 너
희는 절대 어떤 특혜는 없음이니라.
35 너희가 받을 만큼 노력하고 받을 만큼
변화될 때 상을 내린다는 것을 절대
잊지 말라.
36 이 착각 속에 산다면 너희는 잘못된
자며 낙오자가 될 수 있음을 알라.

6,538 번째 하나님 말씀

2003년 6월 26일 11시 53분

1 사랑하는 나의 아들아!
2 "네, 아버님! 말씀하옵소서."
3 너희가 등반을 하기 위하여 모든 사람
이 산 아래 집합하여 있으니, 등반에
서 일등을 하지 아니하고 낙오자가 되
겠다는 사람은 없음이니라.
4 모두가 우승의 영광을 차지한다고 그
리 생각하느니라.
5 멀고 먼 길을 달리는 그와 같은 시합
에서도 출발선에 서 있는 자는 누구나
다 그 우승의 영광을 차지할 수 있으
며 자신 있다고 그리 말하느니라.
6 그러나 그들은 달려가면서 서서히 제
한계를 느끼며 제 훈련의 능력에 따라
주저앉고 낙오되는 것이 그들의 형국
이 아니던가?
7 여기서 너희는 깊이 깨우쳐야 할 것이
니라.
8 이 세상에 모든 종파요, 수많은 종교
지도자가 나의 이름을 찾으며 나를 위
하여 기도하고 경배하며,
9 그리고 나의 아들 예수의 이름을 부르
며 울며불며 구원을 받은 은혜요, 나
여호와를 알게 된 것을 감사한다며
저희가 기도하고 축배와 경배를 하느
니라.
10 또한 너희도 나를 향하여 나의 아들
을 통하여 내리는 나의 강론을 들으며
나에게 기도를 함이니, 너희는 누구를
찾는가, 나 여호와를 찾지 않는가?
11 그들도 나 여호와를 찾으며 하나님이
라 나를 부름이니라.
12 똑같이 너희가 기도하고 나를 부름이
니, 여기서 무엇으로써 너희가 나에게
선택된 백성이요, 선택되지 않는 백성
이요,

13 참진리의 길을 가는 백성이요, 참진리
의 길을 가지 않는 백성이라는 것이
구분되겠는가?
14 바로 여기에는 정답이 있음이니 너희
는 알아야 할 것이니라.
15 너희가 어찌 사느냐 하는 모습으로써
그 모두를 밝힘이니라.
16 내가 내린 십계명대로 살려 노력하는
자, 내가 내린 새로운 성경이요, 법전
대로 살려고 하는 자, 너희가 당당한
모습으로 살아가는 그와 같은 삶으로
써 살아가는 것과 그렇지 못한 자와의
그 차이요, 거기서 너희가 선별된다는
것을 알아야 할 것이니라.
17 나의 아들 예수를 찾으며 또한 나 여
호와를 부르짖는 것은 똑같으니라.
18 너희가 나의 법전을 읽고 깨우치고자
노력하는 자, 성서를 가지고 깨우치고
자 노력하는 자,
19 그들이 나의 아들 예수를 찾으며 나를
찾는 것이나 또 너희가 나의 아들의
강론을 듣는 그 모두는 똑같이 이루어
지는 역사이니라.
20 그러나 너희는 참진리요, 진정한 길을
가는 자와 가지 못하는 자의 차별화가
여기에 있으며, 정녕 하늘에 오르는
길을 오는 자와, 나의 뜻을 거역하며
나의 뜻과는 관계도 없는 길을 가는
백성과의 그 차이점은 바로 무엇인
줄 알겠는가?
21 너희가 행함에 있음이니라.
22 내가 지키라 명한 것을 그대로 실천하
는 자는 나에게 선택된 백성이요, 참
진리의 길이요, 구원의 길을 오는 자
요,
23 행함은 뒤로 하며 말로써 모든 것을
역사하는 그와 같은 자는 행함이 없으
니 얻어짐이 없음이니라.
24 그러니 그가 나의 뜻을 거역하는 백성
이라는 것을 너희는 알라.
25 너희는 이 세상 어느 누구와도 갑론
을박하지 말라.
26 그리고 시시비비를 하지 말라.
27 너희의 모든 기능을 볼 수 있도록 내
가 내려보낸 것이 구약과 신약의 성
서요, 또 내가 잠겨 있는 모든 문을,
열지 못하는 문을 다 열 수 있는 열쇠
가 십계명이니, 하늘의 문을 열 수 있
는 것이 십계명이거늘,
28 하늘의 문을 열 수 있는 십계명은 이
세상에 아무리 깊게 잠그고 또 잠갔
다 해도 안 열리는 문이 없으며 맞지
않는 열쇠가 없다는 것을 너희는 알
아야 할 것이니 이를 지키고 행하는
삶을 살라.
29 너희는 십계명을 지키는 삶이요, 이제
새로운 성경이요, 나의 법전을 읽고
깨우쳐 그것을 지키고 사는 그 길만을
보라.
30 갑론을박하지 말며, 좌우를 보지 말
며, 너희를 핍박하는 자를 보지 말며,
옳다 그르다 하는 자를 보지 말라.
31 그와 같은 말을 들을 것이 없음이니,
너희가 나의 법전을 읽고 깨우쳐 변화
되는 아름다운 삶을 사는 것, 그것이
하늘에 오르는 길이니, 묵묵히 너희가
나에게 오르면 되는 것이니라.
32 너희는 출발하기 전에 모두 서로 우
승할 것이라 아귀다툼하며 저희가 좋
은 자리를 차지하려 하며 자신 있게

우승을 한다고 말하나,
33 결국 너희는 달려가 보면 알게 됨이
니라.
34 노력하는 자, 진실하게 노력한 자, 그
가 우승의 영광을 차지할 것이 아니
던가?
35 그는 말없이 조용히 제가 달릴 수 있
는 그 길만을 보고 달리며, 평소에 훈
련하고 연습한 그대로 지켜 가느니라.
36 그러니 너희가 나의 법전을 읽고 깨
우치고 읽은 그대로, 십계명의 내용을
지키고자 하는 그대로 묵묵히 그를 지
키며 뒷전에 서서 온다면, 너희가 앞
에 가는 자며 너희를 따라올 자가 없
는 그와 같은 변화의 역사의 영광을
얻게 될 것이니,
37 세상 모든 것과 시시비비를 하지 말며,
38 방대한 조직이요, 물질을 가지고 있는
자, 세상을 다 덮을 것 같은 자들에게
너희가 현혹되지 말며, 마음의 동요를
갖지 말라.
39 묵묵히 너희가 나의 법전이요, 십계명
대로 지키고 살아오면, 너희가 가장
뒷자리에서 가장 늦게 출발했다 해도
너희를 따라올 자 없으며,
40 승자는 오로지 너희라는 것을 잊지
말라, 사랑하는 나의 아들딸들아!

6,539 번째 하나님 말씀

2003년 6월 26일 12시 22분

1 사랑하는 나의 아들아!
2 "네, 아버님! 말씀하옵소서."
3 나의 피조물 만백성 너희가 살아가면
서 가장 소원하고 갈구하는 것이 무엇
이던가?
4 하늘에 오르는 길이요, 너희가 영원히
사는 천국이라는 나의 나라에 안주하
는 그 삶을 위해 살아가는 백성이 수
없이 많이 있음이니라.
5 그러면서도 그를 믿지 못하며, 그를
또한 믿지 않으려 하는 것이 나의 피
조물 만백성 너희가 가지고 있는 생
각이니라.
6 여기서 너희는 깨달아야 할 것이니라.
7 세상사 이 지구, 아름다운 내가 창조
한 이 지상이 너희 눈으로 보이는 것,
눈으로 볼 수 있는 그 한계만이 모든
게 존재한다고 그리 생각해서는 아니
되나니, 그보다 더 어리석은 백성이
어디에 있겠는가?
8 너희가 눈으로 보아서 보이지 않는 그
모든 세상은 이 지구상에 모두 존재
함이니라.
9 너희가 살아가는 것, 너희가 역사하는
것처럼 너희가 보이지 않는 그 세상이
요, 이 지상에서 그 많은 집단이요, 그
모두가 다 움직이며 역사하고 있음이
니,
10 너희가 눈으로 보는 것으로써만 이 세
상이 전부라 말한다면 얼마나 불행하
고 어리석은 백성이던가?
11 너희가 눈으로써 볼 수 있는 그 한계
가 있듯이, 너희의 오늘의 육의 삶이
사후의 세계요, 천국과 지옥이 역사한
다는 것을 생각하지 아니하며 그를 믿
으려 하지 않는 백성이 얼마나 어리석
은 자이던가?
12 너희가 보이지 아니한다 해서 이 지
상에 너희와 같은 백성이 존재하지

아니하며, 너희와 똑같은 삶이 이어지
지 아니한다고 말할 수 있는가?
13 보이지 않는 곳에서 그와 같은 삶의
역사가 이루어지고 있는 것보다도 더
명확하고 정확한 것이 너희가 육의
삶을 마치고 거쳐야 할 사후의 세계가
있으며 천국과 지옥이라는 것이 존재
함을 너희는 알아야 할 것이니라.
14 너희는 천국과 지옥의 의미를 어찌 깨
우치고 깨달아 가는가?
15 이제 나의 아들을 따르는 백성이요,
나의 법전을 읽는 백성, 그리고 이 대
목을 읽는 백성 너희는 알아야 할 것
이니라.
16 지옥과 천국이라는 가장 크고 위대한
차이는 무엇이며 가장 큰 격차는 무엇
이며, 너희를 선별하는 차이가 무엇인
줄 알겠는가?
17 지옥이라는 그곳에 나 여호와가 존재
하지 아니한다는 것이니라.
18 너희가 창조주요, 아버지라 부르는 나
여호와는 지옥에는 존재하지 아니하
며,
19 천국이라는 곳에 내가 존재하며, 너희
가 창조주 아버지라 부르는 나 여호와
가 존재하는 것이니,
20 바로 너희가 내가 존재하지 아니하는
그 지옥으로 가는 것은 무엇이던가?
21 나와 관계가 없으며 나와 모든 인연이
끊어짐을 알아야 할 것이니라.
22 그러면 나 여호와가 존재하는 천국과
나 여호와가 존재하지 않는 지옥의 관
계는 어떠한 차이점이 있는가?
23 지옥이라는 곳은 고통과 시련이 존재
하며, 소망이 없으며, 희망이 없으며,
바랄 것이 없으며 다시 소생해 나올
수 없는 곳이니라.
24 너희가 지은 모든 죄의 대가를 지불
하는 곳이요,
25 그 대가를 위하여 너희가 그 고통과
시련 속에서 살아가는 것이요,
26 내가 존재하는 나의 천국에 너희가
들어오는 것은 무엇이더냐?
27 너희가 그림으로 그릴 수도 없으며
상상할 수 없는 그 위대한 역사요, 그
찬란한 것이 존재하고 이루어지는 곳
이 천국이라는 것을 알아야 할 것이며,
28 나 여호와가 존재하는 세상에 오는 것
과 내가 존재하지 아니하는 세상에 가
는 백성의 차이점이 그와 같이 무섭고
두려운 것을 알아야 할 것이니라.
29 이제 너희는 깨우쳐 스스로 갈 길을
알아야 할 것이며,
30 믿음의 길이 무엇이며, 하늘에 오르는
길이 무엇이며, 나 여호와가 존재함을
믿고 안 믿는 것을 너희 스스로 결정
하여 마음을 다지고 가야 하는 것을
잊지 말라.
31 너희가 눈으로 보이는 세상만이 모두
존재한다는 것에서, 보이지 않은 세상
에도 그와 같은 것이 역사한다는 것을
바라볼 수 있으며 깨달을 수 있는 백
성이 되어야 함이니,
32 이보다 명확하고 정확한 것이 사후의
세계가 있다는 것을 내가 알려 줌이니
라.
33 내가 너희에게 뭐라 말하였느냐?
34 믿음의 길이요, 바로 사는 것, 다시 태
어나는 것을 너희에게 다 보여 줬다
하지 아니하였던가?

35 나의 아들 예수가 부활한 그것이 바
로 무엇인 줄 알겠는가?
36 나의 아들처럼 살면 부활한다는 것이
요, 다시 태어난다는 것, 영생을 얻는
다는 것이니라.
37 그렇지 못한 백성은 다시 태어날 수
가 없다는 것으로써 보여 줌이니,
38 나의 아들 예수가 부활한 그 의미가
얼마나 너희에게 산 교육이요,
39 너희가 지옥을 다녀오지 아니해 알지
못하며 천국을 다녀가지 아니해 알지
못함이니,
40 너희가 죽어 다시 태어나지 아니하였
으니, 부활이요, 다시 태어나는 것을
모르며 구원을 모름이니,
41 그리하여 내가 나의 아들로 하여금 너
희에게 부활의 의미요, 다시 태어나는
것이요, 죽은 자 가운데서 나에게 순
종하며 내가 원하는 길을 오는 자는
나의 아들 예수처럼 다시 태어나는 그
영광을 얻을 수 있다는 그것이 산 교
육이요, 본보기이니,
42 내가 육의 고통으로써 그와 같은 믿음
의 길을 가라는 것보다도,
43 천국의 이치요, 지옥의 이치를 정확하
게 깨우쳐 주고 보여 주는 것이 나의
아들 예수가 부활한 것임을 너희는
잊지 말라.
44 그 의미를 알고 깨우쳐 행하도록 하라.

6,540 번째 하나님 말씀

2003년 6월 26일 12시 30분

1 사랑하는 나의 아들아!
2 "네, 아버님! 말씀하옵소서."
3 너희가 하늘에 보물을 많이 쌓아 놓는
자 영광이요, 축복의 은혜가 있다 하
는 그 보물의 의미가 무엇인 줄 알겠
는가?
4 내가 일찍이 나의 아들을 통하여 깨우
쳐 주었음이니라.
5 너희의 믿음의 자세요, 그 믿음의 길
을 가는 것, 그리고 너희가 변화되는
삶을 사는 것이 하늘에 보물을 쌓는다
고 말하였으며,
6 이제 너희가 방황하는 나의 피조물
만백성을 구원의 길로 인도하는 것,
그 모두가 너희에게 너무나도 소중하
고 귀한 보물이라는 것을 알아야 할
것이니라.
7 믿음을 바로 선 자, 그리고 한 점의 부
끄럼 없이 살아가는 그와 같은 백성이
그 삶에서 방황하는 백성을 구원하는
것이 너희가 소중한 각종 보물을 하
늘나라에 쌓아 놓는 가장 큰 영광이
요, 은혜라는 것을 잊어서는 아니 될
것이니라.
8 지금의 모든 종교 집단이요, 지도자들
이 어찌 가는가?
9 그들이 너희에게 지금 잘못 가르치며
잘못 인도한다고 내가 수없이 말하였
으나,
10 그를 믿지 아니하며 지금 따르려 하지
아니하는 것이 모든 종교 집단에 속해
있는 백성 너희이니라.
11 너희는 지금 어찌 말하고 있는가?
12 종교 집단의 지도자들이 가르치는 의
미를 한번 알아보라.
13 너희는 지금 손으로 지은 성전이요,
이 세상의 자연이 나 여호와가 창조한

성전이라 하였거늘,
14 그 성전에 너희가 돌로 지은 두꺼비집
같은 죄의 온상인 그 속에서 종교 지
도자는 그 단상에서 부르짖느니라.
15 너희가 교회에 재물을 많이 바치고 또
바치면 그 재물을 바친 것만큼 나 여
호와가 너희에게 갚아 주며 더 많이
내려 준다고 말하며 그리 가르치느니
라.
16 그리하여 너희가 바치는 것이 손해
가는 것이 없으며 잃는 것이 없으니
더 많이 바치고 바치라 그리 말함이
니라.
17 그와 같이 사악한 행위를 하고도 두려
운 줄을 모르며, 또 어찌 말하고 있는
가?
18 이를 나의 아들을 통하여 나의 법전에
기록하여 너희에게 전하는 나 여호와
자신도 나의 백성이 이리 사악해진 것
에 나 여호와의 마음이 아픔이니, 너
희를 보기에도 내 마음이 아프니라.
19 바로 가고자 하는 나의 아들에게 내가
이와 같은 내용을 기록하여 전하게 하
는 그 자체가 나 여호와의 아픔이니라.
20 잘못된 자식의 그 본보기를 착하고 아
름답게 가는 자식에게 이야기하는 그
와 같은 나의 아픈 마음이니라.
21 너희가 얼마나 오만하며 방자하였으
면 감히 그리 말하는가?
22 교회라는 곳에 너희가 가진 헌금이요,
금화와 은화를 많이 바치는 것은 너희
가 구원하는 은행에 예금하는 것이며
저축해 놓는 것이라 그리 말함이니라.
23 구원을 받는 길이요, 구원을 받을 수
있는 그것을, 그 구원의 은행에 구원
을 받으려고 저축하는 것이 너희가
가진 헌금이요, 금화와 은화를 교회라
는 곳에 많이 바치는 자, 많이 갖다 보
이는 자, 그리고 거기에 갖다 쌓아 놓
는 자,
24 그리고 나의 뜻에 따라 일을 한다 하
여, 내 뜻이라 하여 종교 지도자의 뜻
을 따라 역사를 이루는 것, 그 모두가
너희가 구원의 은행에 예금하고 저축
하며 보관한다는 그와 같은 허무맹랑
한 작태를 부리고 있음이니,
25 그러고도 너희가 그 속에서 구원을
받을 수 있다고 생각하며, 그것이 정
녕 그렇다 말하는가?
26 너희가 손으로 지은 그 교회에 내가
너희에게 먹고살라고 내려 준 축복의
재산을 어찌하여 너희가 도로 바치며
내가 도로 거둬들인단 말이냐?
27 너희는 내가 거둬들이는 역사를 한다
고 생각하는가?
28 내가 너희에게 쓰고 사용하고 먹을
수 있도록 내려 준 그 재물을 너희가
교회라는 곳에 헌금을 많이 바치며,
각종 헌금을 내라는 대로 더 많이 얻
어서 내는 자,
29 그와 같은 자는 구원의 은행에 예금의
계좌가 늘어나는 것이며 적금이 늘어
나는 것이라 그리 말함이니, 이보다
더한 사악한 행위가 없음이니,
30 나의 법전을 읽고 깨우쳐 어렵고 힘든
길을 가고 있는 나의 아들을 따르는
제자요, 나의 법전을 읽고 깨우치고자
하는 백성,
31 나의 법전을 읽고 깨우쳐 고개를 갸우
뚱하는 자, 이것이 정녕 진리요, 하늘

의 뜻이요, 다시 내려온 새로운 성경
인지 불안해하는 백성, 그 모두가 보
는 마음이 과연 어떠하겠는가?
32 너희를 보는 나 여호와의 마음이 아프
며, 너희에게 부끄러움을 가지는 나
여호와이니라.
33 너희가 나를 그리 만들었으니, 나를
얼마나 능멸하는 행위를 하는 것이냐?
34 사악하고 사악한 극치에 닿은 것이 너
희들이니라.
35 나 여호와가 너희에게 편히 먹고살라
내려 준 그 재물을 어찌하여 다시 거
둬들인단 말이냐?
36 그를 거둬들여 내가 하늘에 쌓아 놓는
다 그리 말하는가?
37 내가 너희에게 준 것을, 너희가 오른
손이 행한 것을 왼손이 모르도록 쓰
고, 불쌍한 자 돕고 살아가며 그것을
너희가 할 수 있도록 내가 쓰는 방법
이요, 사용하는 것까지 내가 성경에
기록하여 너희에게 전하였거늘,
38 어찌 너희는 그리 행하면 되는 것을,
구원의 그 은행에 예금한다는 사악한
자들의 허무맹랑한 작태에 내가 내려
준 그 재물을 갖다 바치는 자, 예금한
다 하여 갖다 넣는 자,
39 너희는 그 죄가 가중됨을 알아야 할
것이니 그리 알라.
40 너희가 손으로 지은 그 죄의 온상에
재물을 갖다 바치면, 내가 열배 백배
내주는 것도 없으며, 너희에게 축복을
내려 주는 것도 없으며, 더 얹어 주는
것도 없음을 알라.
41 지금 나의 법전에 기록하여 전하는 나
의 아들도 뭐라 말하였느냐?
42 밤과 낮을 가리지 아니하며 160권의
법전을 기록하여 만백성을 구하고자
그 길을 가는 나의 아들에게도 혜택이
없다 하였으며,
43 그가 노력하여 변하는 것만큼 그가 상
을 받을 수 있는 것이요,
44 아무리 내가 내 자식을 사랑하며 그
고통의 길이 어렵다 한들, 그가 받을
수 있는 일을 하지 아니하였을 때, 받
을 수 있는 역사를 행하지 아니하였을
때, 내가 그에게도 아무것도 주지 아
니하거늘,
45 내가 나의 피조물 만백성 너희에게 어
찌하여 너희가 역사하지 않은 것, 이
루지 않은 것을 준다고 말한단 말인가?
46 나는 그러한 일을 하지 않음을 알며,
그와 같은 역사는 있을 수 없음을 너
희는 알라.
47 이 하늘나라에는 천사가 있으며 사탄
이 있으며 그 모두를 보는 자들이 있
음이니라.
48 모든 백성을 나 여호와가 관장함이니,
내가 좀 더 정확한 길이 아니요, 한 치
의 오차가 있는 다스림이 있다면, 그
모두는 내가 공의의 하나님이 아니라
고 나를 따르지 아니할 것이니,
49 이 세상에 들고일어나는 사탄이요, 사
악한 자보다도 더 무서운 형국으로써
나를 핍박할 것이 사탄이요, 마귀요,
천사까지 나의 뜻을 따르지 아니하는
그와 같은 무서운 형국이 이루어질 것
이니,
50 나 여호와가 공의의 하나님이요, 정의
의 길이요, 진리의 길이요,
51 내가 말하는 것은 진리요, 내가 말하

는 것은 거짓이 없으며 내가 말하는
것은 이루어지지 않는 것이 없음이니,
52 너희가 그를 알아 깨우쳐, 스스로 구
원의 길을 보든 안 보든 그것은 너희
몫이라는 것을 잊지 말라.
53 노력하는 자만이 얻을 수 있으며, 노
력하는 자만이 구원할 수 있음이니라.
54 너희는 이제 구원의 은행에 예금한다
는 그들의 말에 속지 말며, 재물을 쌓
아 놓음으로 너희가 죽어 와 나로부
터 그 재물 앞에 은혜와 영광의 상을
받는다는 그와 같은 죄짓는 행위를
이제 중단하도록 그리하라.

6,541 번째 하나님 말씀

2003년 6월 27일 08시 23분

1 사랑하는 나의 아들아!
2 "네, 아버님! 말씀하옵소서."
3 나의 피조물 만백성이 진정한 믿음의
길을 가는 그 믿음을 믿는다면 얼마나
나 여호와의 기쁨이 크겠는가?
4 진실한 믿음이요, 진정한 믿음의 길을
가지 못하고 있는 것이 너희이기에,
나 여호와의 마음이 이리 아프고 저림
을 너희는 알겠는가?
5 진실한 믿음과 진실된 인간의 삶을 살
아가는 것이 너희가 나에게 오를 수
있는 기본이요, 근본이요, 인간이 살
아가는 도리라 내가 그리 말하는 것이
니라.
6 구약의 가르침이요, 신약의 가르침이
요, 또한 지금 마지막 나의 성령을 태
워 내려보내는 새로운 성경이요, 나의
법전이요, 너를 통하여 내리는 모든
강론이 무엇이던가?
7 인간이 진실한 삶을 사는 것이며 진실
한 삶을 살라 하는 것이며,
8 너희가 진실한 믿음이요, 바른 믿음의
길을 가라 하여 가르치고 전하는 것
이니라.
9 너희가 진실한 믿음과 진실한 깨달음
의 길을 가는 것보다 더 소중한 것이
없는 것이니라.
10 그리고 그것이 당연히 이루어지는 것
이며 그리 가야 하는 길인 것이니라.
11 그러나 지금의 모든 종교 집단이요,
지도자 너희가 욕심이라는 다른 신을
너희 가슴에서 버리지 못하고 있음이
니,
12 그리하여 너희가 나에게 오는 믿음이
아니요, 진정한 믿음의 길이요, 진실
한 믿음의 길의 깨우침을 가지 못하는
것이 너희이니라.
13 너희가 욕심에 의하여, 인간의 육의
삶을 위하여 모두를 다 그곳에 맞추고
있으며,
14 내가 나의 아들을 통하여 내려 준 신
약이요, 구약 시대에 역사한 것, 지금
내가 너를 통하여 내리는 것, 그 모두
를 너희가 진정한 믿음의 참진리의 길
로 보며 그 길을 간다면 이와 같은 오
늘의 사악한 세상은 되지 않았을 것이
니라.
15 그러나 너희는 진실한 믿음이요, 하늘
의 뜻을 위해서 하는 것이 아니요,
16 그 모두를 다 악용하고 역이용하여 너
희를 위한 믿음으로써, 너희를 위한
그와 같은 것으로써 모두를 변질하여
그리 손질하고 고쳐서 지금 끌고 가고

있는 일이라면 너희는 과연 이를 믿
겠는가?
17 너희는 내가 내린 모든 계명이요, 그
모두를 지키고 살라 하는 것,
18 바로 너희가 모든 성서라 하여 구약
과 신약이요, 또한 내가 역사하는 것
을 너희에게 깨우쳐 주었으며, 또한
내가 마지막 시대에 너희를 일깨워
주고자 나의 모두를 태워 세상에 내
려보내는 그것을 그대로 받아들이고
그대로 가슴에 안고 너희가 그리 행
하면 되는 것이거늘,
19 그 모두를 수천 년 동안 흐르는 세월
속에 너희가 가감하여 육의 세상에
초점을 맞춰 모두를 만들어 놓았음이
니,
20 그러니 이게 구름이 하늘을 덮은 것이
요, 그 구름을 뚫을 수 없다 내가 말하
지 아니하였던가?
21 그 하나의 예를 들어서 너희가 무엇
을 말하느냐?
22 내가 친필로 쓴 십계명을 지키라 하였
으니 그 십계명은 감히 변질시키지 못
하며 고치지 못하였음이니라.
23 그러니 그 십계명마저도 너희가 지키
기 어렵고 인간이기 때문에 그리 살아
갈 수 없다고 말함이니,
24 너희가 사과를 놓고 사과가 아니라 할
정도로 그리 사악한 자들로 되어 있음
이니,
25 너희가 보이지 않는 것은 얼마나 너
희 마음대로 만들었으며 가감하였으
며 고쳤겠는가?
26 그것이 인간의 취향에 맞도록, 인간의
욕심을 충족하기 위하여 종교 집단이
요, 지도자 너희가 욕심을 채울 수 있
는, 그리고 모든 인간 세상에 살아가
는 인간의 삶을 위하여 그리 가감하였
다면 그를 믿겠는가?
27 너희는 그를 믿지 아니할 것이며 나
여호와를 사탄이라 그리 말할 것이니
라.
28 그러나 너희는 여기서 깨달아야 할 것
이니라.
29 눈으로 보고 만질 수 있는 것도 아니
라 억지를 쓰는 자들이, 보이지 않고
만질 수 없는 것은 얼마나 너희 임의
대로 손을 대고 변질시키고 고쳤겠는
가 그것을 너희는 알아야 할 것이며,
30 또한 너희가 고쳐 놓은 것을 나의 뜻
이요, 하늘의 뜻이요, 이치에 맞춰 가
르치는 것이 아니라, 그 모두는 다 인
간의 생활에 대하여 맞춰 놓고 인간
의 삶에 모두를 맞춰 너희가 강론하고
설교하며 나의 피조물 만백성을 가르
침이니,
31 너희가 하늘의 뜻이 아니요, 인간이
만든 세상 것을 가지고 그리하니,
32 내가 하늘의 모두를 다 덮어, 너희가
아무리 울고불고 기도하고 강론하며
설교를 듣는다 해도 그 검은 구름이
요, 두꺼운 구름을 너희 기도 소리요,
너희가 원하는 강론의 소리가 뚫지 못
한다는 나의 뜻이 여기에 있음을 너희
는 알아야 할 것이니라.
33 나와는 관계없는 뜻으로 가기 때문이
니라.
34 그리하여 내가 증거하여 아들을 통하
여 나의 음성이요, 나의 뜻을 기계라
는 것에 기록하여 이를 너희에게 깨우

쳐 전함이니,
35 너희가 이를 바로잡아 세상의 만백성
이 바로 나의 이치를 깨우치도록 그리
가르쳐야 함을 잊지 말라.

부 록

【하나님께서 가르쳐 주신 운동】

천재지변이 일어날 때, 동물이나 미물들은 미리 알고 대피하지만, 인간은 알지 못하고 큰 화를 당합니다. 하나님께서 인간에게 가장 높은 지혜를 주시고 완벽하게 창조해 주셨기에 동물들보다 더 잘 알 수 있지만, 욕심으로 마음이 혼탁해져서 한 치 앞을 보지 못하는 것입니다.

마찬가지로, 인간은 누구나 스스로 필요한 운동을 해서 건강을 지킬 수 있도록 하나님께서 만들어 주셨습니다. 우리의 머리에서 우리 몸에 필요한 동작을 해 달라고 끊임없이 신호를 보내지만, 인간이 혼탁하게 살아서 그 신호를 알아채지 못합니다. 그러니 자연스럽게 자기 몸이 원하는 그 신호를 따라서 운동하는 것이 하나님께서 가르쳐 주신 운동 방법입니다. 바로, 우리의 영이 육을 이끄는 운동입니다.

▶ 하나님 운동법

1. 눈을 감고, 발을 어깨너비로 벌리고 바르게 선다.
2. 몸에 힘을 풀고, 허리를 숙이면서 손과 머리를 아래로 내린다.
3. 허리를 펴고 싶을 때, 천천히 펴면서 하고 싶은 동작을 하면 운동이 시작된다. (사람마다 다르다.)
4. 멈추지 말고, 어떤 동작이든지 자기 몸의 느낌대로 계속 이어서 한다.

▶ 참고 사항

① 눈을 감은 상태로 아무 생각 하지 않고, 자기 몸의 느낌대로 움직입니다.

② 마음을 비우고, 욕심을 버리고, 지난날의 잘못을 반성하면서 몇 차례 시도하다 보면, 자기도 모르게 하고 싶은 동작이 끊임없이 생깁니다.

③ 운동 장소는 방 안이든 운동장이든 관계없으며, 걷거나 달리고 싶을 때는 눈을 떠도 됩니다.

④ 매일 40분 이상, 주 4회 이상, 3개월 이상 하면 음식 조절에 들어갑니다.
- 음식으로 생긴 병은 음식으로 치료하게 되며, 어떤 음식을 먹어야 하는지 스스로 알게 됩니다.
(자기 몸에 필요한 음식만 먹고 싶어집니다.)

⑤ 사랑하는 사람과 함께 운동하면 서로 치료해 주기도 합니다.

⑥ 운동을 하다가 몸의 어느 한 부분을 계속 손으로 자극한다면 그쪽에 이상이 있는 것이니, 의사에게 상담을 받고 적절한 치료를 받으면 됩니다.

⑦ 다이어트 및 기타 건강관리에 효과적입니다.

⑧ 꾸준히 운동하여 영이 맑아지면, 자신의 과거와 미래를 스스로 보게 됩니다.

누구나 스스로 하실 수 있습니다.

간행사

《새로운 성경》은:

· 새로운 성경은, 하나님께서 선량하고 선한 자를 선택하여 십계명을 암송하도록 하시고, 십계명을 암송한 다음에 음성으로써 들려주시는 말씀을 듣고 그대로 카세트테이프에 녹음해서 받아쓴 책입니다.

· 90분짜리 녹음테이프 700여 개에 달하는 말씀으로, 1999년 8월부터 2004년 7월까지 총 160권(권당 288쪽)을 완성하였으며, 그 이후에도 현재까지 계속 말씀을 내려 주고 계십니다.

· 새로운 성경은 "하늘을 두루마리 삼고 바닷물을 먹물 삼아 쓰고 써도 다 못 쓴다"는, 끝없이 방대한 하나님의 말씀이 두루마리로 직접 내려오는 것입니다. 이러한 새로운 성경은 구약과 신약을 폐하려는 것이 아니라 "인봉된 성서의 비유의 뜻"을 상세히 설명하여 완성하고자 하나님께서 직접 내려 주신 말씀입니다.

《새로운 성경》의 구성:

· 제 목: 2013년, 160권 모음집을 발간하면서, 본 도서의 제목을 "하나님! 말씀하옵소서"에서 《새로운 성경》 으로 명해 주셨습니다.

· 단행본: 각 권당 288쪽(신국판) 책이 160권까지 시리즈로 출판됩니다.
(모음집은 단행본을 16권씩 묶어서, 총 10부로 구성됩니다.)

《새로운 성경》의 성경적 근거:

· 신약 성경 [요한복음] 16장 13절에 "진리의 성령이 오시면 그가 너희를 모든 진리 가운데로 인도하시리니 그가 자의로 말하지 않고, 오직 듣는 것만을 말하며" 하신 말씀처럼 하나님의 음성을 들은 것만 기록하였으며,

· "장래 일을 너희에게 알리시리라" 하신 말씀과 같이 개인, 나라, 인류의 "장래"일을 하나님께서 알려 주시는 것만 기록하여 책으로 만들었습니다.

《새로운 성경》의 기록 방법:

· 1999년 8월부터 하나님께서 저에게 들려주시는 음성을 기록하였습니다. 처음에는 제가 들은 말씀을 불러 주면 저의 아내가 기록하여, 2000년 1월 29일에 1권 초판이 세상에 나왔습니다. 2000년 4월부터는 주시는 말씀을 받아 녹음기에 기록하여 시리즈로 출간하기 시작하였습니다.

· 녹음을 시작하면서 하나님의 말씀을 받는 데 가속도가 붙었고, 2001년 5월 3일에 1부(1~16권까지)를 인쇄하여 출판하였으며, 2004년 7월까지 총160권 분량의 말씀을 받아 기록하였습니다.

하나님께서 저에게 주신 것은:

· 첫째, 만백성을 상대로 내려 주시는 "기도", 둘째, 수시로 내려 주시는 "묵상", 셋째, 개인의 과거, 현재, 미래를 알려 주시는 "개인 기도", 넷째, 개인의 건강을 위해서 내려 주시는 "음식 처방", 다섯째, 하나님께서 가르쳐 주신 "운동"등이 있습니다. 이 중에 첫 번째, "기도"를 책으로 편찬하였습니다. 사람의 생사, 개인의 미래에 관한 천기는 수록하지 말라 하셨습니다.

강론 안내:

· 하나님께서는 지금도 매일 저에게 새로운 하늘의 비밀의 말씀을 내려 주고 계십니다. 수시로 내려 주시는 말씀을 정리해서 제자를 육성하라는 말씀에 따라 매주 강론을 하고 있습니다. 누구나 무료로 들으실 수 있습니다. (book160.com)

《새로운 성경》을 읽는 분들에게 드리는 선물:

· 개인 기도: 개인의 과거, 현재, 미래에 관하여 말씀을 내려 주십니다.

· 음식 처방: 사람은 음식을 먹고살다가 건강을 잃으니, 음식과 운동으로 건강을 되찾는 방법을 알려 드립니다. 단, 하나님이 계심을 믿고, 십계명을 지키겠다고 진실로 서약하는 분들께 알려드립니다.

《새로운 성경》의 은혜와 기적:

· 새로운 성경 전160권은 16권씩 묶어서 총 10부의 모음집으로 구성됩니다. 모음집 한 부를 읽고 깨우치는 자에게 하나님께서 다음과 같은 기적이 있다고 하셨습니다.

· "첫째, 그가 죽어 하늘에 갔을 때 그의 죄를 묻지 아니하며, 구원을 받는 위대한 은혜가 있으며, 둘째, 그의 소원과 소망이 이루어지고, 셋째, 죽은 자(부모, 형제, 자식, 사랑하고 은혜 입은 분)의 이름으로 구입한 책을 읽고 누군가 한 사람이 깨우칠 때, 그 죽은 자가 지옥에서 천국으로 구원을 받게 되며, 넷째, 유산, 중절 수술 등으로 태어나지 못한 아이를 위하여 구입한 책을 보고 한 명이 깨우쳤을 때, 그 아이가 사람으로 다시 한 번 태어나는 은혜를 받는다."

· "새로운 성경"을 3회 이상 정성을 다해 정독하는 자, 성서의 비밀을 알게 되고, 세상의 이치를 알게 되며, 세상을 지배하고 통제할 수 있는 지혜를 다 얻게 된다고 하셨습니다. 이 책은 만백성이 정독하고 이웃에게 전하여, 평생 가슴에 묻은 슬픔과 고통의 짐을 벗고 미래를 위한 힘찬 삶을 살아가도록 하는 책입니다.

끝으로

· 하나님께서는 흰 눈이 세상을 덮듯이 새로운 성경을 온 세상에 전하라고 하셨습니다. 《새로운 성경》을 각국어로 번역해서 온 인류에게 구원의 길을 깨우쳐 주고, 그 수익으로 가난하고 어려운 백성을 구제하여, 만백성의 영과 육을 함께 구원하는 선지자의 임무를 수행하라고 저에게 명하셨습니다.

· 하늘에서 내려 주신 말씀의 보화를 만백성에게 나누어 주는 것이 선지자의 임무라고 하셨습니다. 새로운 성경을 통해서 얻는 재물을 사용할 곳도 하나님께서 일일이 명해 주십니다. 모든 재물은 저의 자의로 쓸 수 없고, 하나님께서 명하시는 대로만 쓰여집니다.

· 어떤 명분으로든 십일조나 각종 헌금을 거두어들이지 말라 하셨으며, 국내뿐 아니라 각국에 성전과 단독 서점을 운영하며, 한국의 많은 젊은이들을 전 세계에 지도자로 내보내라고 하셨습니다.

· 우리는 세계적으로 새로운 성경을 보급하며 어려운 이들을 돕는 역사를 해 나갈 것입니다. 지금까지 비록 몇 명 안 되는 제자들과 함께 이러한 일을 역사했지만, 앞으로도 계속 하나님께서 기뻐하시는 일들을 해 나갈 것입니다. 부족한 저희에게 여러분들의 지혜와 성원을 보내 주시기를 바랍니다. 많은 분들의 참여와 도움을 간절히 기다립니다. 감사합니다.

한국어로 내려온 《새로운 성경》 단행본을 출간하며
2016년 4월 10일

발행인 **김 용 철**

한국어로 내려온

새로운 **성 경** · 6부 · 제89권

지은이 하나님 말씀
대역자 김용철

초판인쇄 1쇄 2017년 4월 3일

펴낸 곳 도서출판 하얀마음
등록번호 제 10-2107호 (2001년 2월 14일)
주소 서울시 노원구 덕릉로86길5, 2층
전화번호 02) 313-1114
팩스 02) 393-5554
전자우편 book160@hanmail.net
편집위원 조나영 김미향 이석교
제작지원 김홍숙 이미숙 이미란

도서상담 1600-7527
ISBN 978-89-5875-189-2 (04230)
978-89-5875-100-7 (세 트)

값 10,000원
잘못된 책은 구입하신 곳에서 바꾸어 드립니다.

※이 책은 10부로 제작되며, 각 부 16권씩 총160권으로 구성됩니다.※

1부	2부	3부	4부	5부	**6부**	7부	8부	9부	10부
1권	17권	33권	49권	65권	81권	97권	113권	129권	145권
2권	18권	34권	50권	66권	82권	98권	114권	130권	146권
3권	19권	35권	51권	67권	83권	99권	115권	131권	147권
4권	20권	36권	52권	68권	84권	100권	116권	132권	148권
5권	21권	37권	53권	69권	85권	101권	117권	133권	149권
6권	22권	38권	54권	70권	86권	102권	118권	134권	150권
7권	23권	39권	55권	71권	87권	103권	119권	135권	151권
8권	24권	40권	56권	72권	88권	104권	120권	136권	152권
9권	25권	41권	57권	73권	89권	105권	121권	137권	153권
10권	26권	42권	58권	74권	90권	106권	122권	138권	154권
11권	27권	43권	59권	75권	91권	107권	123권	139권	155권
12권	28권	44권	60권	76권	92권	108권	124권	140권	156권
13권	29권	45권	61권	77권	93권	109권	125권	141권	157권
14권	30권	46권	62권	78권	94권	110권	126권	142권	158권
15권	31권	47권	63권	79권	95권	111권	127권	143권	159권
16권	32권	48권	64권	80권	96권	112권	128권	144권	160권